Susanne Hofmeister

Mein Lebenshaus hat viele Räume

SUSANNE HOFMEISTER

Mein Lebenshaus hat viele Räume

Die eigene Biografie verstehen
und dem inneren Ruf folgen

KÖSEL

Die Biografiearbeit im Lebenshaus® ist eine eingetragene und geschützte Marke. Download über www.susannehofmeister.de/biografiearbeit

FSC www.fsc.org MIX Papier | Fördert gute Waldnutzung FSC® C014496

Penguin Random House Verlagsgruppe FSC® N001967

4. Auflage 2025

in der Penguin Random House Verlagsgruppe GmbH,
Neumarkter Straße 28, 81673 München
produktsicherheit@penguinrandomhouse.de
(Vorstehende Angaben sind zugleich Pflichtinformationen nach GPSR)

Umschlag: Weiss Werkstatt München
Umschlagmotiv: © lena_nikolaeva/Shutterstock.com
PEP-Illlustrationen: © Marcus Zimmermann, Grafik- und Kommunikationsdesign/www.pep-wird-sichtbar.de
Lektorat: Dr. Diane Zilliges
Illustrationen Lebenshaus und Satz: Uhl + Massopust, Aalen
Druck und Bindung: GGP Media GmbH, Pößneck
Printed in Germany
ISBN 978-3-466-34718-6
www.koesel.de

Inhalt

Vorwort: Das Lebenshaus hat viele Räume

Liebe Leserinnen und Leser,

die Biografiearbeit wird Ihnen einen vertiefenden Einblick in Ihr Leben schenken, verbunden mit vielen neuen Anregungen für Ihren Alltag. Mit dem Lebenshaus werden Sie beginnen, den Zusammenhang der einzelnen Lebensphasen in der Tiefe zu erkennen. So kann für Sie die geheime Choreografie Ihres Lebens sichtbar werden.

Die gängigen Methoden der Lebensbetrachtung richten sich auf die Vergangenheit. Das Konzept der Biografiearbeit hingegen beinhaltet einen Perspektivwechsel: Die rückwärtsgewandte Erinnerung wird ergänzt durch eine vorwärtsgewandte Erfüllung. Wir kehren die gewohnte Zeitbetrachtung um.

Damit verändert sich auch die Gewichtung: Unser Leben, mit allem, was gut und auch schiefgelaufen sein mag, ist nicht mehr allein bestimmt durch unsere Vergangenheit. Wir rechnen damit, dass uns in unserem weiteren Leben ein kreativer Zukunftsimpuls entgegenkommen kann, der uns einen neuen Weg zu unserem inneren Selbst weist. Schon dieser Blick auf unser Leben mit all seinen Schicksalsschlägen entlastet und versöhnt.

Die besondere Wirksamkeit der Biografiearbeit liegt in der Integration eines modernen spirituellen Weltbildes. Der Gedanke, dass ein Zukunftsraum unser Leben umgibt und konkret in unsere Gegenwart hineinwirkt, verändert unsere gesamte Lebenseinstellung. Mit dem biografischen Lebenshaus und seinen Jahrsiebt-Räumen bekommen wir einen geordneten Zugang zu unseren Lebensthemen und damit eine Möglichkeit zur privaten ebenso wie beruflichen Standortbestimmung und Neuorientierung. Wir lernen immer besser, unserem Ruf zu folgen und damit unsere Authentizität im Hier und Jetzt zu leben. Biografiearbeit im Lebenshaus® kann Ihr Leben zu einem farbenfrohen Feuerwerk Ihrer eigenen Möglichkeiten werden lassen!

Das wünsche ich Ihnen von Herzen!
Ihre

Susanne Hofmeister

Einführung in die Biografiearbeit

Vielleicht stecken Sie in einer Krise fest, vielleicht steht eine wichtige Lebensentscheidung an oder Sie fragen sich am Ende Ihrer Berufstätigkeit nach dem Sinn, dem »roten Faden« in Ihrem Leben – Sie haben jedenfalls dieses Buch in die Hand genommen. Da unser Leben in der Zeit verläuft, droht es uns in der Betrachtung immer wieder aus den Fingern zu gleiten. In der begleitenden Arbeit mit meinen Klienten als ganzheitliche Ärztin und Biografischer Coach hat sich das Lebenshaus mit seinen Räumen als ein hilfreiches Sinnbild zum Verstehen tieferer Zusammenhänge im eigenen Leben gezeigt.

Biografiearbeit ist eine Methode, die das Leben in seinem zeitlichen Verlauf betrachtet. In der Art, wie ich sie anwende, werden die einzelnen Lebensabschnitte als Jahrsiebte betrachtet und in ihrer Aufgabe für das Leben beschrieben. Wir schauen zunächst auf unsere Vergangenheit. Schon wenn Sie meine Beschreibungen zu den einzelnen Jahrsiebten in diesem Buch lesen, beginnt die innere Bewegung: Wo erkennen Sie sich wieder, was verstehen Sie neu, wo war es bei Ihnen ganz anders? Sie erkennen Gesetzmäßigkeiten in Ihrem Leben. Sie ahnen, dass alles so sein musste, wie es gekommen ist. Schon das Entdecken einer tieferen Ordnung kann zu einem Gefühl der inneren Sinnhaftigkeit und des vertrauensvollen Getragenseins führen.

Dann wenden Sie den Blick in die Zukunft. Mit der inneren Frage »Bin ich mir auf der Spur?« kann Sie die Beschreibung der Jahrsiebte, die vor Ihnen liegen, in der Überlegung anregen, wie Sie sich auf Ihre unbekannte Zukunft vorbereiten können. Manchmal braucht es nur kleine Veränderungen unserer Lebensumgebung, damit unsere Stärken ganz zum Vorschein kommen können. Biografiearbeit kann Sie dabei unterstützen, sich in Ihren gegebenen Grenzen so zu verwandeln, dass sich Ihre bekannte Vergangenheit und Ihre unbekannte Zukunft in lebendiger Gegenwart treffen.

Vom Ursprung der Biografiearbeit

Die anthroposophische Biografiearbeit hat ihre Wurzeln in dem Menschen- und Weltbild, das Dr. Rudolf Steiner (1861–1925) mit der Begründung der Anthroposophie zu Beginn des 20. Jahrhunderts lehrte. In dieser Zeit mit den unvorhersehbaren Folgen der industriellen Revolution meldeten sich viele Wissenschaftler, Philosophen, Psychologen und Künstler zu Wort. Es war eine Zeit des Aufbruchs, des Umbruchs und schließlich des Untergangs durch den Ersten Weltkrieg und seine Folgen. Aus allen Lebensbereichen kamen Menschen auf Rudolf Steiner zu – oftmals mit der Frage, wie man Pädagogik, Landwirtschaft, Medizin und auch Heilpädagogik mit der ganzheitlichen Erweiterung der Anthroposophie auf einen neuen fruchtbaren Boden stellen kann. Es entstanden unter anderem die Waldorfpädagogik, die Bewegungskunst der Eurythmie, die biologisch-dynamische Demeter-Landwirtschaft, die Anthroposophische Medizin, die heilpädagogische Camphill-Bewegung. Die Idee, dass der Mikrokosmos Mensch und der Makrokosmos Welt im Kleinen wie im Großen zusammengehören, sich gegenseitig beeinflussen und gemeinsam eingebunden sind in eine klare, spirituelle Ordnung, begründete viele weltweit fruchtbare Gemeinschaften.

Rudolf Steiner nahm den Menschen in seiner Einheit aus Leib, Seele und individuellem Geist ernst und beschrieb ihn in seinem lebenslang vorhandenen Entwicklungspotenzial. Die Ärztin Dr. Gudrun Burkhard und der niederländische Arzt und Professor für Sozialökonomie Dr. Bernard Lievegoed haben die Idee, das Leben als persönlichen Entwicklungsweg aufzufassen, in der Biografiearbeit konkret aufgegriffen und in ihrer Ausbildung sowie ihren Veröffentlichungen an viele Menschen weitergegeben.

Die Zahl 7 steht für Entwicklung

Die 7 durchzieht unser Leben, ob es die 7 Tage der Woche sind, die »Siebensachen«, die wir packen, oder der »7. Himmel«, von dem wir träumen. Auch der Einfluss der 7 auf den Lebenslauf ist seit der Antike bekannt. Hippokrates wusste: So wie der Mond seine Phasen alle 7 Tage ändert, beeinflusst die 7 alle Dinge, die sich unterhalb des Mondes abspielen. Sie neigt dazu, alle Dinge ins Sein zu bringen. Sie teilt Leben aus und ist die »Quelle allen Wechsels«.

Aus der Wissenschaft über die körperlichen Vorgänge, der Physiologie, wissen wir, dass sich unsere Körperzellen alle 7 Jahre bis in die komplexe Eiweißstruktur hinein erneuern. Dieser Zusammenhang spielt zum Beispiel eine wichtige Rolle beim Verstehen unserer Immunabwehr, die von der Ich-Präsenz des Menschen unmittelbar beeinflusst wird: Eine positive Lebenshaltung führt zu einem stärkeren Immunsystem. Die Zahl 7 steht für unsere physiologische Entwicklungskompetenz, daher erleben wir 7-Jahres-Abschnitte als kraftvollen Lebensrhythmus. Wir können uns bewusst machen, dass sich unser Ich über unser Denken und Handeln, über unsere Lebensgewohnheiten ganz konkret bis in den Körper hinein ausdrückt und wir damit unsere Gesundheit positiv und negativ beeinflussen können. Die 7-jährige Strukturveränderung bis in die Molekülebene unseres Körpers legt die Basis für unsere lebenslange Lern- und Veränderungsfähigkeit. Am Lebensanfang werden wir in den »Vererbungsleib« unserer Eltern hineingeboren, den wir dann im Laufe unseres Lebens zu einem immer individuelleren, durch unser Ich geprägten Körper umbilden.

Im Lebenshaus wird die Zeit zum Raum

In meiner biografischen Arbeit erstelle ich im Verlauf des Gespräches eine grafische Themenskizze, die meine Klienten als persönliches Mindmap zur Vertiefung mit nach Hause nehmen können. Die geordnete Struktur, die aus der erzählten Lebensgeschichte entsteht, führt unmittelbar zu einem umfassenderen Verstehen der tieferen Zusammenhänge. Diese Vorgehensweise wird von den Klienten sehr geschätzt, da wir in dieser Grafik die Lebensthemen in Überschriften benennen und innere thematische Verbindungen mit Farben hervorheben. In den letzten Jahren entstand daraus das Bild des Lebenshauses mit seinen Jahrsiebt-Räumen. Dem Ausspruch von Novalis »Die Zeit wird zum Raum« folgend bekommt der zeitliche Verlauf des Lebens mit der Biografiearbeit im Lebenshaus eine Verortung im Raum. Dabei gliedern wir den dahinfließenden Zeitstrom auf 3 Ebenen in 3 mal 3 thematisch geordnete Räume über je 7 Jahre. Nach 9 mal 7 Lebensjahren stehen wir mit 63 am Ende der Berufstätigkeit. Mit dem Anbau einer Dachgaube in unserem Lebenshaus bekommen die erlebten oder geplanten Abenteuer des 4. Lebensabschnitts ihren Platz.

Sie sehen, unser Lebenshaus hat wirklich viele Räume, und ich freue mich sehr, sie Ihnen in einem ersten Überblick vorstellen zu dürfen. Betrachten wir das Lebenshaus, so legen die 3 Räume des Erdgeschosses die Grundlage, auf der wir lebenslang stehen werden: Unsere Kindheit, Schulzeit und Jugend bilden die Räume der leiblichen Entwicklung. In seinem Kurvenschema »Die großen Rhythmen des Lebens« zeigt Bernard Lievegoed eindrücklich, dass in den ersten 21 Jahren auf der Körperebene Wachstum und Entwicklung stattfinden.[1] Wir leben in starker Verbundenheit zu unserer Umgebung. Wir sind davon abhängig zu nehmen und zu bekommen. Hier liegen unsere Kraftreserven, hier liegen aber auch unsere Krafträuber! Es ist wichtig, unsere problematischen Themen genau kennenzulernen, denn sie sind es, die uns unser gesamtes späteres Leben lang unverhofft die Lebensenergie absaugen können, als würde man den Stöpsel aus der Badewanne ziehen. Genauso wichtig ist es aber auch, uns unsere Ressourcen aus dieser Zeit bewusst zu machen, denn sie sind Energiequellen, auf die wir jederzeit zurückgreifen können. Erinnern Sie sich an die staunende Spielfreude am Anfang der Kindheit, das fröhliche Lernen und Entdecken während der Schulzeit, die wagemutige, Grenzen sprengende Visionskraft der Jugend? Lernen Sie Ihre persönlichen Ressourcen kennen und greifen Sie im passenden Moment bewusst auf sie zurück!

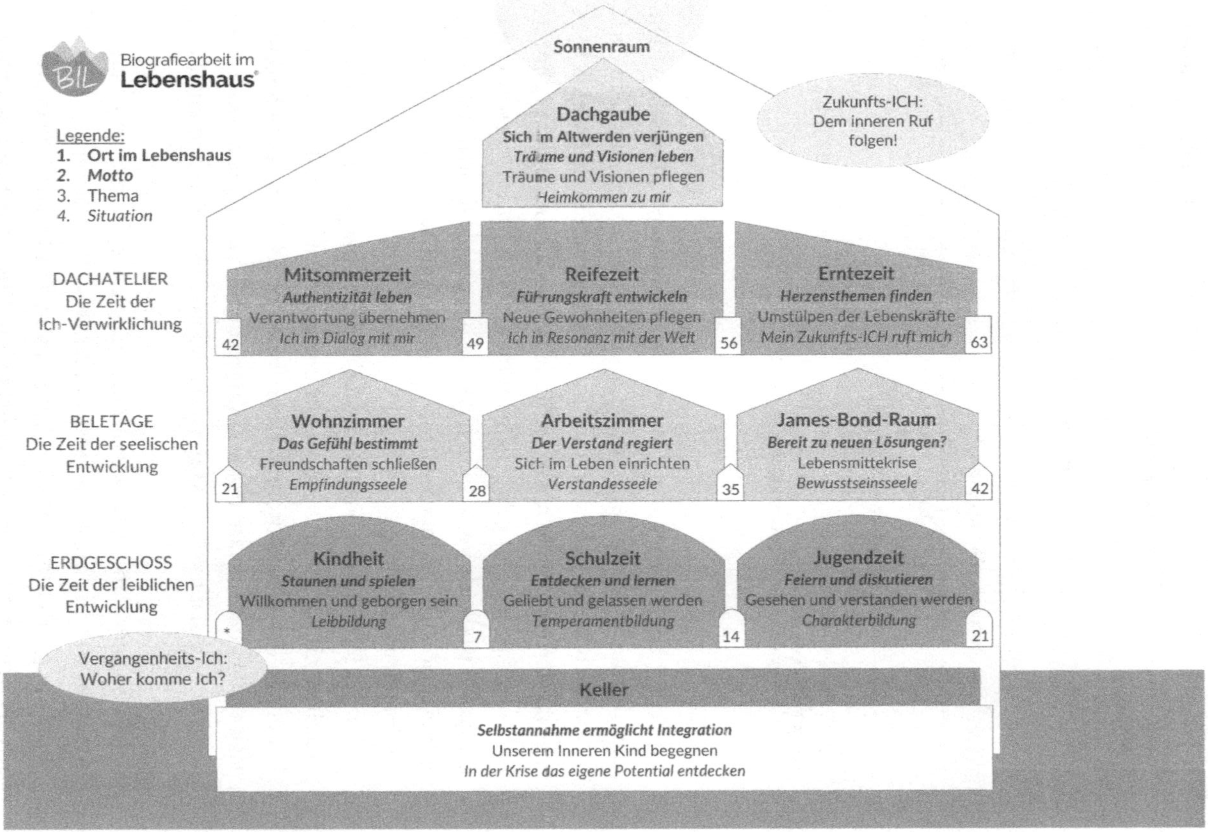

Biografiearbeit im Lebenshaus®
Legende:
1. Ort im Lebenshaus
2. Motto
3. Thema
4. Situation
DACHATELIER
Die Zeit der Ich-Verwirklichung
BELETAGE
Die Zeit der seelischen Entwicklung
ERDGESCHOSS
Die Zeit der leiblichen Entwicklung
Sonnenraum
Dachgaube
Sich im Altwerden verjüngen
Träume und Visionen leben
Träume und Visionen pflegen
Heimkommen zu mir
Zukunfts-ICH: Dem inneren Ruf folgen!
Mitsommerzeit
Authentizität leben
Verantwortung übernehmen
Ich im Dialog mit mir
Reifezeit
Führungskraft entwickeln
Neue Gewohnheiten pflegen
Ich in Resonanz mit der Welt
Erntezeit
Herzensthemen finden
Umstülpen der Lebenskräfte
Mein Zukunfts-ICH ruft mich
42
49
56
63
Wohnzimmer
Das Gefühl bestimmt
Freundschaften schließen
Empfindungsseele
Arbeitszimmer
Der Verstand regiert
Sich im Leben einrichten
Verstandesseele
James-Bond-Raum
Bereit zu neuen Lösungen?
Lebensmittekrise
Bewusstseinsseele
21
28
35
42
Kindheit
Staunen und spielen
Willkommen und geborgen sein
Leibbildung
Schulzeit
Entdecken und lernen
Geliebt und gelassen werden
Temperamentbildung
Jugendzeit
Feiern und diskutieren
Gesehen und verstanden werden
Charakterbildung
*
7
14
21
Vergangenheits-Ich: Woher komme Ich?
Keller
Selbstannahme ermöglicht Integration
Unserem Inneren Kind begegnen
In der Krise das eigene Potential entdecken

Die großen Rhythmen des Lebens

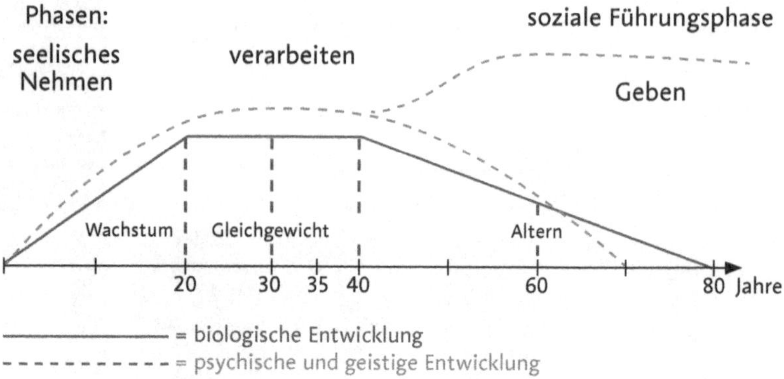

Kurve nach Bernard Lievegoed
aus: Lebenskrisen Lebenschancen, Kösel-Verlag 1991

Im ersten Stock liegen die 3 Räume der seelischen Entwicklung: Die Zeit der Empfindungsseele von 21 bis 28 Jahren ähnelt den Lehr- und Wanderjahren im Leben. In den 20ern ziehen wir in die Welt, lernen uns kennen und erwerben viele Fähigkeiten – ähnlich einem Lehrling, der auf Wanderschaft geht. Ein Schreinerlehrling muss etwa 1000 Bretter gesägt und viele verschnitten haben, um gerade Kanten erstellen zu können. So sammeln auch wir viele Erfahrungen, um an ihnen unseren Charakter auszubilden.

Der Seelenraum der Verstandesseele von 28 bis 35 Jahren ähnelt der Gesellenzeit. Mit Ende 20 legen wir uns fest, werden sesshaft und wollen uns in der Welt erproben, ähnlich einem Gesellen, der sich niederlässt und in der Lage ist, eigenständig in der Werkstatt zu arbeiten. Wir stehen in unserer vollen Kraft und sind in unserem Leben angekommen.

Der Seelenraum der Bewusstseinsseele von 35 bis 42 Jahren ähnelt der Meisterschaft. Mit der Lebensmittekrise wird unser Weg steinig und führt uns zunächst an unsere Grenzen, um dann zu der Weite unseres Ich als Zentrum unserer Persönlichkeit mit neuer Bewusstheit vorzustoßen.

Das Kurvenschema zeigt, dass diese mittleren 21 Jahre auf der Körperebene eine Plateauphase bilden, wir können auf unsere ganze Körperkraft zugreifen. Alles erscheint uns machbar! Wir richten uns in unserem Leben ein. Die belebende Farbenwelt unserer Gefühle, die klare Logik unseres Verstandes und die Lösungsbereitschaft auf der Basis echter Selbstreflexion sind die Kraftquellen der drei Räume dieser Lebensebene.

Der Entwicklungsbogen ab 42 will individuell wie ein Dachausbau gelebt werden. Den beginnenden Alterungsprozess bemerken wir zunächst nicht bewusst. Es liegt an uns, ob wir die Lebenskräfte, die sich nach und nach aus dem Körper lösen, in Weisheit umwandeln. Das Kurvenschema von Lievegoed zeigt uns deutlich den tiefen Sinn im Altwerden: Auf der Körperebene werden wir alt, für persönliche oder gesellschaftliche Aufgaben erlangen wir jetzt hingegen die nötige Reife. Wir treten in unsere soziale Führungsphase ein, es kann eine Zeit des Gebens werden. Im Dachatelier unserer persönlichen Selbstverwirklichung erwartet uns die zielstrebige Entschiedenheit der 40er, die weisheitsvolle Weitsicht der 50er und schließlich die dankbare Güte der 60er.

Mit 63 haben wir uns in allen Räumen unseres Lebenshauses mitsamt Dachatelier eingerichtet. Wir stehen am Ende unserer »Pflicht«. Haben wir uns mit unseren Familien- und Berufsthemen versöhnt, den Sinn und die Kraft, die in ihnen liegen, gefunden, kann jetzt die »Kür des Lebens« beginnen. Je nach unseren gesundheitlichen Möglichkeiten können wir in neuer Freiheit unsere Herzensthemen verwirklichen. Im Bild des Lebenshauses bauen wir eine Dachgaube an. Sind wir bereit, uns auf die Magie der Verjüngung im Altwerden einzulassen, dann werden wir klaren Blickes offen sein für die Fragen und Impulse, die an uns herangetragen werden. Unabhängig von Höflichkeit oder Tradition, von Ökonomie oder Effizienz können wir Geschenke an die Enkel oder die Gesellschaft machen. Wir werden frei von den Einflüssen des weit vergangenen Lebens. Wir können eine neue Unbeschwertheit erleben. So wie es zum Leben dazugehört, dass wir »schuldig« werden, ist spätestens jetzt die Zeit gekommen, uns mit uns selbst zu versöhnen. Volker sagt von sich: »Ich bin entschuldet. Seit einiger Zeit fühle ich mich hinter der Schuld. Ab einem gewissen Alter wird das Leben immer fröhlicher.« Jeder Tag kann als Gnade erlebt werden.

Das Lebenshaus der Jahrsiebte – ein Archetypus des Lebens

Das Lebenshaus der Jahrsiebte stellt einen Archetypus, ein Grundschema des menschlichen Lebenslaufs dar. In diesen allgemeingültigen Lebensräumen durchlebt jeder Mensch seine Biografie in ihrer besonderen Einmaligkeit. Dabei können wir uns, wie in einem Zopfmuster, drei Lebensstränge vorstellen, die sich bei jedem Menschen individuell ineinanderschlingen: Der erste Strang wird von der Vererbung, den Genen unserer väterlichen und mütterlichen Herkunftsfamilie, gebildet. Der zweite Strang wird durch unsere Umgebung und unsere Erziehung geprägt. Ob wir auf dem Land oder in der Stadt aufwachsen, in welcher Kultur und Sprache wir erzogen sind, ja in welcher Geschwisterfolge wir stehen, hat einen bemerkenswerten Einfluss auf unser ganzes weiteres Leben. Der dritte Strang steht für die Werdekraft unseres Ich, dieser schwer fassbare geistige Kern unseres Wesens, das sich im Lauf des Lebens in der Verwirklichung seiner Lebensmotive ausdrückt.

Persönlich erlebt

Der sehenswerte ARD-Spielfilm »Aenne Burda. Die Wirtschaftswunderfrau« zeigt dieses Ineinanderweben der drei Stränge deutlich: Aenne Burda stammt aus einer sehr einfachen Familie (der erste Strang), in der es zum Überleben auf die eigene Kraft ankommt. Dies ist eine Ressource, die Aenne später beim Aufbau ihres Imperiums einsetzen wird. Ihr Ehemann Dr. Franz Burda holt sie aus diesen einfachen Verhältnissen heraus, und beide leben mit ihren drei Söhnen in der Nachkriegszeit ein Familienleben in Wohlstand. Es ist selbstverständlich, dass Aenne nicht arbeiten muss und sich ganz der Erziehung und den gesellschaftlichen Aufgaben widmet. Das ist der zweite Strang. Dann entdeckt sie, dass ihr Mann sie schon seit Jahren betrügt. Dies weckt in ihr eine ganz eigene Kraft, den dritten Strang, ihr ureigenes unternehmerisches Ich.

Denn sie nimmt den Betrug ihres Mannes nicht als gottgegebenes Geschick hin, sie lässt sich den Ehebruch nicht wie viele andere Frauen mit einem Pelz oder Schmuckstück vergelten. Sie benebelt nicht ihre Sinne bei Tratsch und Sherry. Sie will auch nicht mehr »Frau Dr. Burda« heißen, sondern einfach »Frau Burda«, wahrgenommen als der Mensch mit seinen eigenen Möglichkeiten und Grenzen, der sie eben ist. Ab jetzt steht sie zu sich und verpflichtet sich ihrer Vision, den Frauen endlich ihre Sinnlichkeit wiederzugeben. »Bäume können zum Himmel wachsen« wird ihr neuer Leitspruch. Sie nutzt alle Möglichkeiten, sie akzeptiert keine Grenzen, sie lässt sich von Rückschlägen nicht unterkriegen. Sie will ein Modemagazin herausbringen, das den Frauen Kleider zeigt, die sie mit den Schnittvorlagen und einer umsetzbaren Schritt-für-Schritt-Anleitung in ihrer eigenen Größe selbst nachnähen können.

Mit dem Durchbruch zum Erfolg, der Herausgabe des ersten Magazins, nennt sie sich nicht mehr Anne, sondern Aenne. Nun ist der ureigene Mensch »Aenne« in der Welt draußen endgültig sichtbar geworden. Viele Frauen hatten damals ähnliche Lebensumstände, aber Aenne Burda hatte die Vision, die Fantasie und vor allem die Umsetzungskraft, Frauen in jeder Lebenssituation zu schicker Kleidung zu verhelfen. Darin zeigt sich im Lebenslauf von Aenne Burda die Kraft ihres Ich.

Was auch Sie mit der Biografiearbeit erreichen können

- **Lebenslernen:** Mit der Biografiearbeit lernen Sie, sich selbst und andere besser zu verstehen. Damit entwickeln Sie eine professionelle Sozialkompetenz, die Sie im privaten und beruflichen Umfeld wirkungsvoll einsetzen können.
- **Karriereausbau:** Durch eine bewusste Selbstführung im Leben erlangen wir Führungskompetenz.
- **Potenzialentfaltung:** Mit der Biografiearbeit üben Sie sich in einer realen Selbsteinschätzung. Sie erlangen ein größeres Wissen um die Gesetzmäßigkeiten Ihres Lebens, seiner Grenzen und Möglichkeiten. Mit dem vertieften Erleben des eigenen Ich wächst der Mut, die

Komfortzone zu verlassen, über sich selbst hinauszuwachsen und vorher ungeahnte Ziele zu erreichen.

Mit der Biografiearbeit unser Lebenshaus renovieren

Egal aus welcher Fragestellung heraus Sie dieses Buch in der Hand halten: Mit der Biografiearbeit ziehen wir ein zweites Mal, diesmal jedoch aktiv und mit Bewusstsein, in unser Lebenshaus ein. Jetzt wollen wir seinen Bauplan genau kennenlernen. Wir wollen verstehen, wo es klemmt, wo die Ursachen für sich möglicherweise wiederholende »Fettnäpfchen« liegen.

Für den Ausbau des Dachgeschosses der Selbstverwirklichung ab 42 ist es oft notwendig, vorher in den unteren Etagen des Lebenshauses eine Renovierung vorzunehmen. Seien Sie dann aufmerksam, an welcher Stelle Sie möglicherweise professionelle Unterstützung brauchen. Lassen Sie sich nicht durch die Bezeichnung »Therapie« abschrecken, sondern betrachten Sie solche Sitzungen als eine Lebenssupervision, ein Lebenscoaching. In allen beruflichen Bereichen sind jährliche Fortbildungen gang und gäbe. Diese Selbstverständlichkeit wünsche ich mir genauso für die persönliche Lebensentfaltung in unserer globalen und komplexen Welt. Ich selbst habe 2 ½ Jahre 2 Sitzungen pro Woche bei einer Therapeutin zugebracht. Ohne diese lebensnotwendige Begleitung hätte ich nie zu der heutigen liebevollen und humorgetragenen Souveränität in »meinem Lebensschlamassel« gefunden. Ich möchte Ihnen Mut zusprechen: Scheuen Sie die Mühe und die Hindernisse nicht, sich einen sympathischen, vertrauenswürdigen professionellen Gesprächspartner zu suchen, wenn Sie merken, dass Ihnen das helfen könnte.

Mit diesem Buch können Sie gleich in die Biografiearbeit einsteigen und Ihr Lebenshaus so umbauen und renovieren, dass es Ihnen in allen Jahrsiebt-Räumen der Verwirklichung ihrer beruflichen und privaten Ziele dient. Sie bekommen hier eine Grundlage dafür, sich in Ihrem Tempo und in kleinen Schritten zu dem Menschen zu verändern, der Sie gern sein wollen.

Biografiearbeit ist hilfreich, wenn Sie

- Ihr Leitmotiv finden wollen.
- Ihre Ressourcen kennenlernen wollen.
- Ihre Potenziale ausschöpfen möchten.
- entdecken möchten, was in Ihrem »Lebenshausaufgabenheft« steht.
- lernen wollen, mit Krisen angemessen umzugehen.
- Ihre Lebensmuster verstehen lernen möchten.
- bestrebt sind, sich mit Ihrem Leben auszusöhnen.
- Ihr Leben ordnen wollen.
- Ihre Selbstregulationsfähigkeit stärken möchten.
- Burn-out vorbeugen möchten.
- mit neuem Sinn alt werden möchten.

Das Handwerkszeug zur Renovierung: PEP®

Lange war ich auf der Suche nach einer unterstützenden Methode, mit der hinderliche, emotionsüberladene biografische Erinnerungen verabschiedet und Blockaden in Ressourcen verwandelt werden können. Als ich schließlich zur Prozess- und Embodimentfokussierten Psychologie – kurz PEP® – nach Dr. med. Michael Bohne fand, habe ich nicht nur eine kraftvolle Methode an die Hand bekommen, sondern auch einen inspirierenden Kollegen kennengelernt. PEP® ist einerseits eine Technik zur emotionalen Selbstregulation, mit der unangemessene, unangenehme Gefühle vermindert werden können. Vor allem aber stellt es eine Kombination aus psychodynamischen, systemischen und hypnotherapeutischen Strategien dar, mit deren Hilfe man Blockaden lösen, Selbstwerträuber entlarven, seine Selbstbeziehung stärken und Lösungsaffirmationen – Stärkungssätze genannt – finden kann.

Die Technik PEP® und das Konzept der Biografiearbeit ergänzen sich zu einem vielfältigen Gesamtpaket, das uns bei einer individuellen, auf Entwicklung angelegten, erfolgreichen Lebensgestaltung unterstützen kann. In der Biografiearbeit lernen wir, mit einem liebevollen, distanzierteren Blick aus unserem Ich heraus – und nicht in unseren Emotionen gefangen – auf unser Leben zu schauen. Mit diesem Abstand fällt es uns leichter, den notwendigen Schritt in die Eigenverantwortung zu machen. Mit PEP® treten wir aus der passiven Opferrolle in eine aktive Lebensgestaltung. Wir werden zum Regisseur unseres Lebens. Biografiearbeit mit PEP® verbindet uns mit unseren Ressourcen, führt zu mehr Spannkraft und stärkt damit unsere Widerstandskraft und Belastungsfähigkeit. Gemeinsam fördern beide Methoden die Selbstwirksamkeit und damit die Fähigkeit zur Selbstregulation, die Voraussetzung für jede körperliche, seelische und geistige Gesundheit ist. Wir lernen, unser Leben selbst in die Hand zu nehmen. Biografiearbeit mit PEP®, diese Kombination lässt uns zukunftsoffen unser ganzes Potenzial entfalten!

Wie können Sie PEP® nutzen?

Während Sie das Buch lesen oder damit arbeiten, werden Erinnerungen auftauchen. Seien Sie dann aufmerksam Ihren Gefühlen gegenüber. Sollten unangenehme Gefühle auftauchen und sollten Sie bemerken, dass Sie zu dem Thema Ihr aktuelles Alter verlieren und in einen kindlichen Zustand rutschen, können Sie sofort zum Abschnitt »Einschub: Biografiearbeit mit PEP®« wechseln und mit der emotionalen Selbsthilfe beginnen. Wenn Sie bemerken, dass sich in Ihnen Selbstvorwürfe, Fremdvorwürfe, Erwartungen oder Abhängigkeitsgefühle ausbreiten, können Sie diese mit PEP® entsorgen. Daneben dient Ihnen die Methode immer dann, wenn Sie Ihre Selbstbeziehung stärken oder Ihren Selbstwert auf den aktuellen Stand bringen wollen. Zur Anregung habe ich viele Selbstannahme- und Stärkungssätze aus meiner Arbeit in die einzelnen Kapitel aufgenommen. Es lohnt sich, alle 7 Jahre zu prüfen, worauf sich Ihr Selbstwert gründet und ob dieser Bezugsrahmen noch aktuell und stärkend ist.

Persönlich erlebt

Wenn ich mich zum Beispiel mit 56 Jahren in meinem Selbstwert auf meine Schönheit mit 25 oder 30 Jahren beziehe, dann schwäche ich mich selbst und betrachte morgens im Spiegel jede Falte kritisch und voller Ablehnung. Unmerklich entferne ich mich in meinem Selbstbild von der Realität. Ich laufe einem Ziel hinterher, das ich nicht mehr erreichen kann.

Stattdessen könnte ich mich mit Freude an die Jahre der 20er erinnern. Mir wurde dabei erst kürzlich klar, dass ich wirklich eine attraktive junge Frau gewesen bin. Gleichzeitig mache ich mir die großen Vorteile meines jetzigen Alters bewusst. Ich genieße meine Gelassenheit und innere Ruhe. Endlich habe ich mich von meinen Vergangenheitsthemen verabschieden können. Wenn sie einmal auftauchen, lächle ich ihnen zu. Ich setze meine Kräfte gezielt ein, weil ich mich viel besser auf das Wesentliche fokussieren kann. Ich fühle mich in mir wohl und diese Ausstrahlung führt zu einer neuen Schönheit in der Reife meiner Jahre. So hat jedes Alter seinen eigenen Wert und mental ist es einfach geschickt, wenn wir uns mit den stärkenden Anteilen verbinden, statt uns selbst zu schwächen. Ersteres macht mich zum handlungsfähigen Regisseur, Letzteres zieht mich in die passive Opferhaltung. So habe ich neulich lächelnd über meine Einladung zum 60. nachgedacht. »Endlich 60!« könnte die Überschrift lauten.

In welchem Alter ist Biografiearbeit sinnvoll?

In jedem Lebensalter können wir aus der Beschäftigung mit den biografischen Gesetzmäßigkeiten eine tiefe Sinnhaftigkeit ziehen, die uns entlastet und gleichzeitig Kraft und Zuversicht schenkt. Menschen zwischen 21 und 30 bekommen durch den weiten Bogen der Biografiearbeit das befreiende Gefühl, dass sie Zeit haben, dass sie sich nicht beeilen müssen, möglichst schnell fertig und perfekt zu sein, wie ihnen das heute von außen suggeriert wird. In den mittleren Jahren, wenn wir in den Krisen der Lebensmitte feststecken, können wir erleben, dass das jetzt alles so sein muss und »richtig« ist. So meinte eine 40-jährige Teilnehmerin eines Biografieseminars, die gerade in einer tiefen Partnerschaftskrise steckte, dass sie sich durch die Biografiearbeit noch einmal aktiv mit der Liebe zu ihrem Partner verbinden konnte. Sie habe jetzt ein Gefühl von Sinnhaftigkeit, das ihr für die Zeit der dennoch unweigerlich bevorstehenden Trennung mehr Gelassenheit und Durchhaltevermögen schenkt. Sie glaubt: »Der erste Schritt heraus aus der Sprachlosigkeit ist gelungen.«

Nadja, eine andere Teilnehmerin, sagte sehr schön: »Was nach 42 kommt, das ist ja wie ein Quantensprung, wie ein zweiter Frühling! Dank der Biografiearbeit weiß ich jetzt, es gibt eine Zukunft!«

Die Methode ist auch bestens geeignet, um die Jahre nach 55 als eine ureigene, noch nie da gewesene Chance zu begreifen. Viele Menschen spüren, dass da noch eine Tür wartet, die es aufzustoßen gilt und hinter der sie sich selbst noch tiefer begegnen werden. Karl sagte mit 58: »Ich weiß jetzt, dass die schlechten Zeiten die guten Zeiten waren, weil da etwas in Bewegung kam und ich etwas lernen konnte.« Ein Mittsechziger meinte, er habe schon sehr viele Therapien gemacht. Seine Aggressivität wäre mit dem Älterwerden aber trotzdem gewachsen. Die Fortbildung in der Biografiearbeit habe ihm nun endlich einen tiefen Sinn für alles geschenkt. Seine Aggressivität sei weg und er sei erstmals mit der Vergangenheit versöhnlich gestimmt. Er spüre ein neues Gefühl der Sinnhaftigkeit: »Es ist also alles richtig so, wie es verlaufen ist.« Er fühle sie wieder, die Quelle seiner Kraft.

Zu jedem Zeitpunkt können wir die Verantwortung für unser Leben übernehmen und damit schrittweise aus der passiven Opferrolle in eine aktive Lebensgestaltung eintreten. Damit erleben wir konkret die Chance zur Selbstentfaltung. So meinte Tatjana: »Es ist eigentlich eine Schande, dass einem niemand zur Geburt diesen Bauplan mitgibt. Sonst heißt es immer: Lies dein Benutzerhandbuch!«

Tatsächlich sind wir heute – wie nie zuvor – in der Lage, unser Leben selbstbestimmt zu gestalten. Doch das erfordert die Kenntnis der Bedingungen, der allgemeinen und der individuellen. Es braucht eine gesunde, realistische Selbsteinschätzung auf allen drei Ebenen des

Menschseins – im Leiblichen, im Seelischen und im Geistigen – und das alles in einem Bezug zu unserem jeweiligen Lebensalter.

Mit der Biografiearbeit den Ich-Sinn stärken

Die Autobiografien, Biografien und die vielen Lebensratgeber in den Buchläden zeigen, was immer mehr Menschen erkennen: Wir haben seit einigen Jahrzehnten erstmals in der Geschichte die Möglichkeit, unser Leben unabhängig von unserer Herkunft selbst aktiv zu gestalten. Viele Konzepte werden für dieses »Projekt Leben« angeboten. Immer mehr Menschen ahnen, dass ihr Leben einen Sinn ergibt und einer inneren Struktur folgt. Doch mit welchem Handwerkszeug bekommen wir Hinweise auf die Fragen: Wer bin ich? Woran erkenne ich mich?

Bedeutsames: Wann nutzen wir den Ich-Sinn?

Als Ich-Sinn wird der Sinn bezeichnet, mit dem wir einen anderen Menschen in seiner spezifischen Einmaligkeit – in seinem Ich – wiedererkennen. Wenn Sie ein Kunstliebhaber sind, haben Sie vielleicht einen Sinn für die einmalige Handschrift eines Künstlers entwickelt. Lieben Sie van Gogh, können Sie auch Bilder von ihm, die Sie noch nie gesehen haben, sofort und treffsicher zuordnen. Ebenso unverwechselbar erkennen Sie einen Matisse oder Mondrian. Dieser Stil-Sinn ist Teil des Ich-Sinns.

Ebenso unverwechselbar ist der Gang eines Menschen – aus weiter Ferne erkennen Sie Ihren Partner, nicht unbedingt an der Größe oder Statur, sondern an dem Schwung im Schritt, an der Leichtigkeit oder Schwere des Auftretens, an der Haltung des Kopfes und dem Mitschwingen der Arme. Ebenso eindeutig sind die Gestik und die Mimik der Menschen. Auch die Handschrift, ja die Art zu schreiben und zu denken zeichnet eine Person aus. In besonderer Weise ist es unser Leben, mit seinen Ereignissen und unserer Art, damit umzugehen, in der wir unseren Ich-Sinn üben können. Er wird zum Sozial-Sinn, wenn wir uns fragen, was ein anderer Mensch von uns braucht, damit er seine Fähigkeiten besonders gut einbringen kann. Worauf können wir in unserem Verhalten verzichten, um die Schattenseiten im anderen nicht zu wecken. Wie können wir uns so verhalten, dass wir uns in unserer Umgebung zu uns selbst entfalten können und unsere Umgebung sich bei uns? Eine erfahrene Führungskraft, ein alter Lehrmeister wird erkennen, welche Aufgaben sie einem Mitarbeiter oder Schüler geben müssen, um sein Potenzial anzusprechen und zur Entfaltung zu bringen.

Mit der anthroposophischen Biografiearbeit sind wir unserem Ich auf der Spur. Sicher haben Sie schon geahnt, dass in der Krise, im blinden Fleck unser ureigenes Potenzial lebt. Mit diesem Wissen können wir uns auch mit den schwierigen Erfahrungen aussöhnen. Mit der Visualisierung im Lebenshaus bekommen wir ein greifbares Bild von unserem Leben. Wir lernen, die Sprache unseres Ichs im Verlauf unserer Jahrsiebte zu erkennen. Damit bekommen wir die Grundlage für eine eigene, immer mehr auf uns selbst abgestimmte Lebensgestaltung. Der Mensch, der wir geworden sind, und der Mensch, der wir werden möchten, wachsen zu einer authentischen Persönlichkeit zusammen.

Lassen Sie sich auf diesem Weg durch die Geschichten meiner Klientinnen und Klienten und die aus meinem eigenen Leben ermuntern und ermutigen – solche Beispiele lassen das Wissen der Biografiearbeit erst lebendig werden. Für das soziale Miteinander in unserer multikulturellen Gesellschaft des 21. Jahrhunderts wird es immer wichtiger, die Brücke zwischen dem Wissen und dem Leben zu schlagen. Auf einer Reise nach Malaysia habe ich verstanden: Wenn ich als Dozentin und somit kompetente »Fachfrau« aus meinem eigenen Leben Geschichten des Scheiterns und des Lernens erzähle, steige ich selbst vom »Podest meines Wissens« herunter auf Augenhöhe zu meinen Zuhörern. Damit ermögliche ich ihnen, sich zu erlauben, in ihre eigenen Kellerräume zu blicken und sich dann mit mir gemeinsam auf den Weg des Lernens hinauf ans Licht des Erkennens zu begeben. Die Suche nach dem roten Lebensfaden, nach dem eigentlichen Sinn unseres Lebens in den unterschiedlichen Lebensgeschichten, miteinander zu teilen, das verbindet uns über alle Grenzen und Sprachen hinweg.

Im Tierreich unterscheiden wir ein Außenskelett, etwa das der Schale des Krebses, von einem Innenskelett, etwa der Wirbelsäule. Unser gängiges Ich-Bewusstsein stützt sich heute stark auf die Grenzen, Bewertungen, Moden und Meinungen, die uns – einem Außenskelett ähnlich – von außen Sicherheit versprechen. Später werden Sie noch lesen, dass die Sicherheit durch diesen unreifen, von außen gebildeten Selbstwert allerdings sehr begrenzt und eben außenabhängig ist. Durch Selbstreflexion, eine gesunde Selbsteinschätzung und das Pflegen einer Selbstbeziehung übernehmen wir für uns die Verantwortung und hören auf, sie nach außen zu delegieren. Das schafft eine innere Sicherheit und Haltung – unserer Wirbelsäule ähnlich –, die in unserem Ich und seinem spirituellen Wesenskern gründet. Daher lohnt es sich übrigens bei Wirbelsäulenbeschwerden immer auch nach der inneren Haltung und Authentizität zu fragen.

Jeder Mensch geht seinen eigenen Weg

Es ist mir wichtig, deutlich auszusprechen, dass alle in diesem Buch beschriebenen Phänomene und Gesetzmäßigkeiten nicht unbedingt auf jeden zutreffen. Im Einzelfall, in Ihrem Leben, kann alles oder vieles ganz anders verlaufen sein. Vielleicht verstehen Sie damit besser, warum gerade bei Ihnen so wenig von selbst gegangen zu sein scheint, warum vieles so schwer war in Ihrem Leben.

Statt dem Rhythmus der Jahrsiebte kann auch ein anderer Rhythmus, etwa von Jahrsechsten auftreten. Die Qualitäten der Lebensabschnitte können sich durchaus auch einmal ganz verschieben. Und zum Glück durchlaufen wir auch nicht alle möglichen Krisenpunkte des Lebens. Seien Sie also gespannt und neugierig, wie sich Ihr Leben in den allgemeinen Gesetzmäßigkeiten abzeichnet.

Ich habe bewusst versucht, dieses Buch so zu schreiben, dass Menschen in jedem Lebensalter davon profitieren können. Daraus ergeben sich verschiedene Besonderheiten, die ein wenig Flexibilität von Ihnen fordern. Ganz formal wird möglicherweise die gewählte Zeitform – Gegenwart, Vergangenheit oder Zukunft – für Sie nicht immer stimmen, da sie nach Jahren entweder jünger oder älter sind, als es im beschriebenen Jahrsiebt der Fall ist.

Die Beschreibung des Lebensalters, in dem Sie gerade sind, kann für Sie ein kleiner Ratgeber im Lebenslernen für Ihren Umgang mit den Themen und Fragen dieser Zeit sein. An den schon durchlebten Lebensräumen können Sie rückwirkend nachvollziehen, was nach den allgemeinen Lebensgesetzmäßigkeiten »dran« gewesen ist. Dies wird Sie anregen, Ihr Leben mit folgenden Fragen innerlich abzugleichen.

Fragen, die beim Lesen auftauchen:

- Was war bei mir genauso?
- Was war bei mir anders?
- Warum war es anders?
- Möchte ich meine Vergangenheit und meine Zukunftsvorhaben an einigen Stellen neu deuten, neu schreiben?
- Gibt es etwas nachzuholen oder in einen anderen Kontext zu stellen?

Vielleicht bemerken Sie Lebensumstände, die Sie daran hindern, Ihre Stärken einzusetzen. Vielleicht entdecken Sie die verborgenen Stärken hinter Ihren offensichtlichen Schwächen. Es wird Ereignisse oder Phasen in Ihrem Leben geben, die Sie nach dem Lesen und dem Erarbeiten der Fragen in ihrer Gewichtung oder Bedeutung verändern, ja vielleicht neu schreiben wollen.

Außerdem gibt es noch eine entscheidende Veränderung in der Beletage: Bis Anfang 30 entwickeln wir uns ganz zwangsläufig, natürlich und selbstverständlich. Danach, also ungefähr am Ende des 5. Jahrsiebts, ist unsere Weiterentwicklung gewissermaßen freiwillig und braucht eine bewusste Aktivität unsererseits. Daher ist die Beschreibung der Qualitäten ab dieser Zeit nur noch potenziell zutreffend und nicht mehr selbstverständlich. Für mich war es ein entscheidender Moment im Leben, als ich erfuhr, dass die natürliche Entwicklung Anfang 30 endet. Jetzt verstand ich, warum ich um jede weitere Erkenntnis ringen musste, warum vieles nicht mehr »von selbst« lief. Ich verstand aber auch, warum mir viele alte Freunde und Bekannte oft so kindlich vorkamen, wie stehen geblieben. Für sie waren weit jenseits der 35 noch immer dieselben Themen wie früher, nämlich Ausgehen und Feiern, Verreisen und Spaßhaben, zentral, die für mich in der Jugend und den 20ern im Vordergrund gestanden hatten.

Auf der anderen Seite stehen vielen Menschen einige Qualitäten des James-Bond-Raums und des Dachateliers schon zu einem früheren Lebenszeitpunkt zur Verfügung. Das hängt von Charakter, Temperament, emotionaler oder intellektueller Intelligenz und Prägung durch Erziehung und Umwelt ab. So müssen Kinder in einer Patchworkfamilie oft sehr früh lernen, sich in ihre neuen Familienmitglieder hineinzuversetzen, also eine empathische Grundhaltung entwickeln, die eigentlich bewusst erst ab der Lebensmitte gelebt wird. Auch die Qualitäten, die ich mit dem Begriff »erwachsenes Ich« und auch »Zukunfts-Ich« zusammenfasse, finden sich manchmal bei jungen Menschen selbstverständlicher als bei den älteren.

In unserer Zeit macht sich eine zunehmende Beschleunigung der körperlichen Entwicklung bemerkbar, der unsere seelische Entwicklung hinterherhinkt. Die Jugendzeit kann bis weit in die 20er ausgedehnt werden, danach drängt sich die Zeit zusammen und alles soll möglichst schnell und gleichzeitig passieren. In der Beletage zwischen 28 und 42 fühlt man sich gehetzt und vom Leben und den eigenen Ansprüchen getrieben. Man holt nicht nur Früheres nach, sondern zieht auch spätere Entwicklungsstufen in die Gegenwart und fühlt sich dabei gestresst.

Diese innere Überforderung kann damit zusammenhängen, dass einfach noch das Alter fehlt, in dem die momentan scheinbar anstehende Entwicklungsstufe physiologisch gesetzmäßig am Platz ist und es damit an sicherem Boden und Erfahrung mangelt. Es ist schwer, schon zwischen 21 und 35 aus der subjektiven, gefühlsmäßigen Gewichtung und Polarisierung herauszutreten und einen empathischen, übergeordneten Blickwinkel aus der Bewusstseinsseele heraus, die altersgemäß ab 35 dran ist, einzunehmen. Unser soziales Zusammenleben ist heute weniger gehalten durch Normen und Tradition. Die Brüche und Konflikte etwa durch Trennungen fordern diese innere Reife schon vorzeitig ein. Kein Wunder, wenn wir gestresst, überfordert und erschöpft sind, ohne zu verstehen, warum. Leben wir dann in dem tatsächlichen Alter eines Lebensraumes, sind wir also in Bezug auf die Bewusstseinsseele wirklich Mitte 30, spüren wir ganz deutlich den Unterschied. Als wir jünger waren, waren Empathie und Lösungsorientiertheit sehr anstrengend, sie kosteten viel Kraft und Überwindung, wir hatten vielleicht sogar das Gefühl, gegen uns selbst zu leben. Jetzt verspüren wir eine innere Freude und Genugtuung, ja sogar einen Kraftzuwachs, wenn wir Empathie und Lösungsoffenheit bewusst einsetzen und damit so manche sozial angespannte Situation ganz einfach auflösen.

Gehören wir zur Gruppe der Ü50, bemerken wir um uns herum die befremdlichen Versuche, möglichst ewig jung und jugendlich zu argumentieren und aufzutreten. Die Bewusstheit, Lebenserfahrung und Ich-Präsenz der Ü50 bewusst auszuleben und dennoch mit allen Falten und aller Weisheit jung bleiben zu können, wird in unserer Gesellschaft aus einer allgemeinen Angst vor dem Alter oft abgelehnt. Auch hier kann uns das Wissen um die naturgemäße zeitliche Ordnung in unserem inneren Anspruch, allen gesellschaftlichen Anforderungen gerecht zu werden, entlasten.

Seien Sie beim Lesen besonders achtsam, wenn Sie aus einer anderen Kultur und Familientradition mit anderen gesellschaftlichen Bräuchen und Normen stammen. Wo finden sich Entsprechungen zu Ihrer Ursprungskultur, wo haben Sie sich der hiesigen angepasst, wo entwickeln Sie aus beidem Ihre ganze eigene Lebensform?

Im Überblick: Zum Umgang mit dem Lebenshaus

- Die Beschreibungen zu den Jahrsiebten haben ratgebenden Charakter – lassen Sie sich anregen, wo es zu Ihnen passt.
- Die Lebensräume können sich zeitlich verschieben.
- Sie können – je nach Charakter – schon vor dem entsprechenden Alter einzelne Qualitäten späterer Lebensräume gelebt haben oder leben.
- Die Qualitäten der einzelnen Lebensräume stehen Ihnen lebenslang auch nebeneinander zur Verfügung. Was Sie sich einmal erschlossen haben, bleibt Ihnen als Kraft bestehen.
- Als reifer Mensch lassen Sie die Flügeltüren zwischen Ihren Lebensräumen weit geöffnet, um alle Qualitäten der aktuellen Situation entsprechend nutzen zu können.
- Die natürliche Entwicklung ohne eigenes Zutun geht nur bis Anfang 30. Danach bleiben viele mehr oder weniger zufrieden stehen und werden »nur« noch biologisch älter. Manche erleben die Qualitäten einer reifen Persönlichkeit vielleicht nie.
- Durch kleinere oder größere Lebenskrisen kann die Entwicklung lebenslang angestoßen werden. Dann wird bislang nicht Gelebtes auch mal sprunghaft nachgeholt.

Zusammengefasst ist Biografiearbeit ein Prozess der Bewusstwerdung mit den Fragen »Wer bin ich in dem vielfältigen Kontext meiner vergangenen Prägungen?« und »Wer will ich werden, welche Zukunftsvision soll durch mein Dazutun einmal Realität sein?«. Dabei dient das Lebenshaus, in dem die verschiedenen Qualitäten des Menschseins differenziert aufgeschlüsselt werden, als Grundstruktur, die Sicherheit vermittelt, entlastet und Mut zur persönlichen Entwicklung schenkt. Das Besondere der Biografiearbeit liegt also darin, das Allgemeine der Gesetzmäßigkeiten zu schildern, damit das Persönliche und Einmalige von jedem von uns aufleuchten kann.

Wie Sie mit diesem Buch arbeiten können

Sie können auf unterschiedliche Weise mit diesem Buch umgehen. Sie können es einfach lesen und sich davon anregen lassen. Vermutlich werden dann ganz automatisch Erinnerungen in Ihnen auftauchen, die Sie vielleicht erweitern mit der Frage: »Wie war das denn genau in meinem Leben oder im Leben meiner Kinder, meines Partners, meiner Eltern, meiner Freunde?« So setzt schon beim Lesen ein Bewusstwerdungsprozess ein. Ich habe das Buch so geschrieben, dass es zwar chronologisch aufgebaut ist, es aber zu jedem Lebensraum eine eigene Tür gibt, jedes Kapitel kann daher für sich eigenständig gelesen werden. Um in der Vielfalt der Phänomene und Geschichten einen sicheren Rahmen zu schaffen, habe ich in jedem Lebensabschnitt folgenden Aufbau gewählt: Thema, Krisen, Irrwege, typische Entwicklungsthemen, Lösungen und Ressourcen. Dann folgt die Eigenarbeit mit Fragen und dem Malthema.

Sie können das Buch auf verschiedene Weisen als Arbeitsbuch nutzen. Ich beschreibe hier bereits detailliert das Vorgehen, da es für jedes Jahrsiebt gilt. So sind Sie frei, beim Lesen mit der Zeitspanne zu beginnen, die Sie zunächst am meisten interessiert.

Legen Sie ein schönes Biografieheft für die Erinnerungen aus den Jahrsiebten an. Sie brauchen es auch für das Bild Ihres eigenen Lebenshauses und in der Arbeit mit PEP® für das Notieren der Themen, Ihre Selbstannahmesätze, Ihre Erkenntnis- und Kraftsätze. Sie können es außerdem als Tagebuch nutzen – für die Frage nach dem Wesentlichen, für Dankbarkeits- und Freudenotizen, für Wunschlisten, Visionen und noch vieles mehr.

Außerdem brauchen Sie einen DIN-A2-Block und Wachsmalkreiden.

Es wird nämlich Malaufgaben geben. Wenn Sie dabei innere Widerstände haben, dann nehmen Sie sich vor, zu malen wie ein kleines Kind. Das können wir alle! Und bedenken Sie, dass es nicht um das Erstellen von Kunstwerken geht, sondern um eine andere Erinnerungsgrundlage als die rein kognitive unseres Verstandes. Vielleicht werden auch Sie, ähnlich meinen Seminarteilnehmern, erstaunt sein, wie viel Neues, Unbekanntes Sie entdecken werden und wie viel Entlastung und Freude Ihnen das Malen bereiten wird. Sollten Sie wirklich zu den ganz wenigen Ausnahmen gehören, für die das Malen eine Zumutung bleibt, haben Sie natürlich immer die freie Entscheidung, es auszuprobieren oder eben nicht.

Mit Fragen dem roten Faden auf der Spur

Mit dem Anzünden einer Kerze zu Beginn Ihrer persönlichen inneren Arbeit pflegen Sie ein Ritual, das einen geschützten Raum bildet und durch die Wiederholung den Prozess unterstützt. Sie könnten zuerst das Kapitel zu einem Jahrsiebt lesen, dann die Fragen und anschließend mit dem Malthema als Inspirationsquelle beginnen. Dabei versetzen Sie sich in das entsprechende Jahrsiebt und beantworten die Fragen – wenn es nicht explizit anders formuliert ist – aus dem damaligen Lebensstandpunkt heraus. Zu manchem Jahrsiebt gibt es 2 Malvorschläge, lassen Sie dann Ihren Bauch die Wahl treffen. Nehmen Sie den DIN-A2-Block und die Wachsblöckchen zur Hand und fangen Sie einfach an zu malen. Dabei darf Ihr Verstand in den Hintergrund treten, lassen Sie sich leiten von dem Thema und den Farben. Alles ist erlaubt! Seien Sie aufmerksam für die Gefühle, die vielleicht in Ihnen aufsteigen, und schreiben Sie diese als Stichpunkte gleich in Ihr Biografieheft. Setzen Sie sich einen festen Zeitrahmen für Ihre Arbeit, eine halbe Stunde für das Malen und Erinnern hat sich bewährt. Sollte Ihnen das sehr kurz vorkommen, verlängern Sie auf bis zu 60 Minuten. Die Sicherheit, die dieser feste Zeitrahmen Ihrer Seele gibt, schafft einen Zugang zu einer tieferen Gefühlsschicht, die sonst fest verschlossen in Ihnen ruht.

Tränen sind erlaubt, ja sie sind sogar willkommen, zeigen sie Ihnen doch, dass Sie sich selbst in Ihrem Ich nahe sind. Diese besonderen Momente schreiben Sie in Ihr Heft, so wie Ihre Gefühle beim Malen und Ihre Antworten auf die Fragen. Es ist eine Tatsache, dass wir gerade die Ich-Erkenntnisse, die neu und dabei so eindrücklich sind, dass wir glauben, sie nie zu vergessen, ganz schnell wieder aus unserem Bewusstsein verlieren. Unser Alltagsbewusstsein, unser Ego, möchte gern am Altgewohnten festhalten. Unser Ego ist nämlich nicht auf Entwicklung angelegt!

Eine Veränderung beginnt mit einer neuen Erkenntnis; sie allein reicht aber nicht, wie uns die vielen guten Vorsätze an Silvester jedes Jahr zeigen. Veränderungen müssen eine neue Spur in uns bilden, das braucht eine beständige Wiederholung und Zeit. Deswegen fassen wir die neue Erkenntnis in einem sogenannten Erkenntnissatz zusammen. Und da sich Transformationen nur im Zusammenklang mit einem positiven Grundgefühl vollziehen, formulieren wir dazu 2 oder 3 kraftvolle kurze knackige Stärkungssätze. Im Sinne einer Bewusstseinsmedizin sprechen wir diese Sätze 2 Mal täglich laut – für 4 Wochen. Dann kann sich aus der Erkenntnis eine neue Fähigkeit entwickeln. Der Entwicklungsweg, den wir damit betreten, schenkt uns zunehmend eine sichere innere Haltung. Am Ende einer Arbeitseinheit halten Sie einen Moment inne und blasen die Kerze aus. So schaffen Sie einen bewussten Übergang zurück in Ihr Alltagsleben.

Das eigene Lebenshaus erstellen

Damit sind wir schon bei der nächsten Möglichkeit dieses Buches angekommen. Sie können sich Ihr eigenes Lebenshaus erstellen! Dazu dient Ihnen die Lebenshaus-Schablone als Grundlage.

1. Zur Vorbereitung nehmen Sie sich einen großen festen weißen Karton, mindestens DIN A2 groß. Darauf malen Sie, in Anlehnung an die Schablone, ein eigenes Lebenshaus mit 9 großen Fenstern, jedes mindestens 10 mal 5 Zentimeter, und einem großen Dach.

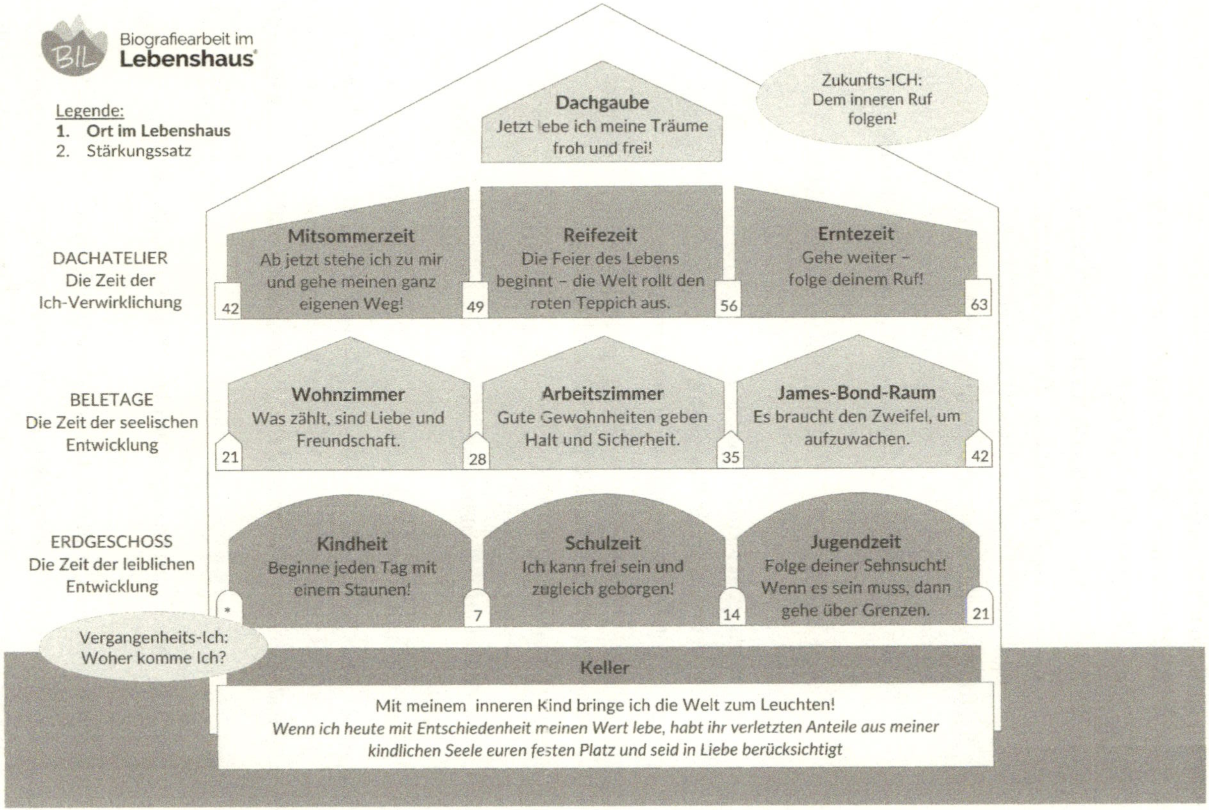
Biografiearbeit im
Lebenshaus®
Legende:
1. Ort im Lebenshaus
2. Stärkungssatz
Zukunfts-ICH: Dem inneren Ruf folgen!
Dachgaube
Jetzt lebe ich meine Träume froh und frei!
DACHATELIER
Die Zeit der Ich-Verwirklichung
Mitsommerzeit
Ab jetzt stehe ich zu mir und gehe meinen ganz eigenen Weg!
Reifezeit
Die Feier des Lebens beginnt – die Welt rollt den roten Teppich aus.
Erntezeit
Gehe weiter – folge deinem Ruf!
42
49
56
63
BELETAGE
Die Zeit der seelischen Entwicklung
Wohnzimmer
Was zählt, sind Liebe und Freundschaft.
Arbeitszimmer
Gute Gewohnheiten geben Halt und Sicherheit.
James-Bond-Raum
Es braucht den Zweifel, um aufzuwachen.
21
28
35
42
ERDGESCHOSS
Die Zeit der leiblichen Entwicklung
Kindheit
Beginne jeden Tag mit einem Staunen!
Schulzeit
Ich kann frei sein und zugleich geborgen!
Jugendzeit
Folge deiner Sehnsucht! Wenn es sein muss, dann gehe über Grenzen.
*
7
14
21
Vergangenheits-Ich: Woher komme Ich?
Keller
Mit meinem inneren Kind bringe ich die Welt zum Leuchten!
Wenn ich heute mit Entschiedenheit meinen Wert lebe, habt ihr verletzten Anteile aus meiner kindlichen Seele euren festen Platz und seid in Liebe berücksichtigt

2. Eigenarbeit zu jedem Lebensraum. Machen Sie sich ausführliche Notizen in Ihr Biografieheft:
   - Welches waren die wichtigsten Ereignisse in diesem Lebensabschnitt, gute und schlechte?
   - Was hat Sie in dieser Zeit für Ihr Leben stark gemacht?
   - Welches Thema aus dieser Zeit taucht immer wieder auf und wartet vielleicht noch auf seine Lösung?
3. Jetzt folgt die Arbeit an den einzelnen Fenstern:
   - Suchen Sie sich eine Farbe aus, die die Grundstimmung in diesem Lebensabschnitt ausdrückt, und grundieren Sie damit das Fenster.
   - Jetzt überlegen Sie sich drei Sätze, die Sie farbig in das Fenster schreiben:
     - blau: ein Motto für diese Zeit
     - grün: die beste Ressource
     - rot: Ihren persönlichen Stärkungssatz
4. Für die Fenster, die in der Zukunft liegen, beantworten Sie die folgenden Fragen in Bezug auf Ihre Wünsche:
   - Wo möchten Sie stehen?
   - Woraus möchten Sie Kraft schöpfen?
   - Welchen Traum möchten Sie umsetzen?

Wenn Sie mit allen Fenstern fertig sind, können Sie Ihr ganzes Lebenshaus noch farblich bemalen und gestalten. Hängen Sie Ihr Lebenshaus an einen schönen Ort. Sie können regelmäßig, am besten jeden Morgen, die Stärkungssätze und Ihre Ressourcen 2 Mal laut aussprechen.

Hinter den Erinnerungen ein Leitmotiv entdecken

Betrachten Sie Ihr Lebenshaus mit innerer Distanz aus dem Blick der Vogelperspektive. Entdecken Sie die Metamorphose von einem Lebensthema aus dem Kinderzimmer im Erdgeschoss zu dem Raum darüber, dem Empfindungsseelenraum in der Beletage des Lebens, das sich dann verwandelt in einen Akt der Selbstentfaltung im Raum darüber, der geistigen Entwicklungsperiode ab dem 42. Lebensjahr.

Unsere ersten Erinnerungen stellen oft eine Urmetapher für unser Lebensmotiv dar. Die Zeit der 20er ist die Zeit, an die wir uns lebenslang am besten erinnern können. Daher wird sie in der Psychologie »Erinnerungshügel« genannt. In den 40ern wird uns plötzlich – oft äußerlich angeregt durch die Einladungen zum Klassentreffen – bewusst, dass wir eine Vergangenheit haben. Jetzt beginnt die gezielte Rückschau mit der Frage nach dem »Wer bin ich?«.

Wenn Sie bewusst mit Ihrem Lebenshaus arbeiten, werden Sie offener für die verbindende Sprache zwischen den Räumen. Dazu erzähle ich Ihnen hier gern eine Geschichte, die deutlich macht, dass in der Kindheit, oft durch traumatisierende Erlebnisse, der Grundstein gelegt wird, wir in den 20ern unbewusst die Grundlagen und Fähigkeiten erwerben, damit wir dann in den 40ern alle Kompetenzen an Bord haben, um unsere Lebensaufgabe umzusetzen.

Persönlich erlebt

Bei meinem Besuch in Rom erzählt mir Maria ihre Geschichte. Im 1. Lebensjahrsiebt wurde sie mit 4 Jahren in einen deutschen Kindergarten geschickt und hat dort in einem halben Jahr Deutsch gelernt, worauf ihre Eltern sehr stolz waren. Sie erinnert sich gut, wie sie als kleines Mädchen für einige Zeit tief verunsichert war, mit wem sie jetzt Italienisch und mit wem sie Deutsch sprechen musste. Ihre kleine Welt begann sich schmerzlich zu teilen. Nach der Schule ging sie nach Deutschland und wurde Übersetzerin. Ohne dass es ihr bewusst gewesen wäre, ergriff sie einen Beruf, der ihr die Verständigung zwischen den zwei Sprachen ermöglichte. Sie lernte Sven, einen Deutschen, kennen und lieben. Da aus Sicht und Tradition der italienischen Eltern ein Zusammenleben ohne Trauschein nicht denkbar war, hielt Sven um Marias Hand an.

In ihrem Zusammenleben in Deutschland wurde schnell deutlich, dass sie, aus zwei verschiedenen Kulturen stammend, jedes Detail ihrer Beziehung verhandeln mussten. In Italien leben viele junge Leute noch bei den Eltern und gehen aus diesem Grund oft aus, um Freunde zu treffen. Sven war es als Deutscher gewohnt, unter der Woche abends zu Hause zu sein und Freunde nur am Wochenende zu sehen. Bereits am dritten Abend platzte es aus Maria heraus: »Hast du keine Freunde? Soll ich hier vereinsamen? Mir fällt die Decke auf den Kopf!«

Erst mit dieser Geschichte verstand ich, warum es den beiden so wichtig ist, ihre Freundschaften zu pflegen. Maria freut sich, dass es ihr heute möglich wurde, in Rom ein Apartment zu kaufen. Sie liebt es, ihre deutschen Freunde mit ihren italienischen Freunden zusammenzubringen. Heute mit 44 bekennt sie, dass sie es als ihre Lebensaufgabe ansieht, zwischen der deutschen und der italienischen Welt zu vermitteln. Sie lacht, als ihr im Gespräch bewusst wird, dass sie in allen Bereichen ihres Lebens erfolgreich zwischen den verschiedenen Welten vermittelt.

Hinein ins Lebenshaus der Jahrsiebte

Wollen wir unser Leben tiefer verstehen, können wir mit der Biografiearbeit auf ganz neue Weise in unser Lebenshaus mit seinen 9 Räumen einziehen. Die Räume, die wir schon gelebt haben, führen uns zu einem tieferen Verständnis für unseren roten Lebensfaden. Über die Lebensräume, die uns in der Zukunft erwarten, können wir uns anhand der allgemeinen Gesetzmäßigkeiten und Schilderungen, wie ich sie im Folgenden beschreibe, ein Bild machen. So können wir das zweite Ende des roten Lebensfadens, das uns aus der Zukunft entgegenwächst, erahnen und verfolgen.

Das Betreten eines neuen Jahrsiebt-Raums ist einer neuen Geburt vergleichbar. In jedem Lebensraum erwartet uns eine neue Bewusstseinsqualität, die die bestimmende Rolle in diesem Jahrsiebt übernehmen möchte. Anschließend fügt sie sich in den Reigen der schon anwesenden Entwicklungskräfte ein. Wie die verschiedenen Instrumente eines Orchesters je nach Komponist und Dirigent ganz unterschiedlich erklingen, entfalten sich die Seelenqualitäten zu unserer ganz eigenen Persönlichkeit.

Lassen Sie sich von mir nun also auf die Reise in Ihre Vergangenheit begleiten. Als Motto wollen wir einen Buchtitel des finnischen Psychotherapeuten Ben Furman, der bekannt für seinen liebevollen, lösungsorientierten Blick auf das Leben ist, im Gepäck haben: »Es ist nie zu spät für eine glückliche Kindheit«. Wir können unsere Vergangenheit als eine Quelle der Kraft und nicht als Ursprung aller Probleme betrachten.

Ich halte seit langer Zeit Vorträge zur Biografiearbeit und bin inzwischen darauf gefasst, dass es in jedem Vortrag Momente gibt, die mich tief berühren, in denen eine Saite meiner eigenen Lebensmelodie ganz unerwartet anklingt. Wundern Sie sich also nicht, falls Sie eine innere Unruhe, ein inneres Berührtsein ergreift, wenn wir gleich mit der genauen Betrachtung des biografischen Lebenshauses beginnen und dabei in Ihnen Erinnerungen auftauchen. Wir schauen hinter den Schleier, den sonst die Zeit in ihrem Vergessen über das Geheimnis unseres Lebens legt.

Mit dem Blick der wärmenden Frühlingssonne

Normalerweise schwanken wir in unserer Erinnerung zwischen Gefühl und Verstand wie ein Grashalm im Wind. In unserem Gefühl drohen wir zu versinken zwischen Sympathie und Antipathie, zwischen Gefallen oder Missfallen, zwischen Liebe und Hass. In unserem Verstand wollen wir alles beurteilen nach »richtig« und »falsch«, »gut« und »böse«. Mit dieser schnellen Bewertung hören wir auf weiterzudenken. Jedes Ereignis kommt in seine Schublade. Dabei überwiegen die kritischen Beurteilungen. Oder wir tun es den Heuhüpfern gleich, leben von Tag zu Tag und verdrängen oder vergessen, was gewesen ist. In der Biografiearbeit nun wollen wir die Erinnerungen von den Gefühlen und Beurteilungen ein Stück loslösen, um offener zu werden für die tieferen Motive und weiteren Zusammenhänge.

Wir nehmen uns die wärmende Frühlingssonne zum Vorbild: Sie scheint aus der Distanz auf alles mit dem gleichen Licht, der gleichen Intensität, dem gleichen Wohlwollen. In jede Ecke schicken wir unsere

Lichtstrahlen, bestehend aus tiefem Interesse und gleichzeitig unbeschwerter Neugierde. Wir wollen verstehen: »Wer bin ich?« Und vielleicht taucht dabei die Frage in uns auf: »Wer möchte ich noch werden?« So lassen Sie sich von mir einladen, einzutreten in das archetypische Haus des Lebens.

Im Erdgeschoss des Lebens wird die Basis gelegt

Die ersten 21 Jahre bilden das Erdgeschoss mit seinen 3 Räumen: die Kindheit, in der wir in die Welt getragen wurden, die Schulzeit, die wir in freudigem Bewegungsdrang entdeckt haben, und die Jugend, in der wir uns türenknallend von der Umgebung abgeschottet haben. In diesen 21 Jahren wurde die Basis unserer Persönlichkeit gelegt.

Als Kinder werden wir in die Tatsachen unseres Lebens hineingestellt und sind abhängig von unserer Lebensumgebung. Wie ein Tattoo werden uns die Grundmuster aus dieser Zeit für das ganze Leben prägen. In der Schulzeit lernen wir mit großen Schritten und bilden unser Temperament aus. Glaubenssätze, Gewohnheiten, Maßstäbe und Vorurteile aus dieser Zeit werden uns wie altgeliebte Kleider begleiten, bis wir sie aussortieren. In der Jugend entwickelt sich unser Charakter zwischen zwei entgegengesetzten Krafteinwirkungen: Einerseits sind wir noch gebunden an den elterlichen Tisch, andererseits gibt es Begegnungen, in denen wir spüren, dass wir aufbrechen werden, um uns zu finden.

Vielleicht fallen Ihnen zuallererst die ganz traurigen Geschichten aus den drei Lebensabschnitten ein. Dann kann Ihnen hoffentlich einer der folgenden Selbstannahme- und Stärkungssätze helfen.

Selbstannahmesätze bei schweren Erlebnissen

- »Auch wenn es Zeiten in meiner Kindheit, Schulzeit oder Jugend gab, die richtig schwer waren und in denen das Leben ungerecht mit mir war, nehme ich mich an, wie ich bin.«
- »Auch wenn ich in der Erinnerung an das schlimme Ereignis richtig traurig werde, liebe und akzeptiere ich mich so, wie ich bin.«

- »Auch wenn ich oft vergesse, wie stolz ich auf mich sein kann, dass ich das alles so überstanden habe, möchte ich lernen, mich anzunehmen.«

Stärkungssätze bei schweren Erlebnissen

- »All dies hat mich zu dem gemacht, der ich heute bin.«
- »Wenn ich heute mit Entschiedenheit meinen Wert lebe, habt ihr verletzten Anteile aus meiner kindlichen Seele euren festen Platz und seid in Liebe berücksichtigt.«
- »Immer wenn ich beim Thema … innerlich wieder zum kleinen Mädchen werde, erinnere ich mich ab jetzt, dass ich eine … Jahre alte, lebenserfahrene und kompetente Frau bin.«
- »Immer wenn ich beim Thema … wieder zum kleinen Jungen werde, erinnere ich mich ab jetzt, dass ich ein … Jahre alter, lebenserfahrener und kompetenter Mann bin.«

Welches Lebensmotto stand auf Ihrem Klingelschild?

Wenn Sie mit Ihrer ganzen Lebenserfahrung auf Ihr Leben zurückschauen mit der Frage »Wie hat eigentlich alles begonnen?«, erscheint es Ihnen dann nicht auch unwahrscheinlich, dass Sie als unbeschriebenes weißes Blatt auf die Welt gekommen sind? Mir jedenfalls wird immer deutlicher, dass es da einen weit vorausschauenden Architekten gab, der meine Mission schon gekannt haben muss und der in einer nur ihm bekannten Geheimsprache den ganzen Bauplan meines Lebens in mir und um mich herum so eingerichtet und vorbereitet hat, dass alles so werden konnte, wie es heute ist. Selbstverständlich habe ich auch immer das Meine dazu beigetragen. Und ich war ein eigensinniges Kind, das häufig genau wusste, was es wollte, und vor allem, was es nicht wollte.

Ich versuche in meiner Biografiearbeit, das Leben als Kreislauf in einer Lemniskate aufzufassen. Die liegende Acht steht für die Unendlichkeit des Lebens. Es gibt den einen Bogen, der unser Leben hier auf der Erde beschreibt. Und dann gibt es den anderen Bogen, der es wagt, ein Leben vor der Geburt und nach dem Tod einzubeziehen. Unser ganzes Leben beginnt sich zu erweitern, wenn wir versuchen, diesen unsichtbaren zweiten Bogen mitzudenken. Dann taucht unweigerlich die Frage auf, was wir uns für dieses Leben vorgenommen haben. Welches Motto haben wir auf unser Klingelschild geschrieben?

1. Jahrsiebt von 0 bis 7: Kindheit
Im Kinderzimmer kommen wir im Leben an

Thema

Die vordringliche Aufgabe der Kindheit liegt darin, den Leib zu bilden, zu wachsen und jedes der so unterschiedlichen Organe zu gestalten. Drei Ströme, die Vererbungsgrundlage der Eltern, die Umwelteinflüsse und der Samen unseres Ich, fließen zusammen, um das Instrument zu gestalten, auf dem einmal unsere ganz eigene Melodie erklingen möchte. Wie viele Tatsachen haben Ihr Leben bestimmt und hätten ganz anders verlaufen können: welche Nationalität, welche Zeit, welche Landschaft, welche Sprache, welche Familie, welches Geschlecht und welche Geschwisterfolge – all dies hat den Boden für Ihr Leben gelegt.

Ich möchte Sie einladen, sich mit Ihrer ganzen Fantasie hineinzustellen in Ihre kleinen Kinderschuhe. Nehmen Sie sich die Zeit, die Sie brauchen. Oft tauchen mit den Erinnerungen Gerüche, ein Geschmack, der Lieblingssofastoff oder Farben in uns auf. Bei mir ist es der Geruch des ersten Heuschnitts zusammen mit dem Gezirpe der Grillen und dem blauen Himmel, der den bayerischen Sommer ankündigte. Oder vielleicht ergeht es Ihnen wie einer Seminarteilnehmerin, die ganz überrascht war, wie schön und lichterfüllt ihre Kinderzeit eigentlich gewesen ist. Viele eigene Erinnerungen haben wir nicht an unsere frühe Kindheit. So ähnelt der Bildaufbau eher einem Mosaik aus Fotos, Erzählungen und innerer Rekonstruktion.

Der irdische »Grundstein unseres Seins« wird mit der Empfängnis gelegt. Wie waren die Bedingungen der Schwangerschaft? Waren wir erwartet und willkommen? Oder gab es bei den werdenden Eltern Angst, Unsicherheiten, Konflikte oder Ablehnung der neuen Situation gegenüber? Konnten sich die Eltern auf diese Lebensveränderung einlassen? Konnten sie einen stimmigen Lebensrahmen gestalten? Mit diesen Fragen befinden wir uns noch im Vorraum unseres Lebenshauses, der doch unser ganzes Leben mitbestimmen wird.

Heimat finden im Körper

Mit der Geburt sind wir, in der Bildsprache der Kinder, auf dem Regenbogen vom Himmel auf die Erde gerutscht. Das anschließende Beheimaten des Kindes im Leib und auf der Welt kann man sich wie das Einsteigen in eine Badewanne vorstellen: Eine von Liebe getragene, fröhliche, Geborgenheit schenkende Atmosphäre lässt uns – wie in warmem Wasser – in unserem Körper wohlfühlen und bis in die Zehen hinein ausdehnen. Bei Schrecken und Angst zieht sich die Seele – wie in kaltem Wasser – zurück. Leib und Welt werden dann als fremd erlebt. Dies kann sich später in einem Gefühl von mangelnder Durchseelung ausdrücken oder als tiefe Distanziertheit, Abgeschnittenheit von der Welt erlebt werden.

Von der vorbehaltlosen Liebe unserer Kindheit werden wir ein ganzes Leben lang zehren oder sie ein ganzes Leben lang vermissen. Wenn eine innere Ablehnung wiederholt auftritt, kann das Kind tief empfinden, dass es nicht »richtig« ist. »Ein Mensch, der als Kind ›in der Kälte stand‹, wird später ›Wärme‹ auf eine abhängige Art suchen. Dies wird ihn als erwachsenen Menschen nicht befriedigen, denn als solcher sucht er ja eigentlich die Wärme und das Verständnis auf gleicher Ebene, partnerschaftlich und nicht in Abhängigkeit. So bleibt ein Gefühl von Unerfülltheit bestehen.«[2] Zum Glück finden Kinder auch in schwierigen Familienverhältnissen meist die Liebe einer Großmutter, eines Großvaters oder sonst eines nahestehenden Menschen, der dann für das Gedeihen den vieles übertönenden, heilsamen Ausgleich schaffen kann. Da die Kinder dem Himmel noch so selbstverständlich nah sind, sind sie dankbar, dies in religiösen Geschichten oder im Gebet zum Schutzengel mit einem lieben Menschen zu teilen.

Krisen

Die Geburt: Unsere erste erfolgreiche Krisenstrategie

Nach der Empfängnis nähern wir uns – aus anthroposophischer Sicht – mit unserem unsterblichen Wesenskern, den wir Ich nennen, aus der Urweite des Kosmos der Erde. Zur Geburt verdichtet sich unsere weite Seele, um in dem kleinen Haus des Körpers Eintritt zu finden und am Ende des langen Geburtskanals das Licht der Welt zu erblicken. So stellt unsere Geburt die erste große Krise in unserem Leben dar. Der Verlauf der Geburt ist tief in unserem Körpergedächtnis als »erfolgreiche« Krisenstrategie gespeichert. Mancher von uns wird in seinem späteren Leben dieselbe Strategie zur Krisenbewältigung einsetzen. Denn unser Körpergedächtnis kann nicht beurteilen, dass der Geburtsverlauf kein angemessenes Vorbild für die späteren kleinen und großen Krisen des Lebens darstellt.

Persönlich erlebt

Eine schwer kranke junge Frau kommt zu mir in die Praxis. Ihr Hauptaugenmerk liegt überraschenderweise auf ihrer Zwillingsschwester. Sie hat die Überzeugung, dass die Schwester mehr leide als sie selbst, und sorgt sich sehr um sie. Auf mein Nachfragen erzählt sie, dass sie als eineiiger Zwilling zuerst auf die Welt gekommen ist.

Versuchen wir, uns in ihre Schwangerschaftssituation hineinzuversetzen, so finden wir sie in einem Raum, der Gebärmutter, eng zusammen mit ihrer Schwester. Also eine große Nähe und Verbundenheit. Dann entschließt sie sich, »zuerst zu gehen«, und lässt die Schwester zurück. Ich erzähle ihr, dass dies aus der kindlichen Perspektive, je nach Charakter, verschiedene Prägungen fürs Leben geben kann: »Ich bin mutig und gehe zuerst!« Oder: »Immer muss ich zuerst ins Ungewisse gehen!« Oder: »Ich habe meine Schwester allein zurückgelassen und bin voller

Sorge um sie.« Dieser letzte Glaubenssatz rief in der jungen Frau eine starke emotionale Resonanz hervor. Mit den folgenden Selbstwertsätzen breitete sich sofort eine tiefe Erleichterung in ihr aus: »Auch wenn ich in meiner Sorge heute noch glaube, meine Schwester sei ein Embryo, und sie damit hartnäckig unterschätze, liebe und akzeptiere ich mich so, wie ich bin. Auch wenn ich mich damit über meine Schwester stelle und in meiner Sorge hochmütig auf sie herunterblicke, liebe und akzeptiere ich mich so, wie ich bin. Auch wenn ich dabei vergesse, dass meine Schwester inzwischen auch eine erwachsene Frau ist, liebe und akzeptiere ich mich so, wie ich bin.«

Sie war mit dem Anliegen in meine Praxis gekommen, ihre Selbstheilungskräfte zu stärken. Dafür ist es in der Selbstwertarbeit notwendig, die unbemerkten Verbindungen zu unseren Kellerthemen aufzuspüren. Sie sind es nämlich, die uns wie in einem Sog die Kraft rauben. Mit einer kleinen angemessenen Intervention, in der der liebevolle »Humoraktiv« nicht fehlte, konnte die kluge junge Frau mit zunächst erstauntem, später strahlendem Blick sofort die »Klappe zum Wäscheschacht«, über die sie regelmäßig in die unangemessene, alte embryonale Sorge um ihre Zwillingsschwester gerutscht war, verschließen und den Energiesog aus dem Keller stoppen.

Wie können die Umstände der Geburt in späteren Krisen noch unangemessen nachgeahmt werden? Bei einer Frühgeburt kann sich der Glaubenssatz begründen: »Ich verlasse eine eng werdende, schwierige Situation zu früh und weiche so der Auseinandersetzung aus. Ich erlaube mir nicht, mir die Zeit zu nehmen, die es braucht. Ich habe keine Geduld, den richtigen Zeitpunkt abzuwarten.«

Liegt die Nabelschnur bei der Geburt um den Hals, kann sich auch dies als unangemessene Lebensstrategie in Szene setzen: »Erst wenn ich keine Luft mehr bekomme, entscheide ich mich für den nächsten Schritt.«

Jede Krise braucht eine Geburt

Immer wieder werden wir in unserem Leben an den Endpunkt eines Entwicklungsabschnittes kommen, der, wie das Ende der Schwangerschaft, für eine weiterführende Entwicklung eine Geburt in völlig neue Verhältnisse fordert. Für jede Geburt ist dabei ein gewisses Sterben notwendig. Doch Gewohntes zu verlassen macht uns Angst. Woher nehmen wir immer wieder den Mut? Können wir uns mit uns selbst verbinden, dann spüren wir das tiefe Urvertrauen: »Ich habe eine krisenhafte Situation schon einmal überwunden, ich schaffe das wieder!«

Hebammen wissen, dass die werdende Mutter sehr oft kurz vor der Geburt der Mut verlässt. Mit einem guten, individuell abgestimmten Zuspruch unterstützt sie die Gebärende dann auf dem letzten Wegstück. So dürfen auch wir uns, immer wenn wir in der dunklen Enge einer Krise stecken zu bleiben drohen, kompetente Unterstützung suchen: für den Schritt heraus aus der Krise und hinein in eine neue Auffassung von unserem Leben. Danach fühlen wir uns oft tatsächlich wie neugeboren und können neuen Mutes allein weitergehen.

Bedeutsames: Dem Nachklang Zeit geben

Immer wieder gibt es im Leben kleine und größere Ereignisse, einer Geburt gleich, mit denen wir eine ganze Zeit vorher »schwanger« gegangen sind. Auf eine Prüfung lernen wir oft nach einem Lernplan. Auf Feste freuen wir uns, planen und bereiten sie vor. Wir sind aufgeregt, ob alles so sein wird, wie wir gedacht haben. Während des Ereignisses sind wir dann so stark mit dem Erleben beschäftigt, dass wir wie durch einen Strom schwimmen. Um das Erlebte zu verarbeiten und uns davon zu erholen, ist es wichtig, genügend Zeit und Raum für den Nachklang einzuplanen. Es lohnt sich, einen kleinen Erlebnisrückblick zu schreiben, denn gerade die kleinen, so wichtigen Begebenheiten geraten schnell in Vergessenheit.

Diesen Dreiklang von Vorbereitung, dem Erlebnis selbst und dem Nachklang beschreibt der Arzt Terence Dowling auch für die Geburt. Er sagt, dass alle Kinder als Frühgeborene auf die Welt kommen. Nach 9 Monaten Schwangerschaft im Leib der Mutter kommt die Geburt, und dieser folgen dann 9 Monate Schwangerschaft außerhalb des Leibes. Dieses Bild schützt die Eltern und das Neugeborene und nimmt wirklich ernst, dass wir Menschen Zeit brauchen für unsere Entwicklung. Wir sind Spätentwickler, dafür aber lebenslang entwicklungsfähig. Erst der Nachklang gibt uns die Reife als Mensch.

Irrwege

Bevor die Erinnerung uns schützt

In unserer Kinderzeit waren wir hingegeben an unsere Umgebung und haben sie ohne die abgrenzende Kraft unseres Verstandes ganz in uns aufgenommen. Es existierten keine Grenzen zwischen innen und außen. Voller Urvertrauen und Lebensbejahung entdeckten wir die Welt mit all ihren kleinen und großen Überraschungen. Diese Eindrücke sitzen tief im Unbewussten unserer Zellen. »Schöne und gute Erlebnisse ebenso wie angstvolle, traurige, traumatische Erlebnisse prägen uns wie Tattoos bis tief in unsere Organe hinein. Oft sind es Brüche im Vertrauen und Erlebnisse von Verlassenheit oder Einsamkeit. Aus ihnen stammen unsere Lebensthemen, unsere Grundmuster, die wir in unserem späteren Leben zu entschlüsseln, zu verwandeln, zu verabschieden, zu nutzen haben. In ihnen liegt ein wichtiger Lern- und Entwicklungsfaktor des eigenen Lebens.«[3]

Das kleine Kind ist bis ins Leibliche abhängig von den Eltern und deren Lebenssituation. Es könnte ohne Fürsorge und Liebe nicht überleben. In seinen Bedürfnissen schaltet es, wie ein Lichtschalter, unvermittelt von satt auf hungrig, von zufrieden auf unzufrieden, von froh auf traurig. Es ist wichtig, sich deutlich zu machen, dass es in diesem Alter noch keine Zwischentöne gibt. Wenn uns als Erwachsene Unstimmigkeiten, Missglücktes, Unpünktlichkeit, Streit oder sonstige Alltagswidrigkeiten auf einmal lebensbedrohlich und existenziell erscheinen, wir uns ohnmächtig oder hilflos fühlen und unsere Gefühle oder Handlungsimpulse entsprechend überschießen, dann verstehen wir jetzt, dass wir von unserem Alter aus in die Kleinkindzeit geschrumpft sind und uns hier tiefe Erlebnisse aus den Kindertagen einholen.

Wenn wir in der Regel im 3. Lebensjahr erstmals »Ich« zu uns sagen, fangen wir an, uns von unserer Umgebung abzugrenzen. Mit dem Erwachen unseres Selbstbewusstseins ist die Kraft der Erinnerung und damit auch die Möglichkeit zur Reflexion verbunden. Einem seelischen Schutzschild gleich ermöglicht sie uns, uns von unseren Erlebnissen emotional zu distanzieren. Jetzt können wir nachvollziehen, warum Lebensthemen, die vor unserer Erinnerungsfähigkeit liegen, viel schwerer zu verstehen und zu verarbeiten sind.

Die typischen Entwicklungsthemen aus der Kindheit

Unsere tiefen Prägungen gleichen Tattoos

Entwicklungsthemen nenne ich die »schweren« Themen, die wir gern verdrängen. Es dauert lange, bis wir entdecken, dass mit ihnen nicht nur das Schwere, sondern auch unser Entwicklungspotenzial verbunden ist. Wir haben uns mit ihnen spezifische Kompetenzen erworben, die uns – wird uns dieser Zusammenhang einmal bewusst – oft unsere Berufswahl neu und tiefer verstehen lässt. So kann bei einer Kindergärtnerin das eigene Thema im 1. Lebensjahrsiebt liegen. Wenn sie erkennt, dass sie selbst eine schwere Kleinkindzeit hatte und deswegen jetzt beruflich für andere Kinder da sein möchte, kann das ein tröstender und sinnstiftender Zusammenhang sein.

Die typischen Themen aus der Kindheit ranken sich um Erlebnisse, in denen wir uns verlassen, zurückgesetzt oder nicht gewollt fühlten. Als spezifische Grundmuster sind sie wie Tattoos auf unserer Haut.

»Gut« sein wollen

Alle Erfahrungen, in der unsere kleine Welt tatsächlich gut war, stärken uns für unser ganzes Leben. Gleichzeitig haben viele von uns Anweisungen bekommen, wie sie sein sollten. Wie muss man sich als Kind benehmen, um »gut« zu sein? Anderen helfen? Still sein? Hübsch und lieb sein? Mamas Liebling oder Papas starker Junge? Sauber und artig? Sich benehmen? Fällt Ihnen vielleicht auch auf, dass Sie manche dieser nicht tragfähigen Interpretationen von »gut sein« unbemerkt bis heute in Ihrem Leben motivieren?

Lösungen

Ganz bei der Sache sein

In den ersten drei Lebensjahren lernt das kleine Kind so leicht und spielerisch wie nie wieder in seinem Leben. Die motorische Entwicklung schafft einen tiefen, gesunden Abdruck, dessen Spannkraft und Elastizität ein Leben lang Seele und Körper in Einklang halten werden. Dabei stärkt das Aushalten und Wartenlernen die spätere Stress- und Frustrationstoleranz. Im Marshmallow-Test des Persönlichkeitspsychologen Walter Michel bekamen 4-Jährige in den 1960ern 1 Marshmallow sofort oder aber 2, wenn sie es aushielten, bis zu 15 Minuten zu warten. Dabei konnte gezeigt werden, dass die Fähigkeit zum Belohnungsaufschub einen positiven Einfluss auf die spätere akademische, emotionale und soziale Lebenssituation hat.

Essenziell notwendig zum Lernen im Kindesalter ist ein ermutigender Erzieher, der selbst danach strebt, seine Gedanken, seine Gefühle und seine Handlungen in Einklang zu bringen. Also ganz in Übereinstimmung mit der buddhistischen Lehre: Sei, wenn du eine Möhre schälst, mit allen Sinnen und Gedanken bei genau dieser Möhre und deinem Tun! Kinder brauchen zum Lernen ein Vorbild, das sie nachahmen können.

Gehen, Sprechen, Denken:
Die Grundlagen zum Menschsein werden gelegt

Mit großer Begeisterung und voller Neugierde entdecken wir unsere Umgebung. Wir lernen die drei urmenschlichen Grundqualitäten, auf die sich später unser ganzer Charakter stützt: Gehen, Sprechen und Denken.

Mit dem Gehen erobert sich jedes Kind die Senkrechte des Lebens. Beispielhaft für jede neue Aufgabe im ganzen weiteren Leben kann uns der unermüdliche Eifer sein, mit dem das kleine Kind laufen lernt. Wir dachten nicht daran, wie viele Hundert Male wir schon hingefallen und wieder aufgestanden sind. Wir kannten keine Resignation! Im Moment des Loslassens wurde der freie, aufrechte Gang möglich. Unsere Augen strahlten, als wir mit wackeligen Schritten mutig unsere kleine Welt eroberten. Auch für uns als gestandene Erwachsene bleibt dieser früh erlernte Grundsatz bestehen: Wir müssen immer wieder neu loslassen, um die Hände freizubekommen!

Wie beherrschen wir heute unseren Körper und den senkrechten Raum? Können wir die Verbindung zum Himmel, die Führung durch unser Höheres Selbst und unseren Engel wahrnehmen? Gelingt es uns im Verlauf des Lebens immer wieder, aufrecht und aufrichtig zu sein?

Im 2. Lebensjahr haben wir spielerisch sprechen gelernt. Das intensive Hinhören und Nachsprechen hat stürmische Vernetzungen in unserem zentralen Nervensystem ausgelöst. Mit dem Sprechen haben wir uns in der Zeit verankert. Waren die Erwachsenen, die mit uns gesprochen haben, ehrlich? Bestand eine Übereinstimmung der Gedanken und Gefühle zu den ausgesprochenen Worten? Wurden die Worte in die Tat umgesetzt? Beherrschte Sprachlosigkeit das Zusammensein? Konnten wichtige Erfahrungen ausgetauscht werden oder wurde nur über das Alltägliche gesprochen?

Gelingt es uns heute immer besser, unsere Gefühle, unsere Bedürfnisse in Worte zu fassen? Können wir innerlich still werden und uns ganz auf unser Gegenüber einlassen, ohne uns selbst zu verlieren? Versuchen wir, immer wieder aufkommende Sprachlosigkeit zu überwinden? Bemühen wir uns um Ehrlichkeit im Sprechen?

Aus unserer Lebenserfahrung wissen wir, dass uns der Klang von Ge-

genständen, auf die wir klopfen, unmittelbar Auskunft über ihre Materialität gibt. Wir unterscheiden treffsicher, ob es sich um Glas, Holz, Plastik oder Keramik handelt. Und wir testen auf diese Weise, ob die schöne Schüssel einen unsichtbaren inneren Bruch hat. Hören wir eine bekannte Stimme, erkennen wir sofort, um wen es sich handelt. Wenn wir genau hinhören, werden wir auch aufmerksam für die emotionale Lage unseres Gegenübers. Wir können hören, wenn die Stimme gebrochen klingt.

Im 3. Lebensjahr erwacht unser eigenes Denken. Wir benennen jetzt bewusst die Dinge unserer Umgebung. Wir erleben uns selbst als Ich in unserer Einmaligkeit. Dies führt zu dem tiefen Kohärenzgefühl, das uns die innere Sicherheit schenkt: »Ich bin ein Ich!« Stellen wir uns heute die Frage, wie wir denken? Machen wir uns bewusst, dass jeder Mensch eigene Denkwege geht? Bleiben wir als Mensch offen und frei von Vorurteilen immer bereit, Neues zu lernen? Haben wir uns die Kraft des echten Staunens erhalten?

Die Gehirnphysiologie konnte inzwischen zeigen, dass unsere Persönlichkeit in ihren Grundbedingungen in den ersten 3 Jahren festgelegt wird. Das gilt auch für Qualitäten, die bei Personalentscheidungen herangezogen werden: etwa die persönliche Balance zwischen Teamgeist und Führungsstärke oder zwischen Familiensinn und Selbstverwirklichung. Die wirklichen Handlungsmotive in unserem erwachsenen Leben liegen oft in unserer Kindheit verborgen. Wenn wir diese Zusammenhänge entdecken, kann daraus eine Bestätigung für die Sinnhaftigkeit unseres Lebensweges erwachsen. In dieser Zeit werden wir geprägt von dem Vorbild und der Unterstützung unserer Eltern. Durften wir unseren Lerneifer ausleben oder wurden wir durch zu viele Verbote, Vorsicht oder Ängstlichkeit gebremst? Hat uns zu viel korrigierendes Eingreifen den Spaß am Lernen genommen?

Die Signatur der frühesten Erinnerung

Es lohnt sich, unsere erste Erinnerung genau ins Bild zu bringen, denn in ihr drückt sich oft ein tiefes Lebensmotiv aus. So kann uns die Signatur der ersten Erinnerung ein Verständnis für die tiefe Sinnhaftigkeit unseres Lebens vermitteln.

Persönlich erlebt

Kürzlich sagte ein Freund bei einem gemeinsamen Abendessen: »Dir braucht man nur etwas Kleines zu erzählen und du findest einen Zusammenhang, der alles verständlich werden lässt. Das ist toll!«

In meiner ersten Erinnerung liege ich in einem leeren, gekachelten Raum, schaue zur Tür und weiß, dass meine Eltern hinter dem Vorhang stehen und zu mir schauen. Ich strenge mich an zu verstehen, warum sie nicht reinkommen… Sie können sich vorstellen, dass diese Erinnerung mit einer großen Traurigkeit und einer nicht enden wollenden Einsamkeit verbunden ist. Ich wurde als kleines Kind wegen einer Hüftluxation operiert, lag im Krankenhaus und durfte, wie das in den 1960ern so üblich war, von meinen Eltern nicht besucht werden. Natürlich kamen sie jeden Tag, um zumindest durch den Schlitz im Vorhang zu schauen, wie es mir geht. Auch für sie war das eine sehr traurige Situation. Allerdings waren sie »groß« und kannten die Gründe, ich war »klein« und konnte die Situation nicht verstehen.

Erst vor wenigen Jahren saß ich nach einem intensiven Beratungsgespräch erfüllt in meinem Praxisraum, da fiel mir diese Erinnerung ein, und ich verspürte einen tiefen Trost. Ja, das machte Sinn! Ich habe mir in meiner Beratertätigkeit einen Raum geschaffen, in dem Menschen zu mir kommen, um bestimmte Situationen aus ihrem Leben zu verstehen. Dafür brauche ich die Fähigkeit, ruhig und absichtslos in ein mir fremdes Leben wie in einen leeren Raum hineinzulauschen. Das Wissen aus meiner ersten Erinnerung, dass hinter dem Vorhang meine lieben Eltern stehen, ist zu einer Fähigkeit geworden, ruhig, sicher, ja absichtslos zu warten, bis sich mir der Zusammenhang zu dem Geschilderten zeigen wird. So liegt der Grundstein für die Fähigkeit, Lebenszusammenhänge zu verstehen, in meiner frühen Kindheit und stellt ein wichtiges Lebensmotiv von mir dar, das die Grundlage für meine Arbeit geworden ist.

Vielleicht leuchtet Ihnen das Gelesene so ein wir mir. Wenn Sie sich aber beim Lesen dieser Geschichte denken: »Na ja, so kann man sich auch alles schönreden!«, ist das ein guter und wichtiger Einwand. Er erlaubt mir, an dieser Stelle zu sagen, dass es tatsächlich irrelevant ist, ob dieser Zusammenhang für Sie evident ist. Relevant ist allein, ob der Klient – in dem Beispiel bin das ich – den stimmigen Zusammenhang in seinem Herzen fühlt und tief für sich bejahen kann. Meiner Meinung nach kann der Coach oder Therapeut noch so geniale, einfühlsame oder überzeugende Ideen entwickeln. Wenn wir sie als Klient nicht in unserem Herzen, in unserem Gefühl klar und tief bejahen können, dann stimmen sie für uns nicht, oder es ist dafür noch nicht der richtige Zeitpunkt in unserem Leben gekommen. Dies wirklich zu beherzigen, ist ein wichtiger Teil einer vertrauensvollen Beratungsbeziehung. Lernen wir, immer deutlicher auf die Stimme unseres Herzens zu hören, wächst unser Gefühl für den roten Faden in unserer Biografie. Damit werden wir sicherer in der Entscheidungsfindung, welche Ereignisse, Angebote oder Fragen, die auf uns zukommen, uns auf unserem Lebensweg weiterführen.

Die Ressourcen aus der Kindheit

In unserem Kinderzimmer liegen viele persönliche Kraftquellen. Nutzen Sie Wartezeiten oder Autofahrten, um sich an schöne Situationen und Details aus Ihrer Kindheit zu erinnern und sich diese Quellen zu erschließen. Können Sie sich lachen hören?

Annehmen, was ist

Wir ersparen und erleichtern uns viel, wenn wir unsere Umgebung so vorbehaltlos annehmen können wie damals in unserer Kindheit. Um dann in dieser wirklich unbedingten Annahme unseren Gestaltungsraum zu finden. Denn als Kinder haben wir das Beste aus jeder Situation gemacht.

Selbstvergessen staunen

Das selbstvergessene Staunen und die tiefe Liebe, die ein Kind der Natur und allem, was kreucht und fleucht, entgegenbringt, hat etwas meditativ Religiöses. Als Erwachsene betrachten wir unsere Umgebung meist aus dem Blickwinkel von Zweck, Nutzen oder Genuss. Staunen zu üben ist auch eine Voraussetzung für ein wirkliches Gespräch, in dem wir innerlich ganz still werden, in uns einschlafen und im Du mit unserer Aufmerksamkeit aufwachen.

Morgens um 7 ist die Welt noch in Ordnung

Egal was gestern auch geschehen sein mag, mit jedem neuen Tag haben wir die Möglichkeit neu anzufangen. Diese Lebenstatsache stellt einen schon selbstverständlich gewordenen Grundpfeiler unserer christlichen Kultur dar, den es lohnt, sich bewusst zu machen. Denn so schwer es auch sein mag, die Vergangenheit als Lebenstatsache akzeptieren zu müssen – wir können jeden Tag die Chance ergreifen, unser Leben neu zu gestalten und damit den Gesamteindruck zu verändern.

Über Nachahmung lernen

Als Kinder lernen wir ganz unmittelbar, indem wir die Menschen unserer Umgebung nachahmen. Auch als Erwachsene können wir bewusst Menschen in ihren Fähigkeiten beobachten und ebenfalls versuchen, sie nachzuahmen. So können wir lernen, ohne zunächst die Hintergründe zu verstehen. Diese eröffnen sich uns dann oft erst viel später.

Wir sind lebenslang lernfähig

Wir kommen als Menschen auf die Welt und können gar nichts außer leben. Ein Fohlenjunges steht innerhalb der 1. Stunde seines Lebens auf seinen wackligen Beinen und stakst zu seiner Mutter, um zu trinken. Wenige Wochen später galoppiert es über die Wiese.

Welche große Freude begleitet das Laufenlernen eines Kindes! Erinnern Sie sich in jedem Scheitern, dass in uns die Kraft lebt, immer wieder aufzustehen. Zum Menschsein gehört das Fallen und Wiederaufstehen und die Tatsache, dass wir, im Gegensatz zu unseren Gefährten aus dem Tierreich, lebenslang bis ins hohe Alter lernfähig bleiben. Setzen Sie sich immer wieder bewusst dem Neuen aus! Lernen Sie das Hinfallen schätzen auf dem Weg zu einer neuen Fähigkeit. Von dem Schriftsteller Gerhart Hauptmann können wir lernen: »Sobald jemand in einer Sache Meister geworden ist, sollte er in einer neuen Sache wieder Schüler werden.« Inzwischen glaube ich sicher, dass wir mit dieser Lebenshaltung, die immer wieder bereit ist, anzufangen, Neues zu lernen und zu üben, konkret gegen manche Alterserkrankung vorbeugen können. Immer noch nehme ich mir für jeden Sommer etwas Neues vor. Diesen Sommer war es das Stand-up Paddling: auf einem wackeligen Surfbrett stehen und sich mithilfe eines langen Paddels durchs Wasser fortbewegen. Besonders bei kleinen Wellen macht das viel Spaß!

Die Welt ist gut
Das könnte als Motto für die Kindheit gelten. Denn alles, was das kleine Kind erlebt, nimmt es vorbehaltlos an, es erscheint ihm richtig und gut so, wie es ist.

Je älter wir werden, je mehr wir erlebt haben, desto mehr könnten wir den Glauben an das Gute verlieren. Immer wieder gehen wir vor unserem Schicksal in die Knie, verzagen und drohen zu verzweifeln. Doch in diesen dunklen Momenten beginnt der Glaube an das Gute! Immer wenn wir ihn suchen und pflegen, verbinden wir uns mit unserem Zukunfts-Ich – dem Kern in uns, der in die Richtung des Guten wachsen und werden will. Unser gedanklicher Fokus von heute wird die Realität von morgen.

Eigenarbeit

Fragen und Anregungen zu den Ressourcen aus der Kindheit

- Wenn Sie das nächste Mal auf einem Spielplatz sind, dann versuchen Sie doch mal die Rutsche oder erleben Sie die Welt von der Schaukel aus.
- Erinnern Sie sich an Momente des Staunens und Überraschtseins.
- Wann konnten Sie einfach jemandem folgen oder nacharbeiten, ohne gleich alles verstehen zu müssen?
- Denken Sie sich eine kleine Situation in der Zukunft, in der Sie sich vornehmen, die Realität einfach so anzunehmen, wie sie ist.

Stärkungssätze aus der Kindheit

- »Egal, was dein Gegenüber zu wissen glaubt: Höre auf die Stimme deines Herzens.«
- »Bleibe lernbegeistert!«
- »Glaube an den Neuanfang!«
- »Such dir gute Vorbilder, die dir einen Schritt vorausgehen!«
- »Bleibe neugierig!«
- »Erhalte dir den Glauben an das Gute!«
- »Beginne jeden Tag mit einem Staunen!«
- »Never ever give up!« (von Winston Churchill)
- »Glaube an dich, du kannst einmal mehr aufstehen als hinfallen!«

Fragen zur Kindheit von 0 bis 7 Jahren

1. Versuchen Sie, sich einmal in die Schuhe Ihrer Mutter und Ihres Vaters zu stellen. Welche Pflichten, Sorgen, Freuden hatten sie? Welche Stimmung herrschte zu Hause?
2. Versuchen Sie, sich jetzt in Ihre eigenen kleinen Schuhe hineinzustellen. Woran können Sie sich selbst noch erinnern? Was ist Ihre erste Erinnerung? Fühlten Sie sich geliebt?
3. Was waren die Rituale Ihrer Kindheit? Gab es eine religiöse Erziehung?
4. Welche Geschichten werden aus Ihrer Kindheit über Sie erzählt, an die Sie sich selbst nicht erinnern? Wählen Sie heute ganz bewusst aus, mit welchen der Geschichten Sie sich in Ihrem Herzen und in Ihrem Verstand identifizieren wollen und mit welchen nicht. Erzählen Sie ab jetzt nur noch die Geschichten, die wirklich zu Ihnen passen und ein Teil von Ihnen sind.
5. Welche Muster aus Ihrer Kindheit gibt es? Wie gehen Sie heute mit ihnen um?

Malaufgabe

Malen Sie eine Alltagssituation Ihrer ersten 7 Lebensjahre, die Sie sehr geprägt hat, vielleicht für das ganze Leben.

2. Jahrsiebt von 7 bis 14: Schulzeit
Vormittags lernen, nachmittags die Welt entdecken

Thema

Mit der Zuckertüte im Arm und dem Ranzen auf dem Rücken betraten wir mit leuchtenden Augen den Schulraum im Lebenshaus. Es gab auch die zögerlichen Schulkinder, die besorgt über die Schwelle traten. Hatten sie zu oft gehört, dass jetzt der Ernst des Lebens beginnt? Dabei fängt doch mit der Einschulung die Zeit des Entdeckens, des Lernens an. Ein Schreibtisch stand in unserem Zimmer und ein Bücherregal. Erinnern Sie sich an Ihren Schulraum von der Einschulung bis zur Pubertät? Es ist der nächste Raum im Erdgeschoss Ihrer Kindheit. War er zu vollgestellt mit Schulwissen und Hausaufgaben? Hatten Sie Freiraum für die eigenen Pläne? Haben Ihre Spielsachen die Fantasie und die Geschicklichkeit angeregt? Gab es auch Zeiträume der Langeweile, aus denen heraus neue Ideen entstehen konnten?

Die Schule hat jetzt einen bestimmenden Anteil am Lebensalltag. Über jeden Zentimeter an Größenzuwachs stolz, wird von den Schulkindern mit wachsendem Selbstbewusstsein die große Welt Stück um Stück besser verstanden und je nach Temperament auch aus den Angeln gehoben. Es ist eine freie und unbeschwerte Zeit. Mit der Vorpubertät bekommt die sichere und selbstverständliche Welt des Schulkindes schon so manchen Riss, der durch eine liebevolle, verständnisvolle und doch begrenzende Begleitung der Eltern noch gehalten werden kann. Hauptsache wir fühlen uns geliebt, dann können wir manche Ungerechtigkeit der Eltern und Lehrer schnell verzeihen.

Mit Zahnlücken und neuem Lernhunger

Freuen Sie sich auch über jede freche Zahnlücke, die Ihnen entgegengrinst? Oft sind die Lücken so groß, dass man die Geschichte vom Kirschkern-Wettspucken glauben könnte! Die Lebenskräfte, die bis zu diesem Alter leibgebunden für das Wachstum und die Organdifferenzierung verantwortlich waren, stellen sich jetzt als Kraft dem Lernen zur Verfügung. Oft sind die Eltern überrascht über die plötzliche Ideenfreude und Fragelust der Kinder. Sie sagen: »Es wird Zeit, dass du in die Schule kommst!« Der Ausdruck »Lernhunger« beschreibt den Zusammenhang unmittelbar. Wird das Wissen in lebendigen Bildern vermittelt, dann können sich diese Bilder durch die Schulzeit hindurch differenzieren und immer faktischer werden. In der Oberstufe werden daraus eigene Urteile, aus denen schließlich Fähigkeiten erwachsen. So erworbenes Wissen nährt unsere Seele und bleibt lebenslang ausbaufähig. In unserem Schulsystem überwiegt das Vermitteln von abstrakten Lerninhalten, es zählen Faktenwissen und Zahlen. Dieser trockene Lernstoff erscheint den Schulkindern dann manchmal wie Steine statt Brot. Zum Glück tritt bei den toten Fakten schnell heilsames Vergessen ein und die Schulkinder finden selbst die Lernbereiche in oder außerhalb der Schule, an denen ihre Neugierde und Entdeckerfreude wachsen kann.

Die beiden Seiten unserer Lebenskraft

Jeder von uns ist ausgerüstet mit einem seiner Konstitution entsprechend großen Paket an Lebenskraft, das nach 2 Seiten, einerseits körperlich und andererseits seelisch-geistig, tätig ist. In der Traditionellen Chinesischen Medizin wird diese Lebenskraft Qi genannt. Ist der Fluss des Qi bei einem Menschen in Balance, so kann man von körperlicher und seelischer Gesundheit sprechen. Auf der Körperebene werden die Lebenskräfte weisheitsvoll von unserer unbewussten Ich-Kraft gesteuert.

In der Kindheit wird ein Großteil der Lebenskräfte auf der Körperebene gebraucht. Die Kinder wachsen und gedeihen, die Organe werden ausdifferenziert. Wird schon im Vorschulalter viel Wissen vermittelt, besteht die Gefahr, dass wir Kräfte aus dem leiblichen Wirken zu früh in die seelische Tätigkeit des Lernens abziehen. In den ersten 7 Jahren wird vom Kind der vererbte Körper zu seinem eigenen Körper bis in die Eiweißebene hinein umgebaut.

Mit dem Zahnwechsel zeigt uns die Fragelust und der Ideenreichtum des Schulkindes, dass sich ein Teil der Lebenskräfte losgelöst hat. Wie bei einem reifen Apfel, der auch erst im September vom Baum fällt, kann jetzt freudig die Einschulung gefeiert werden. Bei empfindsamen Kindern kann zu frühes Lernen zu Unwohlsein, Kopf- oder Bauchschmerzen, Appetitlosigkeit und Leistungsschwäche führen.

Aus den biografischen Gesetzmäßigkeiten wissen wir, dass der erste und der letzte Lebensabschnitt zusammenhängen. Je besser der individuelle Abdruck des Ich im Körper in der Kindheit gelungen ist, umso länger kann man im Alter auf eine seelisch-körperliche Spannkraft und Elastizität zurückgreifen.

Der Klassenraum der Schulzeit

Mit der Schule beginnt ein neues Lebensgefühl! Die einen fanden es spannend, früh morgens auch bei Regen oder Schnee, im Winter noch im Dunklen und im Sommer mit der leuchtenden Morgensonne aus dem Haus zu gehen und an der Bushaltestelle schon die ersten Kameraden zu treffen. Die anderen kamen kaum aus dem Bett, waren vielleicht sogar ängstlich, wollten noch lange von den Eltern zur Schule gebracht werden. In jedem Fall ist die Schwelle in das Klassenzimmer ein großer Schritt ins Abenteuer Leben. Wissbegierig und neugierig betraten wir jeden Morgen den Klassenraum. Wir alle können uns noch an den Namen unserer ersten Lehrerin erinnern. Wir riechen noch unseren Klassenraum, wir wissen, wer neben uns gesessen hat.

Persönlich erlebt

Mit der Schulzeit begann für mich eine freie, sichere und glückliche Zeit, an die ich mich gern erinnere. Mittags klingelte ich immer Sturm, meine Omschka hieß mich willkommen, ich warf meinen Ranzen in die Ecke, setzte mich auf den Küchentisch und baumelte mit den Füßen, während sie ihre Vorbereitungen zum Mittagessen fertigstellte. Mit wackelnden Zöpfen sagte ich an einem Tag, dass ich einmal 4 Kinder haben möchte. Meine Omschka schlug die Hände über dem Kopf zusammen und meinte: »Suserle, du weißt nicht, wie viel Arbeit das ist!« Und ich, weiter baumelnd, voller Sicherheit: »Ja, aber wofür bin ich denn sonst da, wenn nicht um zu arbeiten!«

An diese Situation erinnerte ich mich zum ersten Mal wieder, als ich von meinem eigenen Leben erschöpft mit meinem ganz kleinen 4. Sohn auf dem Schoß in meiner Küche saß, seine 3 großen Brüder turbulent drumherum. Ich wusste vor lauter Arbeit nicht, wo ich beginnen sollte. Ich musste wirklich schallend lachen, diese Erinnerung versöhnte mich mit meinem Chaos. Es war doch genau das, was ich mir vorgenommen hatte! Für mich und meinen Charakter formte sich eine positive Affirmation, aus der ich in Zukunft in den täglichen Erschöpfungsmomenten Kraft ziehen konnte. Mein Kraftsatz lautete: »Du kannst sicher sein: Deine Kraft reicht für 4 Kinder.« Es liegt in unserer Hand, die Aufmerksamkeit in der Erinnerung auf stärkende, unterstützende Aspekte zu lenken.

»Habe ich es schön gemacht?«

Welches ist das schönste Kleid? Schaust du mir mal zu, wenn ich ins Wasser springe? Habe ich es schön gemacht? Immer wieder suchten wir als Schulkind Bestätigung für unser Tun. Fanden die Erziehenden den richtigen Ton zwischen großer, doch nicht aus der Luft gegriffener, sondern angemessener Anerkennung einerseits und Ansporn und Unterstützung für den nächsten Schritt andererseits?

In der Schulzeit differenziert sich unser Gefühlsurteil am Vorbild unserer Umgebung. Jeder Gedanke bekommt erst durch das Gefühl eine Relevanz für unser Leben. Durch einseitiges, nur intellektuelles Lernen vertrocknet und versteift unser Gefühlsleben. Die Identifikation mit Vorbildern aus Geschichten, Sagen und Biografien erleichtert es uns, Schmerzen und Niederlagen meistern zu lernen. Wenn uns unser schlechtes Gewissen nach einem Versäumnis plagt, dürfen wir erleben, dass nach einigen Tagen mit der Morgensonne in uns die Möglichkeit zum Neuanfang erwacht. Als Basis für unsere Beziehungsfähigkeit lernen wir: Wir können verzeihen, und uns wird verziehen!

In der Schulzeit brauchen wir Erzieher, die entscheiden, welche Nachrichten aus »der großen weiten Welt« für uns schon zuträglich sind. Sie werden viele Informationen so zensieren, vereinfachen, vorverdauen, dass wir sie in unsere kindliche Seele integrieren können und sie nicht als Wackersteine unverdaut liegen bleiben.

Schulkinder werden für ihr ganzes Leben entlastet, wenn die Erziehenden den Glauben an den Beistand eines Schutzengels miteinbeziehen. In einem angemessenen altersgemäßen Ausmaß kleine Niederlagen und unangenehme Erfahrungen zu verschmerzen, stärkt die Fähigkeit zur Resilienz im Erwachsenenalter. Resilienz ist die Kraft, die uns schwierige Zeiten innerlich so überstehen lässt, dass wir an ihnen reifen und wachsen und somit für unser Leben gestärkt aus Schwierigkeiten hervorgehen.

Etwa in der 3. Klasse erwacht in der Kinderseele der Sinn für Humor. Auf einmal kann ein Witz erfasst und weitererzählt werden. Totlachen können sich die Jungs, verschämt kichern die Mädchen immer wieder über denselben Witz: »Alle schauen aufs brennende Haus, außer Klaus, der schaut raus!« Lebenslang wird uns unser Sinn für Humor helfen, die Diskrepanz zwischen unseren Idealen und dem immer wieder erneuten eigenen Scheitern und dem Zurückbleiben hinter uns selbst auszuhalten.

Die 4 Temperamente

In der Schulzeit bildet sich mit großen Schritten unsere Persönlichkeit aus. Das Temperament tritt selten in seiner Reinform auf, sondern meist in einem Mischtemperament. Es werden 4 Temperamente – der Sanguiniker, der Phlegmatiker, der Choleriker und der Melancholiker – unterschieden.

Zum sanguinischen Temperament gehört die Farbe Gelb. Geht es in einem Team um Ideenfindung und Brainstorming für ein neues Projekt, wird der Sanguiniker mit seinen Ideen alle überraschen und überflügeln. Er kann jede Abendgesellschaft mit seinen Geschichten fröhlich unterhalten, ob sich alles genauso zugetragen hat, spielt dabei allerdings keine wesentliche Rolle. Es ist das leichte, fröhliche Temperament der Kindheit, das nichts nachträgt. Manager, die in ihrem 2-Jahres-Vertrag mit Leichtigkeit im Überflug für gute Zahlen sorgen, den Umständen und Folgen aber keine Rechenschaft tragen, zeigen die Negativseite des Sanguinikers. Er wird zum Luftikus, der hoch steigt, aber auch schnell wieder tief fällt.

Um einen Prozess durch eintönige Phasen sich wiederholender Aufgaben, durch längere Zeiträume und auch gegen Widerstände zu tragen, braucht es das phlegmatische Temperament, zu dem die Treue als wichtige Tugend gehört. Die Farbe Grün gehört zum Phlegmatiker, der in einem Teamprozess auch immer für die Pausen und das leibliche Wohl sorgen wird. Verliert er dabei das Maß, wird er träge und offen für jede Genusssucht, die man ihm schließlich auch ansieht.

Mit der roten Kraft des Cholerikers setzen wir uns für unsere Ideen ein, wir geben nicht auf, wir überzeugen mit klaren Argumenten und unserer ganzen Durchsetzungskraft. Verliert der Choleriker seine Begrenzung, kann aus der sachbezogenen Überzeugungskraft zügellose, selbstbezogene Gewalt werden. Die Motorgang der Hells Angels steht für diese negative Einseitigkeit im cholerischen Temperament.

Zum Melancholiker gehört die blaue Farbe, die für Ideale, Tiefe und Geistigkeit steht. Er wird immer Wert darauf legen, dass ein Projekt nachhaltig und global zum allgemeinen Wohl und nicht allein für den persönlichen Gewinn ausgerichtet ist. Mitleid und Mitgefühl zeichnen diesen Typus aus. Es ist das Temperament des Alters, in dem wir lernen müssen, mit Schmerzen umzugehen. Selbstbezogen wird der Melancholiker zum wehleidigen, jammernden, weltabgewandten Hypochonder.

Im Laufe des Lebens können wir lernen, unter den verschiedenen Temperamenten das gerade passende auszuwählen und bewusst einzusetzen.

Wir verlassen das Wunderland unserer Kindheit
Der Abschied aus der Kindheit findet im 10. Lebensjahr statt. Dabei waren wir von dem Wunsch getragen, möglichst schnell erwachsen zu werden. Bis dahin lebten wir in einer unbewussten seelischen Bejahung unserer Umgebung und waren emotional eins mit ihr.

In der Waldorfpädagogik wird dieser wichtige psychologische Entwicklungsschritt der Kindheit Rubikon genannt. Rubikon heißt ein kleiner italienischer Fluss, den Caesar mit seinem bewaffneten Heer überschritt. Dies kam einer Kriegserklärung an den römischen Senat gleich, aus der es kein Zurück mehr gab: Die Würfel waren gefallen.

Auch für das Kind gibt es kein Zurück mehr in die heile Welt der Kindertage, in der alles so gut und richtig erschien. Auf einmal erlebt sich das Schulkind getrennt von seinen Eltern. Ihnen emotional gegenüberstehend erkennt es deren Fehlerhaftigkeit mit neu erwachtem kritischem Blick. Die Eltern, die Lehrer sind nicht perfekt, ja, wie oft sind sie ungerecht! Das Schulkind fühlt sich unverstanden, ungerecht behandelt, einsam und verlassen. Auf einmal gibt es Streit, um Kleinigkeiten wird gerechtet, Türen knallen, das Kind schmeißt sich tief schluchzend aufs Bett oder rennt weg. Die Eltern, die Geschwister, das ganze Zuhause erscheinen auf einmal so fremd, dass die Frage im Inneren auftaucht: »Seid ihr wirklich sicher, dass ich euer Kind bin, dass keine Verwechslung passiert ist?« Mancher will sogar die Geburtsurkunde sehen.

Dies alles sind Zeichen für einen Meilenstein in unserem Ich-Erleben: In unserem Ich sind wir individuell, einzigartig und eben auch allein! Daher rühren die Gefühle von Einsamkeit und Fremdheit, die lebenslang immer wieder in uns aufsteigen. Die Endlichkeit des Lebens und der Tod treten in die Erlebniswelt des Kindes. Die neue innere Stärke und Unabhängigkeit und die neue innere Empfindlichkeit und Verletzlichkeit liegen nah beieinander. Eltern, die um diesen Entwicklungsschritt nicht wissen, stehen vor einem Rätsel. Oft reagiert die Umwelt mit Unverständnis oder Härte, verwechselt den Rubikon mit der Pubertät und meint nicht selten, konsequent durchgreifen zu müssen. Dabei sehnt sich das »kratzbürstige« Schulkind so sehr nach Nähe und Zuwendung! Ausgerechnet in diese empfindliche Zeit fällt in Deutschland die Entscheidung der schulischen Zukunft und hinterlässt immer wieder lebenslang Wunden im Selbstwert.

Kennen wir unser Lebenshausaufgabenheft?
Wir alle hatten ein Hausaufgabenheft, in das uns die Lehrer in den ersten Klassen die Hausaufgaben hineindiktierten. Im Verborgenen quasi mit Geheimtinte hat uns das Leben parallel unsere Hausaufgaben für das spätere Lebenslernen hineingeschrieben. Wir werden geprägt von den Normen und Glaubenssätzen unserer Umgebung. Der von den Eltern wiederholt ausgesprochene Satz »Bei uns in der Familie kann keiner Mathematik!« oder »So vorlaut und wild, wie du bist, findest du mal keinen Partner!« kann sich so tief in unser Unbewusstes eingraben, dass er uns solange in unserem Leben im Weg steht, bis wir ihn entlarvt haben. Unsere alten Familiengewohnheiten und Traditionen werden wir später entweder unreflektiert übernehmen oder mit unserem Ich hinterfragen und für unser weiteres Leben neu bejahen oder verwerfen. Maßstäbe und Vorurteile werden uns aus dieser Zeit wie altgeliebte Kleider begleiten, bis wir sie aussortieren.

Die Stimmungen und Bewertungen, die uns umgeben, werden sich wie ein Schleier auf unsere Seele legen. Herrschte in unserer Schulzeit zu Hause eine helle, freundliche Stimmung, so erleichtert sie es uns heute, unseren Lebensalltag positiv zu bewältigen. Wir sind dann von innerer Zuversicht getragen. Mussten wir Melancholie, Depressivität oder Aggressivität erleben, kann es sein, dass wir unvorhergesehen von einer schweren, dunklen, traurigen oder angsterfüllten Stimmung erfasst werden. Machen wir uns in der Selbstreflexion einen Zusammenhang zu den Erfahrungen im Elternhaus bewusst, kann dies schon zu einer Entlastung und Aufhellung führen.

Wurden wir in unserer ersten Liebe verstanden?
In der Vorpubertät ergreift unser Ich die Muskeln und Knochen und damit den unbewussten Willensmenschen. Unser Körper verliert das Kindliche, neue männliche und weibliche Attribute machen uns unsicher und unbeholfen. In dieser Zeit kann das tiefe Gefühl für eine innere Berufung auftauchen. Gleichzeitig erwacht der Eros und mit ihm manches Mal eine ernste, tiefe, platonische Verliebtheit zu einem Freund, einer Freundin, gleichaltrig oder älter, gleich- oder gegengeschlechtlich. Der Ort dieser zarten Liebe ist, so der Heilpädagoge und Therapeut Henning Köhler[4], gleichzeitig die lebenslange Quelle für Kreativität und Zärtlichkeit. Später werden in den Liebesbeziehungen die Wogen der sexuellen Leidenschaft in den Vordergrund treten und oft das Allgemeinmenschliche verdrängen. Für eine tiefe, tragende Partnerschaft wird es entscheidend sein, ob man immer wieder zu einer Liebe jenseits der sexuellen Anziehung und Abstoßung, zu einer schöpferischen, erneuernden Begegnung von Mensch zu Mensch finden kann.

Leider wird diese erste zarte Liebe von der Umgebung oft missverstanden und in den sexuellen Anziehungsbereich geschoben, die den jungen Menschen unverstanden und sprachlos macht. Diese Kränkung kann für das spätere Leben zu tiefen Verletzungen und inneren Unsicherheiten in Beziehungsfragen führen.

Irrwege

Schulkinder lernen für den Lehrer
Als Schulkind lernen wir nicht fürs Leben, sondern für unsere Eltern und für unsere Lehrerin, unseren Lehrer. Ungefiltert übernehmen wir, was von ihnen gesagt wird. Es wird uns in unserem Selbstwert lebenslang stärken, wenn sie für uns eine liebevolle Autorität sein konnten. Entwicklungspsychologisch ist inzwischen bekannt, dass Kinder und Erwachsene am besten lernen, wenn sie durch die Unterrichtsdarstellung in ihren Gefühlen angesprochen werden und wenn sie sich als Person angenommen fühlen dürfen. Als wir damals den Eltern oder dem

Lehrer unsere Hefte vorgelegt haben, war unsere große innere Frage: »Werden sie schön finden, was ich gemacht habe?« Ihre Haltung, ihre Zuneigung, ihre Maßstäbe, ihre Beurteilung unserer Arbeiten, den Klang ihrer Stimme werden wir später als innere Stimme in uns zu Wort kommen lassen. Warum geht diese Stimme so streng und unnachgiebig mit uns um, dass sie unter dem Namen »innerer Kritiker« bekannt geworden ist? Liegt es allein an den Erziehern oder auch an dem übergroßen Anspruch, den wir als Schulkinder selbst an uns stellten, dass es manchmal scheint, als hätten wir die lobenden Worte ausgeblendet, die kritischen Beurteilungen dagegen wie mit einem Mikrofon verstärkt und uns bis heute eingeprägt? Wussten Sie, dass wir uns Lob erst nach 20 Sekunden Loben merken, während Kritik sofort gehört und abgespeichert wird?

Wenn wir in der Biografiearbeit unser Schulzimmer erneut aufsuchen, besteht ein wichtiger Teil der Erinnerungsarbeit darin, dieser Stimme von außen zuzuhören. Wer spricht denn da mit uns? Wollen wir heute so zu uns sprechen? Jetzt können wir entscheiden, ob wir weiter die Stimme aus den Schultagen hören wollen oder sie gegen eine aktuelle liebevolle, aufmunternde, unterstützende Stimme, die sich in ihren Anforderungen an unserem realistischen Selbst ausrichtet, austauschen wollen.

Persönlich erlebt

Karin ist mit ihrer Familie in den ersten Schuljahren mehrfach umgezogen. Dadurch musste sie sich immer wieder auf eine neue Schulumgebung, neue Lehrer und Freunde einlassen. Sie musste zu Hause viel lernen und ihre Mutter fragte immer: »Schaffst du das denn auch?« Heute ist sie 29 und studiert Lehramt. Die Hospitation während der letzten Semesterferien in der Grundschule hat ihr gezeigt, dass das wirklich der richtige Beruf für sie ist: Es fällt ihr leicht, die Kinder in ihren verschiedenen Situationen anzunehmen und sie ganz individuell anzusprechen. Aber mit den vielen Hausarbeiten, die sie zu schreiben hat, kommt sie sehr unter Druck. Immer wieder hat sie das Gefühl, es nicht zu schaffen, nicht zu genügen.

Als ihr in unseren Gesprächen klar wurde, dass sie in diesen Situationen wieder zum Schulmädchen wird, das bedingt durch die vielen Neuanfänge die eigenen Leistungen und sich selbst unterschätzt und dadurch in Selbstzweifel und Panik gerät, schaute sie mich zunächst erstaunt an. Dann begannen ihre Augen zu leuchten: »Jetzt verstehe ich, warum ich so gern Lehrerin bin! Ich möchte den Kindern an den Stellen helfen, an denen ich mich so ungenügend und überfordert gefühlt habe! Ich habe damals immer mich infrage gestellt, anstatt zu erkennen, dass sich jedes Schulkind mit diesen mehrfachen Neuanfängen überfordert gefühlt hätte!« Ihre Glaubenssätze lauteten: »Ich bin klein und unfähig. Ich genüge nicht. Ich darf nichts falsch machen. Es kann jederzeit etwas passieren, und dann schaffe ich es wieder nicht.«

Wir befassten uns unter anderem mit ihren teilweise hartnäckigen Selbstvorwürfen und fanden folgende Selbstannahmesätze: »Auch wenn ich mir immer wieder hartnäckig selbst vorwerfe, dass ich meinem Anspruch nicht genüge und die Hausarbeit zu lange dauert, nehme ich mich so an, wie ich bin. Und ich verzeihe mir aus vollem Herzen, weil mir heute klar wird, dass ich wirklich nicht anders kann, und dazu stehe ich jetzt!«

Im nächsten Referat, das sie selbst als ungenügend empfand, durfte sie erleben, dass ihre Dozentin begeistert war. Heute lauten Karins Kraftsätze:

- »Ich weiß jetzt, selbst wenn ich denke, es reicht noch nicht, bin ich schon bei 100 Prozent.«
- »Ich liefere sogar etwas sehr Gutes ab, wenn ich glaube, nicht in meiner Kraft zu sein.«
- »Ich kann mich auf mich verlassen.«

Das Erwachen von Konkurrenz und Perfektion

In den ersten Grundschuljahren erobern wir den Schulhof mit großem Bewegungsdrang, wir begeistern uns für Ball- und Fangspiele. Zunehmend erwacht der Sinn für Konkurrenz und der Wunsch zu gewinnen. Wir strengen uns an, wir orientieren uns am Nachbarn. Wir wollen besser sein. Der Drang zur Perfektion kann sich entwickeln.

Hatten wir Vorbilder, die uns mit dem Sinn von Regeln im Spiel und im Leben vertraut gemacht haben? Kämpfen muss nicht aggressiv sein, Ringen mit Regeln lässt den Stärkeren zu Recht gewinnen. Haben wir beide Erfahrungen erleben dürfen: die Freude am Gewinnen und den Schmerz am Verlieren? Haben wir herausfinden können, wo unsere Stärken liegen? Wurden wir liebevoll in unseren Schwächen unterstützt? Waren die Bewertungen und Beurteilungen auf uns und unsere Fähigkeiten abgestimmt? Von all dem wird später die wichtige Fähigkeit der realen Selbsteinschätzung abhängen.

Das Beziehungsgefüge der Familie in unserem 2. Jahrsiebt, besonders die Beziehung der Eltern zueinander, der Eltern zu uns und der Geschwister untereinander wird uns ein Leben lang begleiten und oft unbemerkt die Vorlage für unsere Beziehungsgestaltung im Erwachsenenleben darstellen.

Persönlich erlebt

Ein junger Lehrer kommt zu mir und erzählt: »Ich lasse mir nicht den Raum, die Dinge lernen zu dürfen. Ich habe immer das Gefühl, ich muss es gleich können.« Er berichtet, dass er einen älteren Bruder hat, dem die Mutter sehr zugeneigt war, dem sie alles erklärt und den sie immer bei den Hausaufgaben unterstützt hat. Lukas wollte anders sein, so nahm er sich vor, ohne zu üben, die Dinge immer gleich zu können.

In der Arbeit der Selbstannahme provozierte ich ihn mit dem Satz: »Auch wenn ich ziemlich hochmütig bin, wenn ich davon ausgehe – im Unterschied zu den anderen – immer alles gleich auf Anhieb und ohne Üben zu können, achte und schätze ich mich so, wie ich bin.« Er schaute mich sehr überrascht an und lachte dann: »Das mit dem Hochmut ist sehr wichtig für mich. Denn das ist wie ohne Leiter nach den Sternen greifen zu wollen. So arbeite ich. Ich möchte immer gleich das Resultat haben. Ich halte mich nicht gern lange auf dem Weg auf. Doch wenn man einmal wie aus Versehen nach den Sternen greift, verbrennt man sich schnell. Es ist gut, wenn man weiß, wie der Weg dorthin ist. Eine geniale Unterrichtsstunde ist wirklich etwas ganz Besonderes. Aber wenn man hinterher nicht weiß, warum sie genial war und wie man das wiederholen könnte, ist das schwierig und verunsichernd! Ich frage mich dann: Kann ich es jetzt oder nicht?« Mit den nachfolgenden Sätzen ausgestattet, ging Lukas entlastet und motiviert zugleich wieder in seinen Alltag.

Selbstannahmesätzen für Zweitgeborene wie Lukas

- »Auch wenn ich hartnäckig glaube, dass Regeln nur für den Erstgeborenen gelten und die zweiten sie überspringen, um gleich in der Meisterschaft zu landen, stehe ich zu mir, so wie ich bin.«
- »Auch wenn ich mir damit selbst ein Bein stelle und mir das Leben schwer mache, nehme ich mich an.«
- »Auch wenn ich tatsächlich einen gewissen Hochmut habe, weil ich glaube, dass ich es mir erlauben kann, Regeln einfach zu überspringen, lerne ich jetzt, Ja zu mir zu sagen.«
- »Auch wenn ich Entwicklung vorwegnehmen möchte, blühen möchte, bevor die Blätter überhaupt gewachsen sind, möchte ich mich akzeptieren, so wie ich bin.«

Kraftsätze für Zweitgeborene

- »Auch ich darf anfangen.«
- »Auch ich als Zweitgeborener darf Regeln nutzen.«
- »Ich gehe Schritt für Schritt meinen Weg zu den Sternen.«
- »Ich nehme mir die Zeit, die ich für meinen Entwicklungsweg brauche.«

Wir sind kein Kaffeeautomat

Für jeden, der einen hohen Anspruch an sich und das Leben hat, der ehrgeizig ist, der 100 Prozent abliefern will, stellt der Umgang mit dem Wunsch nach Perfektion ein wichtiges Thema dar. An dieser Stelle erkläre ich dann, dass wir Menschen keine Kaffeeautomaten sind. Dieser Vergleich sorgt für Überraschung und damit zu einer Musterunterbrechung – denn wer möchte schon ein Kaffeeautomat sein? Gleichzeitig tragen alle, die nach Perfektion streben, in sich den Wunsch nach absoluter Verlässlichkeit – also doch ein Kaffeeautomat? Dieser Vergleich macht das eher störrische und anstrengende Thema Perfektion leicht und damit auch schon lösbarer. Wir Menschen haben keinen Knopf, auf dem Cappuccino steht. Im technischen Bereich dürfen wir Perfektion erwarten – im Lebendigen macht uns Perfektion starr, wir vertrocknen. Es gibt Berufe, in denen immer wieder dasselbe Formular gelesen werden muss, in denen dieselbe Fließbandarbeit geleistet werden muss, hier braucht es im Privatleben unbedingt einen Ausgleich, um lebendig und gesund zu bleiben. Überall da aber, wo es um Auftritt geht – sei es nun am Esstisch mit den Kindern, als Lehrer vor den Schülern, als Ärztin vor dem Patienten, als Redner oder Künstler auf der Bühne –, gibt es keine Perfektion. Natürlich weiß ich, dass der Hochleistungsbereich, beispielsweise bei Musikern, Perfektion erwartet. Doch auch hier liegt das Geheimnis auf dem richtigen Fokus, weg von Perfektion und Fehlerangst hin zur Musik – und dann kann der Auftritt wirklich wunderschön musikalisch (und fehlerfrei) werden. Wir Menschen sind eben kein Kaffeeautomat!

Die Bühne des Lebens braucht die Fehlerfreundlichkeit! Wenn wir eine fehlerfreundliche Haltung uns selbst gegenüber einnehmen, wenn wir uns über unsere Fehler freuen – denn nur aus ihnen können wir lernen –, wenn wir diese Haltung der Selbstannahme einnehmen, haben wir alle Voraussetzungen erfüllt, um in den persönlichen Flow zu kommen, in dem Fehler keine Rolle mehr spielen. Dagegen ist die Erwartung an uns, immer perfekten Cappuccino abzuliefern, menschenunfreundlich. Wir werden zu einem Roboter. Ein kreativer, situationsbezogener, flexibler Auftritt ist dann nicht mehr möglich.

Selbstannahmesätze zum Thema Perfektion

- »Auch wenn ich offensichtlich einen leicht hochmütigen Anteil habe, indem ich hartnäckig perfekt sein will, liebe und akzeptiere ich mich so, wie ich bin.«
- »Auch wenn ich mich damit aus dem Lebendigen herausbewege und die Erwartung an mich habe, ein Kaffeeautomat zu sein – wo man auf Cappuccino drückt und Cappuccino rauskommt –, sage ich ab jetzt Ja zu mir.«

- »Auch wenn ich mir gern wie einem Springpferd die Latte viel zu hoch hänge, so hoch, dass es tatsächlich beim Springen an den Fesseln richtig wehtut, will ich anfangen, mich zu nehmen, wie ich bin.«

Kraftsätze zum Thema Perfektion

- »Diese Planquadratmenschen sind so echt wie ein Cappuccino-Knopf, aber völlig daneben, wenn es heute Espresso gebraucht hätte!«
- »Ich will auch im Beruf ein lebendiger Mensch bleiben!«
- »Zum Leben gehören Fehler – in der Arbeit und zu Hause in der Familie!«

Die typischen Entwicklungsthemen

Es ist nicht überraschend, dass sich die meisten Themen aus dieser Zeit um das 10. Lebensjahr ranken. Das Bewusstwerden der zum Menschsein dazugehörenden Einsamkeit führt zu einer tiefen Verunsicherung, besonders, wenn die Eltern und Erzieher die Kinder nicht angemessen und ohne viel Verständnis begleiten. Es kann sich infolge ein übertriebener Gerechtigkeitssinn als Selbstschutz ausbilden. Das Gefühl von innerer Heimatlosigkeit kann sich, wenn es durch die Trennung der Eltern oder einen Umzug verstärkt wird, tief in die Seele eingraben. Jeder von uns hat viele Glaubenssätze und Normen gerade aus dieser Zeit verinnerlicht, die uns lebenslang prägen, wenn wir sie uns nicht bewusst machen und überprüfen.

Lösungen

Mit der Balance im Herzen erwacht die Stimme des Gewissens

Mit den beiden Gesten des Ein- und Ausatmens sind wir verbunden – einerseits mit uns und andererseits mit unserer Außenwelt. Im Einatmen atmen wir die Welt ein. Dies führt zu einer Zentrierung, einer Konzentration. Sind wir von den Aufgaben, die uns gestellt sind, überfordert, erleben wir eine Enge in der Brust, wir halten innerlich die Luft an. Bei Schulkindern überwiegen heute die Pflichten gegenüber den Freiheiten. So wundert die Zunahme der Asthmaerkrankungen in diesem Alter nicht, deren Hauptsymptom sich im Nicht-ausatmen-Können zeigt. Im Ausatmen dürfen wir nämlich loslassen und uns in der Welt erleben. Das ist mit einem tiefen Freiheitsgefühl und Seindürfen verbunden.

Im 10. Lebensjahr verkoppelt die leibliche Organisationskraft unseres Ich den Puls-Atem-Quotienten zu dem gesunden menschlichen Verhältnis von 1 zu 4: Auf 1 Atemzug kommen in Ruhe 4 Pulsschläge. Das Schulkind reagiert ab jetzt nicht mehr unmittelbar auf alle Erlebnisse, es gelangt zu einer ersten inneren emotionalen Unabhängigkeit. Diese neue körperliche Stabilität ist die Grundlage für das eigenständige Gefühlsleben des Kindes. Ab jetzt ist auch selbstständiges Lernen möglich.

Der Schulwechsel, eine Trennung der Eltern oder ein Umzug können zu einem Gefühlsschock führen, dem in den Jahren von 49 bis 56 eine Herzschwäche oder Herzerkrankung folgen kann. Mit der Verankerung des Ich im Herzbereich und dem damit verbundenen neuen Ich-Erleben erklingt die Stimme des Gewissens und damit erwacht der Sinn für Gerechtigkeit. Leiden wir als Erwachsene unter unserer Streitsucht der Gerechtigkeit willen oder geben wir selbst immer nach, auch wenn wir im Recht sind, lohnt es sich, nach den Wurzeln auch dafür im 10. und 11. Lebensjahr zu forschen.

Ressourcen aus der Schulzeit

Spielen erwünscht!

Nutzen Sie die seltenen Möglichkeiten zum zweckfreien Spiel – wie ein Kind im Schulalter. Hier liegt die Quelle für neue kreative Ideen. So sagte Friedrich Schiller: »Der Mensch ist nur dort ganz Mensch, wo er spielt.«

Zeit für das Schöne
Nehmen Sie sich Zeit für die Schönheiten dieser Welt und Ihres Lebens. Erleben Sie den Zauber und die Unvorhersehbarkeit Ihrer Gefühle.

Das »Veratmen« von Gefühlen

Wenn Sie merken, dass Sie aus aktuellem Anlass oder aus sich selbst heraus regelmäßig von schlechten Gefühlen überwältigt werden, nehmen Sie sich morgens 20 Minuten Zeit. Schreiben Sie alle schlechten, traurigen oder negativen Gedanken und Gefühle auf. Versuchen Sie zu erspüren, ob und, wenn ja, wo sich die negativen Gedanken und Gefühle körperlich ausdrücken.

Folgende Fragen können Ihnen dabei helfen:

- Was ist die Ursache der negativen Gedanken und Gefühle?
- Wo und wie drücken sie sich körperlich aus?
- Haben sie einen Sinn? Wenn ja, können Sie den Sinn verstehen?
- Haben sie einen Bezug zu Ihrer Kindheit?

Machen Sie sich klar, dass wir Zeit brauchen, um schlimme Erfahrungen zu verarbeiten und zu integrieren, ehe sie sich in das Lebensganze auflösen können. So sprechen wir nicht umsonst vom Trauerjahr. Geben Sie sich innerlich die Zeit, die es braucht. Stehen Sie zu Ihren Gefühlen, sie sind da und gehören zu Ihnen. Machen Sie sich bewusst, dass Sie gestärkt aus dieser krisenhaften Gefühlslage hervorgehen werden.

Am Ende nehmen Sie sich noch die Zeit aufzuschreiben, worauf und worüber Sie sich heute freuen und wofür Sie dankbar sein können.

Nach den 20 Minuten klappen Sie Ihr Tagebuch zu. Gehen Sie auf die Terrasse, den Balkon oder in den Garten, strecken Sie sich und atmen Sie 3 Mal ganz tief und geräuschvoll ein und wieder aus. Und dann gehen Sie ganz bewusst in Ihren Tag und konzentrieren

Sie sich auf alles, was es heute für Sie zu tun gibt. Tauchen die Gedanken oder Gefühle wieder auf, dann lassen Sie sie wie Wolken am Himmel an sich vorüberziehen und konzentrieren sich wieder auf Ihre Tätigkeit. Nehmen Sie sich täglich Zeit für diese Übung der Gefühlskultur!

Fähig zur Teamarbeit
Wir haben in der Schulzeit gelernt, uns in einen Klassenverband einzuordnen und die Autorität und Kompetenz des Lehrers anzuerkennen. Diese Fähigkeit können wir uns im Berufsalltag zunutze machen, wenn es darum geht, sich in ein Team einzufügen oder eins zu führen.

Die Stärken des eigenen Temperaments
Machen Sie sich auf der nächsten Zugfahrt die Stärken Ihres Temperaments bewusst. Welches der 4 Temperamente kommt auf der anderen Seite vielleicht zu kurz? Wann und wie könnten Sie diese Seiten in Ihrem Alltag spielerisch üben?

Pflegen Sie Ihren Humor
Versuchen Sie, gerade die kleinen Malheurs des Lebens von der humorvollen Seite zu sehen. Weitere Ressourcen aus der Schulzeit können sein: der Sinn für Gerechtigkeit, die Bereitschaft, Regeln zu akzeptieren, und der Umgang mit Konkurrenz.

Ganz persönlich
Schon meine Omschka hat mir erklärt, dass man beim Herd bleibt, wenn man Milch erwärmt. Doch meine Geduld reicht dazu nicht aus, immer möchte ich noch schnell etwas dazwischen erledigen. So kocht mir regelmäßig die Milch über! Kennen Sie den Geruch von übergekochter Milch auf der heißen Herdplatte? »Auch wenn ich wohl mein Leben lang die Milch zum Überkochen bringen werde, will ich Ja zu mir sagen, so wie ich bin.« Mit diesem Selbstannahmesatz lächle ich mir dann selbst

zu und freue mich fast. Hat doch das Putzen mit dem Glitzi etwas Entschleunigendes, Entspannendes. Oft fällt mir beim Schrubben eine Antwort zu einer Frage ein, die mich beschäftigt. Ist der Herd dann sauber, erwärme ich mir erneut meine Milch, nehme mir die Aufmerksamkeit, meinen Cappuccino wirklich zu genießen, und beginne danach den Tag mit einem etwas verlangsamten genussvolleren Schritt.

Manchmal allerdings fluche ich wie ein Rohrspatz, ziehe den Topf vom Herd, lasse beide verkrustet, schalte nur noch den Herd aus und laufe ohne Kaffee in meinen Tag hinein. Aber nicht ohne ein Lächeln über diese alte Schwäche, die zu mir gehört wie meine wohlige Strickjacke aus ganz alten Zeiten. Alle werden riechen, dass es heute mal wieder Zeit war für übergekochte Milch.

Eigenarbeit

Fragen und Anregungen zu den Ressourcen aus der Schulzeit

– Ist Ihnen Gerechtigkeit wichtig?
– Sind Sie bereit, Kompetenz zu achten, und anderen, auch jüngeren Menschen, zu glauben und zu folgen?
– In welcher Situation haben Sie das letzte Mal herzlich gelacht?
– Haben Sie einen Witz parat für die nächste ausweglose Situation?

Stärkungssätze aus der Schulzeit

- »Ich stehe zu meiner Abenteuerlust.«
- »Auch ohne das Lob anderer kann ich stolz auf mich sein.«
- »Ab jetzt lebe ich nach meinen eigenen Normen.«
- »Mein neuer Glaubenssatz lautet: Ich bin ein wunderbarer besonderer Mensch und ich bin wertvoll mit all meinen Fehlern.«
- »Scheißegal, ob ihr es mir erlaubt – ich treffe heute meine eigenen Entscheidungen!« (Humoraktiv)

Fragen zur Zeit von 7 bis 14 Jahren

1. Da uns die Familienbeziehungen im 2. Jahrsiebt für das ganze Leben prägen können: Wie war die Beziehung der Eltern untereinander in dieser Zeit? Wie war Ihre Beziehung zu Mutter und Vater? Wie war Ihre Beziehung zu den Großeltern, zu den Geschwistern? Welche Beziehung hat Sie in dieser Zeit am stärksten beeinflusst?
2. Versetzen Sie sich heute in die damalige Situation der Eltern: Wie sind sie mit beruflichen und privaten Herausforderungen umgegangen? Erkennen Sie bei sich heute eine ähnliche Handlungsweise?
3. Wie war in Ihrer Schulzeit das Verhältnis von Begrenzung und Freiheit? Hatten Sie genug Bewegungsraum zum freien Spielen?
4. Fühlten Sie sich zu Hause verstanden? Konnten Sie auf die Unterstützung Ihrer Eltern zählen, auch in schwierigen Situationen?
5. Gab es besondere Erlebnisse zwischen im 10. (Thema Rubikon) und im 12. (Thema Berufung) Lebensjahr?

Malaufgabe

Malen Sie Ihre Situation in diesem Lebensabschnitt als Landschaft.

Da sich in dieser Zeit meist unser Heimatgefühl bildet, können wir uns über dieses Bild die Landschaft bewusst machen, die uns geprägt hat. Über sie können wir uns oft mit den tiefen Ressourcen verbinden, die aus unserem Heimatgefühl stammen.

3. Jahrsiebt von 14 bis 21: Jugend

Auf und Ab im Seelenschiff

Thema

Kerzenschein und eine eigene Musikanlage gehörten zur wesentlichen Einrichtung unseres Jugendzimmers. Die großen Poster an den Wänden erzählten von unseren Idolen und Idealen. Die Schulbücher traten in den Hintergrund, der Schreibtisch wurde rausgeschmissen, gelernt wurde auf dem Boden oder im Bett. Diskutieren und Feiern stand auf dem Stundenplan. »Wie soll dabei etwas Vernünftiges rauskommen?«, riefen die Eltern oft empört. »Lasst mich in Ruhe! Es ist mein Leben!«, pöbelte mancher Jugendliche zurück. Und da waren sie dann schon: die Wogen der Gefühle. Es war ein weiter, häufig steiniger Weg durch viele Erfahrungen und Erlebnisse hindurch. Und wie alle Jugendlichen vor uns lernten auch wir vor allem durch die »schlechten« Erfahrungen. Es war jedenfalls die Zeit, in der die Eltern schwierig wurden. Doch irgendwann glätteten sich die Wellen der Gefühle, unser Ich ging ans Steuer, die innere Urteilsfähigkeit festigte sich, die Volljährigkeit stand ins Haus.

In der Jugend werden wir von zwei entgegengesetzten Krafteinwirkungen bestimmt. Einerseits sind wir noch gebunden an das Elternhaus, andererseits begegnen wir so viel Neuem und spüren, dass wir aufbrechen und uns selbst finden müssen. Wir sind in unserer jungen Seele, in der unser Ich noch tief im Verborgenen lebt, abhängig von Menschen, die sich wirklich für uns interessieren, die von sich aus eine geistig verbindliche Beziehung zu uns aufnehmen und pflegen.

Von den Seelenwelten bestimmt

Während der Vorpubertät wachsen, reifen und differenzieren sich die Geschlechtsorgane. In der Pubertät und dem damit verbundenen Hormongeschehen brechen aus dem Leiblichen Triebe und Begierden, Wünsche und Emotionen hervor, die sich mit Wucht ausleben und erfüllen wollen. Waren beim Schulkind die Stimmungen und Gefühle nachvollziehbar, so wogen die Emotionen jetzt wild auf und ab. Wir hätten gern manchmal ein Schild auf der Stirn gehabt: »Wegen Umbau geschlossen«. Auf der Trieb- und Instinktebene stiegen die Leidenschaften oft mit drängender Deutlichkeit in uns auf. Auf der Gefühlsebene waren Schwankungen von himmelhoch jauchzend bis zu Tode betrübt an der Tagesordnung. Auf der Geistebene konnten wir einerseits von begeisternden Idealen erfüllt sein, aber auch voll ablehnender, gesellschaftskritischer Provokation. Die neue mentale Kraft, Zusammenhänge zu unterscheiden, zu differenzieren, zu beurteilen, führt gern in Einseitigkeit und Polarität. Die Sprache schwankt zwischen Vereinfachung mit großer Vorliebe zu Kraftausdrücken und einer überraschend differenzierten Wortwahl. In der Kunst, ob im Malen, Singen oder Musizieren, kann die schwankende Seele aus den differenzierten Feinheiten und Nuancen der Farben oder Töne Nahrung und Orientierung bekommen.

Der harmonische Körperbau des Schulkindes verändert sich mit dem Wachstumsschub der Jugendzeit. Eine überlange, große Nase ragt aus dem Gesicht oder die Augen stechen unverhältnismäßig hervor, die Hände finden ihre charakteristische Form. In dieser Zeit haben wir uns für »unsere« Sportart entschieden, die nicht nur unseren Körper in der spezifischen Muskulatur prägt, sondern auch unsere Seele. In jeder Sportart lernten wir aber vor allem uns selbst als unseren größten Freund oder Gegner kennen. Wie viele Niederlagen mussten wir immer wieder einstecken und wie schwer ist die Einsicht bis heute, dass wir nur im mentalen Einklang mit uns selbst gewinnen können? In Jugendgruppen, bei den Pfadfindern oder in bestimmten Projekten konnten wir in der Gemeinschaft mit anderen unsere Kraft bündeln.

Mädchen und Jungs in der Pubertät

Die Mädchen entwickeln sich zu jungen Frauen und für viele ist es schwer, sich selbst in diesen »neuen Kurven« anzunehmen. Sie entscheiden sich für das weite, karierte und geschlossene Cowboyhemd. Andere entdecken ihre Schönheit und deren Wirkung. Sie genießen die Macht, mit der sie die schmachtenden Blicke der Jungs in ihrem Ausschnitt einfangen können – mit dem Öffnen nur eines weiteren Knopfes. Im Allgemeinen erscheinen die Mädchen durch ihre sprachliche Überlegenheit und Empathiefähigkeit auch in schwierigen Situationen erstaunlich reif. Durch die Hormonschwankungen sind sie zugleich hin- und hergerissen in ihren überschwemmenden, kapriziösen, launenhaften Emotionen. In der Regel sind die Mädchen besonnen, sie wollen alles gut machen und übernehmen Verantwortung für sich und andere. Äußerlich treten sie selbstbewusst auf, innerlich sind sie zart und verletzlich.

Bei Jungen werden mit dem Wachstumsschub die Arme und Beine unverhältnismäßig lang. Sie erscheinen ungelenk und schlaksig. Sie haben oft kein Gefühl für ihren Körper und rumpeln unsanft an Ecken und Kanten, stoßen ungeschickt Geschirr vom Tisch oder rempeln ihre Eltern an. Machen die sie kopfschüttelnd auf ihre ungeschickte Grobheit aufmerksam: »Hallo, siehst du nicht, wo ich stehe?«, sagen sie kleinlaut: »Jetzt, wo du es sagst, eigentlich schon! Tut mir leid, ich wollte dich nicht rempeln!« Sie sinken förmlich hinein in die Schwere ihres Leibes. Am liebsten lümmeln sie auf der Couch. Haben sie die Möglichkeiten der wachsenden Kräfte entdeckt, werden die Muskeln trainiert, die neuen Körperformen vor dem Spiegel in allen Positionen bewundert, und sie genießen das neue Körpergefühl. Jungs scharen sich gern in Gruppen zusammen, in denen der Einzelne mit seiner empfindsamen und einsamen Seele untertauchen kann. Die Gruppe verstärkt die eigene Kraft und suggeriert ein Gefühl von Macht. Manche kompensieren ein geringes Selbstbewusstsein oder mangelnde Familienverbundenheit mit dem Erleben des Machtkitzels, der schnell mal in Rüpelei oder Gewalt ausarten kann. Dem Testosteron ist es geschuldet, dass das männliche Gehirn erst auf starke Reize reagiert. Dies erklärt auf natürliche Weise den gelangweilten Zustand junger Männer, der ihnen von der Umgebung gern vorgeworfen wird. Haben Jungs dagegen ein Ziel vor Augen, verfolgen sie es kraftvoll und pragmatisch.

Verliebtheit zwischen Schwärmerei und Anziehung

Mit dem Erleben als Frau und Mann erwacht in uns jetzt die tiefe Empfindung: »Ich bin halb ohne den anderen.« Diese Einsamkeit kann in Zeiten der Verliebtheit durch die Illusion von verschmelzender Einheit scheinbar überwunden werden. Die starke körperliche Anziehungskraft, die durch die erwachende Sexualität entsteht, täuscht über die innere Sprachlosigkeit hinweg. Eng umschlungen können wir die innere Einsamkeit für kurze Zeit vergessen. Doch ein falsches Wort, ein falsches Verhalten – und die Liebe bricht wie das Spiegelbild eines klaren Sees, in das ein Stein geworfen wird. Nachträglich erfinden wir dann gute Gründe, um das plötzliche Ende »der großen Liebe« zu erklären.

Diese Wankelmütigkeit in den großen Gefühlen zu erleben verunsichert zusätzlich.

Für junge Männer besteht die Aufgabe oft darin zu lernen, die stürmischen Triebe von der zarten, innigen Zuneigung zum anderen Geschlecht zu unterscheiden und beides in ihr Gefühlsleben zu integrieren. Die Mädchen sind häufig von ihren Gefühlen verwirrt und haben es schwer, eine Schwärmerei von einer echten Verliebtheit zu unterscheiden. In unseren ersten Liebesbeziehungen müssen wir – egal ob Junge oder Mädchen – vieles erst schmerzlich erleben, um es zu begreifen. Mit Treue umgehen ist ein Lernfeld für die Jungs, für die Mädchen der ehrliche Umgang mit ihrer Wirkung. In diesen Wogen der Gefühle und Hormone zu innerer Authentizität zu finden ist ein weiter Weg.

Krisen

Meuterei im Seelenschiff

Auf der Stirn Jugendlicher könnte ein weiteres Schild kleben: »Achtung Meuterei!« Den vorgegebenen Weg nicht zu akzeptieren, alles infrage zu stellen, eigene Entscheidungen treffen zu wollen, das stellt ein Markenzeichen der Pubertät dar und zeigt sich bis in die Struktur des Gehirns, in dem in dieser Zeit auf der synaptischen Verschaltungsebene ein großes Durcheinander besteht.

Unsere Aufgabe in der Pubertät ist es, ein neues, ganz eigenes Seelenschiff zu schaffen, in dem unser Ich das Steuer zu seiner eigenen Persönlichkeit findet. Wir fühlen uns zu Hause unfrei und eingeengt. In einer oft jahrelang dauernden auf- und abschwellenden Meuterei werden alle Vorstellungen, Prinzipien und andere familiäre Einflüsse erst einmal über Bord geworfen. Dieser heftige Sturm stört das Seelengleichgewicht gewaltig und einen eigenen inneren Halt gibt es noch nicht. Mitten in diesem Chaos bilden sich ganz langsam neue Muster. Zarte Ansätze der Persönlichkeit werden sichtbar. Manch altbewährte Inhalte werden jetzt wieder aus dem Wasser gefischt, poliert und finden einen neuen Platz in der sich bildenden Seelenstruktur. Zusammen mit den vielen neuen Einsichten und Erkenntnissen entwickelt sich in unserem Gehirn ein eigenes inneres synaptisches Gewebe, ähnlich den Linien auf unseren Handinnenflächen. Findet unser Ich seinen Platz am Steuer des Seelenbootes, dann ist die Brücke zwischen Vergangenheit und Zukunft geschlagen.

Jetzt ist der Jugendliche bereit, sich auf den Weg zu machen in die weite Welt. Die Volljährigkeit ist eingetreten, unser Ich ist in unserer Seele eingezogen, jetzt geht es die Freitreppe hinauf in die kommenden 21 Jahre der seelischen Entwicklung.

Bedeutsames: Der Mondknoten im Lebenslauf

Stellen wir uns die Räume unseres Lebenshauses als Lebensbühne vor, gibt es in jedem Lebensraum einen Vorhang zur Hinterbühne, der in der Regel geschlossen ist. Alle 18 Jahre 7 Monate und 9 Tage finden wir am Himmel dieselbe Stellung von Sonne und Mond wie zum Zeitpunkt unserer Geburt. Diese Konstellation nennen wir Mondknoten. Wir können uns vorstellen, dass sich zur Mondknotenzeit im Lebenslauf der Vorhang zur Hinterbühne zur Seite schiebt und unsere Lebensaufgabe hinter den Fragen hervorleuchtet, die von außen auf uns zukommen oder in uns auftauchen.

Die Mondknotenfragen lauten:

- »Was ist der Sinn in meinem Leben?«
- »Bin ich mir auf der Spur?«
- »Habe ich ein Gefühl für meinen roten Lebensfaden?«
- »Welchen Beitrag will ich in der Welt leisten?«

In dieser Zeit wird der Schleier, der uns mit unserer Geburt von unserem allumfassenden Bewusstsein trennt, ein wenig zur Seite gezogen. Wir wachen auf für die Fragen, die wir uns für unser Leben mitgebracht haben, die wir aber leider mit der Geburt vergessen haben.

Der Mondknoten zeigt sich individuell sehr unterschiedlich. Er kann sich bis zu einem Jahr vorher ankündigen, sich dann in einem Ereignis konzentrieren, um danach wieder abzuklingen. Sind wir in unserem Leben »uns selbst auf der Spur«, kann er auch unbemerkt an uns vorüberziehen. Der 1. Mondknoten zeigt sich im Alter von 18 Jahren 7 Monaten und 9 Tagen; der 2. Mondknoten mit 37 Jahren, 2 Monaten und 18 Tagen; der 3. Mondknoten mit 55 Jahren und 10 Monaten; der 4. Mondknoten mit 74 Jahren und 5 Monaten und der 5. Mondknoten mit 93 Jahren und 15 Tagen. Jeder Mondknoten hat sein spezifisches Thema, das in die jeweilige Lebenszeit passt.

Der 1. Mondknoten: »Aufbruch zu mir«

Die Frage aus unserer Umgebung, die wir mit 18 oft schon nicht mehr hören konnten, lautete: »Weißt du denn schon, was du werden möchtest?« Nur wenige von uns fühlten zu dieser Zeit eine innere Berufung, für die meisten gab es keine klare Antwort. Hilflos standen wir dem Thema Berufswahl gegenüber.

In der Frage nach dem Beruf verbirgt sich die Mondknotenfrage nach unserer Berufung. Die damalige Antwort zeigt sich aus der Rückschau des ganzen weiteren Lebens für viele nur wie ein erster Versuch einer Antwort. Andere entscheiden sich klar und verfolgen ihren Weg. Das Knäuel des roten Fadens beginnt sich zu entwickeln. Es ist an der Zeit aufzubrechen: Lebensziele bilden sich, Abenteuer locken, das Elternhaus will verlassen werden! Ob innerlich ängstlich oder zuversichtlich freudig spürten wir doch alle deutlich, dass wir früher oder später das Gewohnte hinter uns lassen müssen, um unseren Weg zu finden. Fragen über den Sinn und Ernst des Lebens wurden in uns hörbar, wenn sie nicht von den Ratschlägen der Außenwelt übertönt wurden. Oftmals waren wir von einer stark idealistischen Stimmung getragen.

Es gilt, uns zu lösen von Menschen, mit denen wir keine gemeinsame Zukunft im Sinne unseres Geburtsimpulses haben. Der Abschied von den Eltern als Eltern – es muss kein Abschied sein von ihnen als Menschen – steht an. Denn nachdem die Eltern ihre Aufgabe, das Kind in die Welt hineinwachsen zu lassen, erfüllt haben, gehören sie für die weitere Zukunft nicht mehr zu dessen Geburtsimpulsen. Doch aus einer vergangenheitsbezogenen Beziehung kann eine zukunftsgerichtete Beziehung entstehen.

Irrwege

Entlarvt?

Haben wir unsere Eltern und Lehrer entlarvt, als wir mit intuitiver Sicherheit unseren Finger in ihre Wunden legten? Und entlarven uns heute unsere jugendlichen Kinder?

Mit hoher Zielgenauigkeit decken Jugendliche die Themen auf, in denen die Erwachsenen selbst in Kinder- oder Jugendschuhen stecken geblieben sind. Sie entlarven die Erwachsenen, die ihrerseits ihr Seelenboot in der Jugend nicht ausreichend erneuert haben, die den ruhigen Weg durch die alten, stehenden Gewässer der Angepasstheit an Tradition und Familiengewohnheiten genommen haben.

Persönlich erlebt

Frau M. sitzt klein und beschämt vor mir: »Ich werde so wütend, wenn meine Söhne nicht mitmachen, das Schuhchaos im Flur ertrage ich nicht. Mein Sohn trödelt bei den Hausaufgaben – und da bin ich gestern ausgerastet, ich wollte schließlich meine Freundin treffen. Auf der Autofahrt bin ich so gefahren, dass er Angst bekam! Endlich hatte ich auch mal Macht! Ich war ein braves, angepasstes Kind. Mein Vater war sehr autoritär. In mir sitzen die Glaubenssätze ganz tief: Was man angefangen hat, macht man auch zu Ende! Ich muss mir eingestehen, dass ich zwar jedem erzähle, dass es doch vor allem wichtig ist, dass man glücklich und zufrieden zusammenlebt. Doch ich kann nicht akzeptieren, dass meine Kinder keine Vorzeigekinder sind! Bei mir zu Hause war es selbstverständlich, dass man seine Sachen machte und sich anstrengte, dass man funktionierte! Ja, nach einem schweren Fahrradsturz und 10 Jahren Arbeit an mir selbst habe ich gelernt, meiner kreativen Seite Raum zu geben, wirklich mein Wesen zu leben und auch mal fünfe gerade sein zu lassen. Das macht mich glücklich. Doch mit meiner Familie schaffe ich das nicht! Wenn ich mich überfordert fühle, dann springt etwas in mir an, dann brennt eine Sicherung in mir durch! Und dafür schäme ich mich dann hinterher!«

Ich erkläre Frau M., dass sie als Jugendliche das Seelenboot ihrer Eltern übernommen hat und ihren eigenen Pubertätsimpuls nicht gelebt hat. Es brauchte den schrecklichen Sturz, um diese alten Strukturen zu lockern und endlich dem eigenen kreativen, fröhlichen, unbeschwerten Wesen, das ihr zu eigen ist, Raum zu geben. »Wenn Ihre Söhne nicht funktionieren und Sie zugleich angestrengt sind oder Ihre unbeschwerten inneren Kindanteile sich Gehör verschaffen wollen, dann rasten Sie aus und üben, wie damals Ihr Vater bei Ihnen, Macht auf Ihre Kinder aus. In diesen Momenten wollen Sie sie kleinmachen, ihnen Angst machen, so wie es Ihnen als Mädchen ergangen war. Schließlich will dieses angepasste Mädchen in Ihnen immer noch seinem Vater gefallen und ihm eine Vorzeigefamilie vorführen. Dies entspricht aber nicht Ihrem ureigenen Wesen, oder?«

»Nein«, nickt sie überzeugt, »ich wünsche mir, dass meine Söhne ihr eigenes Seelenboot bauen dürfen!«

Ihr Selbstannahmesatz, den wir nun für ihre Arbeit zu Hause fanden, lautete: »Auch wenn ich meinem Vater ähnlicher bin als befürchtet und manchmal zum Familientyrannen werde, liebe und akzeptiere ich mich so, wie ich bin.«

Ihre Erkenntnissätze waren: »Immer wenn sich die alten Strukturen melden, verankere ich mich umso mehr in mir und vertraue auf meine Geistesgegenwart.« Und: »Ich möchte meinen Kindern erlauben, ihr altes Seelenboot loszulassen, um ihr ureigenes zu kreieren.«

Dazu kamen die Kraftsätze, die sie sich ebenfalls täglich sagte: »Wir sind auch mit nur einem Stern einmalig!« Und: »Mit Geistesgegenwart kann ich ich selbst sein!«

Was passiert, wenn ein Mensch dem Pubertätsimpuls nicht gefolgt ist?
Tauchen in unserem Leben innere Widerstände gegen unser eigenes Leben auf, lohnt es sich zu fragen, ob in unserer Jugend der Pubertätsimpuls im Dunkeln unseres eigenen Kellers untergetaucht ist. Diese verborgenen Irritationen im jugendlichen Selbst steigen in späteren Jahren oft als bizarre Reaktionen auf. Manch einer pflegt einen Lebensstil zwischen überperfekter Ordnung auf der einen Seite und unüberschaubarem Chaos an anderen Stellen. Typisch ist auch eine innere Blockade gegen Pflichten und Aufgaben, auch wenn wir sie uns selbst gestellt haben. Wir stehen uns dann mit diesen Widerständen selbst im Weg, ohne die Ursache zu erkennen. An unseren jugendlichen Kindern und deren Ich-Impuls kann sich unser innerer Seelenunmut stoßen und für offene oder versteckte Auseinandersetzungen sorgen. Dann reagieren wir entweder überreizt und ungeduldig oder wir zeigen uns interesselos und vergesslich.

Es ist das Vorrecht der Jugend, in Kategorien von Schwarz und Weiß zu denken. Dies führt am Familientisch dann nicht selten zu Konflikten und Grenzerfahrungen. In der Jugend liegen die Kraft und die Kompromisslosigkeit zu wirklich neuen Impulsen und Idealen. In den Demonstrationen gegen manchen Atommülltransport zum Beispiel haben sich oft die Jugendlichen und die alten Menschen zusammengefunden und an die Bahngleise gekettet. Hatten doch die einen noch nichts und die anderen nichts mehr zu verlieren. Die Eltern stehen dagegen ganz in der Würde und dem Besitz ihrer mittleren Jahre und sind darin so sicher aufgehoben, dass sie sich ungern erschüttern lassen wollen.

Die typischen Entwicklungsthemen

Ich-Mensch werden als Frau oder Mann
Früher wurden mit den Jungen Übergangsrituale vollzogen, in denen sie in der Einsamkeit der Natur Aufgaben bestehen mussten, um als vollgültige Männer in der Gruppe ihren Platz einzunehmen. Die Mädchen durften an den Gesprächen der Frauen teilhaben und wurden in

die weiblichen Rituale eingeführt. Heute stehen für manche an dieser Stelle die Erfahrungen im Auslandsaufenthalt oder im Gap Year nach dem Schulabschluss oder der Berufsausbildung.

So wie der Junge ahnt, dass Männlichkeit allein nicht ausreicht, um umfassend Mensch zu sein, so spüren besonders deutlich die Mädchen, dass ihre Bestimmung als Frau sich nicht allein in der Mutterschaft erfüllt. Immer mehr sucht sich der junge Mensch in seinem Werden auf der individuellen Ich-Ebene, die ihrer Qualität nach rein geistiger Natur ist. Das Balancieren zwischen Mann- beziehungsweise Frausein und männlicher beziehungsweise weiblicher »Menschwerdung« zeigt sich in allen Ausprägungen und gerät dabei nicht selten aus dem Gleichgewicht. Diesem Wirrwarr der verschiedenen Ebenen des Menschseins – leiblich, seelisch, sozial und geistig individuell – zu begegnen, ist eine große Herausforderung in der Pubertät.

Ein großer Stein liegt im Weg

Stellen wir uns vor, der Seele im Aufbruch liegt ein großer schwarzer Stein im Weg. Jetzt kann die Entwicklung in zwei Richtungen verlaufen: Der rebellierende Jugendliche wird sich an dem schwarzen Stein stoßen und, je nach dessen Härte, in seiner aufkeimenden Individualität brechen. Oder die Seele wird – bei einem scheuen Jugendlichen – ausweichen und irgendwo untertauchen. Beide Wege werden ein schmerzvolles Hindernis in der weiteren Entwicklung darstellen.

Unangemessene Härte kann den Jugendlichen, bei dem gerade erst der Sinn für eine eigene Zukunft erwacht ist, tatsächlich so treffen, dass er einen Bruch in seiner Individualität davonträgt. Das kann dazu führen, dass es zu einer »ewigen« Pubertät kommt, die sich bis weit ins Erwachsenenalter hineinzieht. Dieser Entwicklungsaufschub kann sich so zeigen, dass der Mensch fortan als ewiger Aussteiger oder »Guru« unterwegs ist oder sich hinter Schwarz-Weiß-Argumenten versteckt. Bindungsängste und eine Scheu vor Verantwortung können Themen sein, die ihre tiefere Ursache in der Jugend haben. Wir können hier dem Titel des empfehlenswerten Jugendratgebers von Jeanne Meijs folgen: Es ist ein schmaler Weg, der durch die Jugend in die selbstbestimmte

Freiheit führen kann. So heißt ihr Buch denn auch: »Der schmale Weg zur inneren Freiheit«.

Schwerwiegende Ereignisse, die unzeitgemäß und überraschend erfolgen, können uns so treffen, dass sie eine fortdauernde Angst vor den Folgen von Veränderungen in uns hinterlassen. Diese Angst führt dann zu einem statischen Lebensentwurf, auch wenn er auf Kosten der eigenen Weiterentwicklung geht.

Werden wir hingegen stark von außen bestimmt, kann dies zu einer inneren Anpassung führen. Kann sich die Individualität nicht frei entfalten, kann es in den nächsten Jahrsiebten zu einer großen inneren Unsicherheit kommen, die Seele schwankt wie ein Halm im Wind.

Lösungen

Die Eltern als Schleusenwärter

Unser Jugendzimmer verwandelt sich während der Pubertätsmeuterei in eine Schleuse. Hatten unsere Eltern während der Kindheit und Schulzeit als Kapitän das Steuer unseres Lebensschiffs fest in der Hand, gilt es für sie jetzt loszulassen, unser Seelenboot zu verlassen und die Aufgabe des Schleusenwärters wahrzunehmen. Ja, Pubertät war eben auch die Zeit, in der die Eltern schwierig wurden! Den angemessenen Abstand zum Jugendlichen zu finden, ist wohl für sie eine der großen Herausforderungen dieser Zeit. So sagte der Heidelberger Kinder- und Jugendpsychologe Dr. Helmut Bonney in einem Gespräch mit mir: »Es gibt eigentlich nur zwei Fehler, die man als Eltern in der Begleitung von Jugendlichen machen kann. Entweder man sorgt sich zu früh oder man sorgt sich zu spät. Die Balance dazwischen ist manchmal ein schmaler Grat!«

Es gilt loszulassen, doch viele Eltern wollen mit Kontrolle und Strenge das Steuer in der Hand behalten. Sie erleben ihre eigenen Kinder auf einmal als fremd. Dies verursacht einen inneren Schmerz und auch Unsicherheit und Angst: Kann ich meinem Kind überhaupt noch vertrauen? Das Bedürfnis des Jugendlichen, eigene Wege zu gehen, nicht mehr alles zu erzählen, sich auch im Äußeren, in Kleidung, Frisur und Benehmen, abzugrenzen, nährt diese Sorgen noch. Wie sind unsere Eltern mit dieser Entfremdung umgegangen? Haben sie an ihrem Glauben an uns festgehalten? Haben Sie sich in Vertrauen geübt? Die Kraft des Vertrauens wie die der Toleranz beginnt ja dort, wo das selbstverständliche Verstehen aufhört. Konnten wir diesen Vertrauensvorschuss spüren und die Toleranz der Eltern erleben, gerade auch dann, wenn wir die Grenzen weit überschritten hatten?

Denn auch das ist eine Tatsache des Lebens: Zur Entwicklung gehört das Verlassen der Komfortzone und das Überschreiten von Grenzen. Dies braucht besonders der Jugendliche, der jetzt seinen eigenen Innenraum, seine eigenen Grenzen finden möchte.

Persönlich erlebt

Statt in die Schule zu gehen bin ich sehr oft morgens abgebogen und habe mich im Wirtshaus mit anderen Schulschwänzern getroffen. Dort saßen wir dann, haben Bier getrunken und Schafkopf, das bayerische Kartenspiel, gespielt. Ich unterschrieb die Entschuldigungen in der Handschrift meiner Mutter, keiner störte sich an meinem vermeintlich schlechten Gesundheitszustand. Ich bemerkte wohl, dass mir der Weg in die Schule immer schwerer fiel, dass ich den Anschluss verloren hatte. Ich wusste aber nicht mehr, wie ich aus dieser Situation herauskommen sollte. Bis mich der Direktor zu sich rief und mir wegen meiner schlechten Leistungen einen Verweis für meine Eltern zur Unterschrift überreichte. Mir fiel ein Stein vom Herzen! Endlich würde alles rauskommen und das Lügen ein Ende haben! Zu Hause, als ich alles erzählte, war mein Vater empört und schockiert über das Verhalten »seiner« Tochter. Er sprang auf und im Rauslaufen verkündete er: »Ich bringe mich jetzt um!« Mein Schrecken war riesig – meine Mutter hingegen meinte pragmatisch: »Setz dich hin, wir überlegen jetzt, was zu tun ist. Lass deinen Vater gehen, er kommt schon wieder.«

Wenn ich heute zurückdenke, bin ich überzeugt: Diese unerschütterliche Kraft meiner Mutter, die immer, egal was auch geschehen war, hinter mir stand, hat mir die Stärke gegeben, an mich und meinen Weg zu glauben. Die moralische Empörung meines Vaters dagegen hat den inneren Maßstab in mir hoch aufgehängt. Dieser verinnerlichte Spagat aus Selbstannahme und Anforderung an mich selbst ist mir heute Kraftquelle und Ansporn zugleich, Schritt für Schritt auf meinem Weg weiterzugehen.

Unser Gehirn ist ein Beziehungsorgan

Über die großen Ideale der Menschheit zu diskutieren und sich mit ihnen zu identifizieren hilft, unserer Seele einen Rahmen zu geben. Idole schenken uns das Gefühl von Zugehörigkeit im Hier und Jetzt. So wie wir in der Kindheit im Leiblichen auf Gedeih und Verderb abhängig von unseren Bezugspersonen waren, so waren wir in der Schulzeit auf der Beziehungsebene abhängig von der Gefühlsstimmung in unserer Umgebung. In der Jugendzeit sind wir selbstständig und unabhängig in beiden Bereichen. Doch »Wo ist die Welt wahr?« lautet die große latente Frage und damit das Motto dieser Zeit. Finden wir ein Gegenüber, das uns auf unserer wilden Fahrt im stürmischen Meer Orientierung gibt? Jemanden, der uns mit unseren Fehlern und unserem falschen Verhalten, das provozierend Grenzen sprengt, nicht verurteilt, sondern uns immer wieder in Gesprächen und Verabredungen Halt und Sicherheit gibt? Jemanden, der selbst noch Fragen an sich und die Welt hat, den nicht äußere Umstände und innere Frustration bereits verschluckt haben. Jemanden, der in all dem Nebel an uns und unsere Mission glaubt, der mit seinem Ich die Stellvertretung für unser noch verschlafenes Ich übernimmt.

Ab der Vorpubertät bis ins frühe Erwachsenenalter werden im Gehirn alte, in der Kindheit erworbene Strukturen abgebaut, damit sich der Jugendliche zu einem eigenen unvoreingenommenen jungen Menschen entwickeln kann. Da unser Gehirn aber ein Beziehungsorgan[5] ist, ist es von entscheidender Bedeutung, ob wir im richtigen Moment gesehen werden und Zuspruch erhalten. Es braucht die Geistesgegenwart eines Erwachsenen, den Jugendlichen im richtigen Moment zu ermuntern, um sich dann wieder freilassend zurückzuziehen. In der Jugend möchte sich das Ich entfalten lernen, dies geschieht durch Erfahrungen in Freiheit. Es gilt: die Balance zu finden zwischen Freiheit und Verantwortung. In der Jugend wird die Basis für unser »seelisches Immunsystem« gelegt: uns selbst abzugrenzen und die Grenzen anderer zu akzeptieren. Dies gibt die seelische Stabilität, um mit 21 auf eigenen Füßen zu stehen.

Am Ende des 3. Jahrsiebts durchleben die Jugendlichen oft eine Zeit der Regression. Doch dann um das Alter von 21 sind die eigenen ethischen und moralischen Grundsätze gelegt und man merkt im Gespräch und im Augenkontakt: Jetzt steht uns ein Mensch mit eigener Haltung und Entschiedenheit in seinem Ich gegenüber.

Ressourcen aus der Jugend

»Um das Mögliche zu erreichen, muss immer wieder das Unmögliche versucht werden«, heißt es bei Hermann Hesse. Die kraftvollste Ressource aus der Jugend ist das grenzensprengende kompromisslose Schwarz-Weiß-Denken. Erlauben Sie sich, beim nächsten privaten oder beruflichen Brainstorming, die extremen Positionen zu denken. Wagen Sie, die Grenzen weit zu überdehnen, sie gegebenenfalls zu sprengen. Denn nur dann kann im nächsten Schritt der Realisierung etwas wirklich Neues entstehen. Wagen Sie, die Wahrheit auszusprechen, auch wenn sie gesellschaftlich oder familiär nicht angenehm ist. Wagen Sie, Urteile infrage zu stellen, auch wenn Sie damit Ihr Gegenüber in seiner Rolle oder Position infrage stellen.

Eigenarbeit

Fragen zu den Ressourcen aus der Jugend

- Versuchen Sie, auch unbequeme Wahrheiten zu verstehen?
- Sind Sie bereit, für die unbequemen Wahrheiten Ihre Gewohnheiten infrage zu stellen?
- Wann haben Sie offen zu sich gestanden und Nein gesagt, vielleicht sogar mit einem Lächeln?

- Welches Ihrer Jugendideale ist Ihnen heute noch wichtig?
- Wann könnten Sie in der Zukunft mal etwas Neues wagen – es darf auch ganz klein sein?

Stärkungssätze aus der Jugend«

- »Ich gehe immer weiter auf meinem ureigenen Weg.«
- »Verzeiht, wenn ich euch, liebe Eltern, verletzt habe, aber es ging um meine Zukunft!«
- »Kritische Ehrlichkeit und liebevolle Wertschätzung können nebeneinander bestehen.«
- »In Erinnerung an meine wilde Jugend stehe ich ab jetzt noch klarer zu mir und folge meinem Weg.«
- »Ich suche mir die Umgebung, in der meine Stärken den vollen Raum bekommen und sich voll ausleben können.«
- »Selbst wenn ich einen Wettkampf verliere, verliere ich nicht das Leben!«
- »Natürlich will ich gewinnen – aber ich kann auch verlieren.«

Fragen zur Zeit von 14 bis 21 Jahren

1. Konnten Sie sich als Mensch weiterentwickeln oder wurden Sie in Ihren Absichten zurückgehalten?
2. Haben Sie im 19. Lebensjahr neue innere oder äußere Impulse erlebt?
3. Können Sie sich an ein prägendes Vorbild aus Ihrer Jugend erinnern? Welche Eigenschaften oder Charakterzüge haben Sie damals besonders beeindruckt? Schlummern diese Fähigkeiten auch in Ihnen?
4. Waren Ihre Eltern als Zeichen ihrer eigenen nicht durchlebten Pubertät während Ihrer Jugend desinteressiert oder aufbrausend? Wann und warum?
5. Gibt es Stellen in Ihrem Alltag, in denen Sie pubertär reagieren? Verbeißen Sie sich in kompromisslose Diskussionen? Besteht eine Scheu vor festen Bindungen?

Malaufgabe

Malen Sie sich als Boot oder Schiff in der Schleuse der Pubertät. Oder malen Sie sich in Ihrem 19. Lebensjahr als Blume. Jede Blume, jede Knospe und jede Blüte hat ihren eigenen seelischen Ausdruck. Denken Sie an ein Maiglöckchen im Frühling, das versteckt im Grün der Blätter so wohlduftend sein zartes Köpfchen trägt. Dagegen eine gelbe oder rote Rose – mit ihren Stacheln steht sie stolz, doch noch verhalten in ihrer Knospe oder voll erblüht in ihrer ganzen jungen Persönlichkeit vor uns. Oder die Fülle von Hibiskusblüten mit hellroten Blättern, leicht wie der Wind im Sommerlicht. Natürlich darf es auch eine Fantasieblume sein, mit der Sie Ihren Charakter, damals mit 19 Jahren, ausdrücken.

Einschub: Biografiearbeit mit PEP®

Zum Geleit

Um selbst seines eigenen Glückes Schmied zu sein, braucht es ein gewisses Maß an innerer Freiheit. Um diese zu erlangen, kann die Biografiearbeit, wie Susanne Hofmeister sie beschreibt, eine wirklich gute Hilfe sein und auch PEP® eignet sich sehr dazu, sich von emotionalen Quälgeistern, inneren Energieräubern und anderen Limitationen zu befreien. Das Tolle am Klopfen ist ja, dass man es über weite Strecken ganz allein ohne fremde Hilfe praktizieren kann. Im besten Sinne ist es eben emotionale Selbsthilfe. Durch die Biografiearbeit hat man einen sehr schönen Handlauf, um auch durch Unwägbarkeiten gut hindurchzukommen und Ressourcen des eigenen Lebenshauses zu entdecken. Ich wünsche Ihnen als Leserinnen und Lesern des vorliegenden Buches viel Freude bei der Entrümpelung Ihres Lebenshauses von störenden Energieräubern und viel Erfolg dabei, noch mehr das wirklich eigene Leben zu leben.

Ihr Michael Bohne

Dr. med. Michael Bohne, Facharzt für Psychiatrie und Psychotherapie, Coach, Trainer und Buchautor, Begründer der Prozess- und Embodimentfokussierten Psychologie (PEP®)

Biografiearbeit stellt in Kombination mit PEP® eine effiziente Methode dar, um uns aller überholten, übernommenen und unfruchtbaren Gedanken, Gefühle und Handlungsmuster bewusst zu werden und sie auszusortieren. Mit kraftvollen Affirmationen stärken wir anschließend unser aktualisiertes Selbstbild. Und das noch mit Humor und Freude!

Ähnlich einem Frühjahrsputz ist es sinnvoll, regelmäßig durch unser Lebenshaus zu wandern, die einzelnen Räume mit ihren Glaubenssätzen, Selbstentwertungen, negativen Gefühlen und Handlungsstrategien zu betrachten und zu prüfen. Wie in jedem Zuhause gilt es zu putzen, zu räumen, umzustellen und nicht zuletzt zu entrümpeln. Wenn wir erkennen, dass wir in einem Lebensabschnitt oder in einem Lebensthema nur Gast in unserem eigenen Lebenshaus sind, können wir mit PEP® sofort mit dieser Entrümpelung beginnen. Deswegen wurden die Seiten dieses Einschubs grau hervorgehoben. Für die Selbsthilfe bei unangenehmen Gedanken oder Gefühlen finden Sie eine Schritt-für-Schritt-Anleitung. Die Beziehungsblockaden werden inhaltlich vorgestellt, Sie können mit passenden Selbstannahmesätzen sofort mit der Auflösung beginnen. Vertiefende Schritte finden Sie im Buch von Michael Bohne »Feng Shui gegen das Gerümpel im Kopf«.

Das Selbstwertgefühl als wichtiges Handwerkszeug im Lebenshaus

Wer ist eigentlich verantwortlich für unser Selbstwertgefühl? Ja richtig: Wir selbst! Diese Antwort ist, vielleicht nach einem Moment des Zögerns, klar. Doch die Frage, was das konkret bedeutet, wird meist nicht gestellt. So bleibt die Eigenverantwortung im Nebel und verliert damit an Bedeutung. Oft braucht es erst eine Krise, damit wir lernen, dass unser Selbstwertgefühl quasi das Immunsystem unseres Bewusstseins darstellt. Dann bemerken wir, wie viele unbewusste Angriffe auf unsere Seelenimmunität wir täglich zulassen – durch kritische Bemerkungen, Ablehnung, Entwertung und verletzende Handlungen. Dabei schrumpft unser Selbstwert und wir verlieren unsere erwachsene Geistesgegenwart. Mit Biografiearbeit und PEP® schauen wir hin, wachen auf und entscheiden von da ab selbst, welche Seelenangriffe für unsere Entwicklung angemessen und förderlich sind und welche uns nur klein und handlungsunfähig machen.

In unserer Kindheit, Schulzeit und Jugend waren unsere Eltern, Großeltern, Lehrer und sonstige nahe Bezugspersonen verantwortlich für unseren Selbstwert. Wurden wir ohne jeden Vorbehalt geliebt, so wie wir waren, schaffte dies einen Vorrat an Selbstwertgefühl, von dem wir lebenslang zehren können. Vor allem im Bildungsbürgertum wird die Liebe aber oft mehr oder weniger bewusst an Leistungsanforderungen geknüpft. Schnell bekommen wir das Gefühl, uns immer noch mehr anstrengen zu müssen und doch nie wirklich zu gefallen oder zu genügen. Wir fühlen uns abhängig vom Lob der anderen. In unserer Leistungsgesellschaft kann ein schwaches Selbstwertgefühl wie ein starker Motor wirken, mit dem wir uns selbst zu immer mehr Leistung antreiben – bis wir im Burn-out verbrennen oder durch eine andere Krise an die Wand rennen oder aber einfach im Älterwerden die Kraft zu beständiger Leistungssteigerung verlieren. Diese Krisen gehören zum modernen Menschsein, damit jeder, der es will, erkennen darf: »Ich möchte aufhören, im Spiel des Lebens Opfer oder Täter zu sein. Ich möchte lernen, meine Selbstbeziehung zu pflegen wie meine Kleidung, meine Spülmaschine, mein Auto, meinen Garten, mein Haus. Es ist meine Aufgabe, meine Ressourcen, Fähigkeiten und Potenziale ins helle Licht zu rücken – wie meine Bilder an der Wand. Ich möchte meinen Mitmenschen im Berufs- und Privatleben, unabhängig von Alter, Stellung oder Fähigkeiten, immer mehr auf Augenhöhe begegnen.«

Trauen wir uns, Nein zu sagen?

Trauen wir uns, Nein zu sagen, oder fehlt uns der Mut, ob beim Partner, in der Familie, im Job, bei Nachbarn und Freunden? Der Grund für das fehlende Nein liegt oft in einem mangelhaften Selbstwert: Wenn wir gelernt haben, über äußere Anerkennung Liebe zu bekommen, fürchten wir, diese zu verlieren, wenn wir Nein sagen. Wir glauben dann, ein Nein würde Distanz schaffen und ein Ja Nähe. Dabei können wir jemandem mit einem klaren Nein näher sein als mit einem unehrlichen Ja. Der Weg zu dieser Wahrheit ist manchmal lang.

Wie erkennen wir einen unreifen Selbstwert?

Menschen mit unreifem Selbstwert erkennt man daran, dass sie abhängig vom Lob anderer sind. Sie werten sich außerdem gern auf, indem sie andere abwerten. Unsere Erziehung hat uns mit Sätzen wie »Eigenlob stinkt« geprägt. Sie fördert damit einen schwachen Selbstwert. Immer wenn uns etwas gelungen ist, schieben wir es von uns weg und sagen: »Na ja, es war ja auch schönes Wetter.« Oder: »Es war ja auch ein wirklich positives Publikum.« Oder: »Die Fragen waren aber auch einfach zu beantworten.« Gelingt etwas schlecht, dann waren *wir* natürlich zu schlecht vorbereitet oder anderweitig unfähig. Eigenverantwortlichkeit beginnt damit, dass wir berechtigtes Lob gern annehmen, mit der Selbstentwertung aus scheinbar höflicher Bescheidenheit aufhören und andererseits realistisch überprüfen, warum etwas nicht gut geklappt hat. Meist liegt die Verantwortung nicht allein bei uns. In Beziehungsproblemen zwischen Erwachsenen ist die Verantwortung in der Regel gut verteilt. Oder lag es vielleicht doch am Wetter?

Schöpfen wir unser Potenzial aus, ohne uns zu überfordern

Im Berufsleben brauchen wir eine reale Einschätzung unserer Fähigkeiten und des Anforderungsprofils unserer Arbeit. Es ist Teil unserer Lebensaufgabe, unseren passenden Platz im Leben zu finden, ohne uns maßlos zu überfordern und ohne hinter unserem Potenzial zurückzubleiben. Wir werden ein authentisches und zufriedenes Leben führen, wenn wir unsere Fähigkeiten und unsere Möglichkeiten in Einklang bringen. Gelingt es aus familiären, wirtschaftlichen, gesellschaftlichen, politischen oder geschichtlichen Gründen nicht, ein zufriedenes Berufsleben zu führen, und findet sich auch kein Ausgleich in einem anderen Bereich, einem Hobby oder einer sozialen Aufgabe, kann sich das schale Gefühl einstellen, am eigenen Leben vorbeizuleben.

Renovieren und Entrümpeln im Lebenshaus

In den nächsten Abschnitten werde ich die einzelnen Techniken von PEP® kurz beschreiben. Im Anschluss daran gibt es eine Kurzanleitung zur praktischen Handhabung. Wollen Sie anfangen, diese Techniken aktiv einzusetzen, dann nehmen Sie sich am Anfang regelmäßig, vielleicht sogar täglich Zeit dafür. Am besten lernen Sie die Schritte an einem weniger brisanten Thema auswendig. Dann stehen sie Ihnen im Bedarfsfall gleich und direkt zur Verfügung. Sie können diese Übungen bei unangenehmen und belastenden Emotionen ebenso einsetzen wie bei störenden und entwicklungshemmenden Gedanken, Glaubenssätzen und Beziehungsmustern. Wann immer also im Alltag – aber vor allem auch während Ihrer persönlichen Biografiearbeit mit diesem Buch – so etwas auftaucht, haben Sie jetzt eine Selbsthilfetechnik zur Hand.

Besonderer Hinweis

Die nachfolgende Anleitung zum »Klopfen mit PEP®« ist zur emotionalen Selbsthilfe bei unangenehmen Emotionen gedacht, wie sie die meisten Menschen in ihrem Alltag kennen. Sie ist nicht gedacht als alleinige Maßnahme zur Behandlung therapiebedürftiger Probleme oder Erkrankungen. Sie nutzen die Klopftechniken natürlich auf eigene Verantwortung und sollten sich professionelle Hilfe suchen, wenn Sie allein nicht weiterkommen.

Entrümpelungsanleitung

1. Das Thema deutlich herausarbeiten

Wenn Sie in einen unangenehmen emotionalen Zustand geraten, können Sie sich mit der folgenden Checkliste das Thema dahinter deutlich machen:

- »Welches unangenehme Thema möchte ich verändern?«
- »Welches unangenehme oder belastende Bild gehört zu diesem Thema?«
- »Was erscheint vor meinem inneren Auge?«
- »Wo im Körper fühlt es sich besonders unangenehm an?«
- »Um was für ein Gefühl handelt es sich genau?«
- »Wie denke ich über mich, da ich dieses Problem habe?«
- »Mache ich mir einen Vorwurf bezüglich des Themas?«
- »Wie glaube ich, dass andere über mich denken, da ich dieses Problem habe?»
- »Mache ich anderen einen Vorwurf bezüglich des Themas?«
- »Habe ich noch Erwartungen anderen gegenüber?«
- »Wie alt fühle ich mich gerade, wenn ich an das Problem denke?«[6]

2. Den Stress, das Unbehagen, die Belastung einschätzen

Wie hoch schätzen Sie im Moment das Thema ein, wobei auf Ihrer subjektiven Stressskala 0 kein Stress, kein Unbehagen und 10 maximaler Stress und höchstes Unbehagen bedeuten. Die Einschätzung mithilfe dieser Skala sollten Sie nach jedem Übungsschritt wiederholen.

Mit diesem Fokuswechsel stärken wir uns in unserem Ich, üben uns in unserer Selbsteinschätzung und bemerken, ob sich an dem Thema vielleicht schon etwas geändert hat. Dabei ist alles möglich: Das Thema kann sich stark verändern, es kann sich ein bisschen verändern, es kann bleiben, wie es ist. Es kann sich in seltenen Fällen auch verschlechtern. Oft ist es erstaunlich, wie allein schon die gleich folgende Überkreuzübung und die Selbstakzeptanzübung zu einer Verbesserung beitragen.

3a. Die Überkreuzübung

Mit der Überkreuzübung verbinden wir auf allen Ebenen systematisch die rechte mit der linken Hirnhälfte. Wir verstärken die bereits beschriebene Verbindungsbrücke und haben damit gleichzeitig einen Zugang zu unseren Gefühlen und unserem rationalen Denken. Jetzt können wir uns ganz auf das anliegende Thema konzentrieren.

Dazu falten Sie in einer angenehmen Stellung die Hände und dann die Arme überkreuz und stellen die Füße ebenfalls überkreuz. Schließen Sie die Augen, legen Sie beim ruhigen Einatmen die Zunge an den Gaumen und lösen Sie sie beim Ausatmen wieder. Vor den inneren Augen sehen Sie den Horizont am Meer oder einen waagerechten Balken. Sprechen Sie dabei das Wort »Balance« und hören Sie es bewusst.

Die Übung kann zwischen 30 Sekunden und 2 Minuten dauern. Schon allein damit stellt sich oft eine tiefere Entspanntheit ein. Daher ist sie in jeder Situation von Anspannung oder Aufregung auch allein hilfreich.

Und nun prüfen Sie: Wie hoch ist jetzt der subjektive Stress zu Ihrem Thema auf der Skala von 0 bis 10?

3b. Die Fingerberührübung

Mit dieser Übung können Sie sich fokussieren und innerlich sammeln. Es ist eine Konzentrations- und Zentrierübung. Sie legen dabei die Ellenbogen an den Körper und alle Fingerspitzen aneinander. Die Zunge kann wieder beim Atmen den Gaumen berühren und loslassen. Die Augen können offen oder geschlossen sein, wie es Ihnen angenehmer ist. Die Übung darf 30 Sekunden bis 3 Minute dauern. Wie hoch ist danach der subjektive Stress zu Ihrem Thema auf der Skala von 0 bis 10?

Die Überkreuzübung

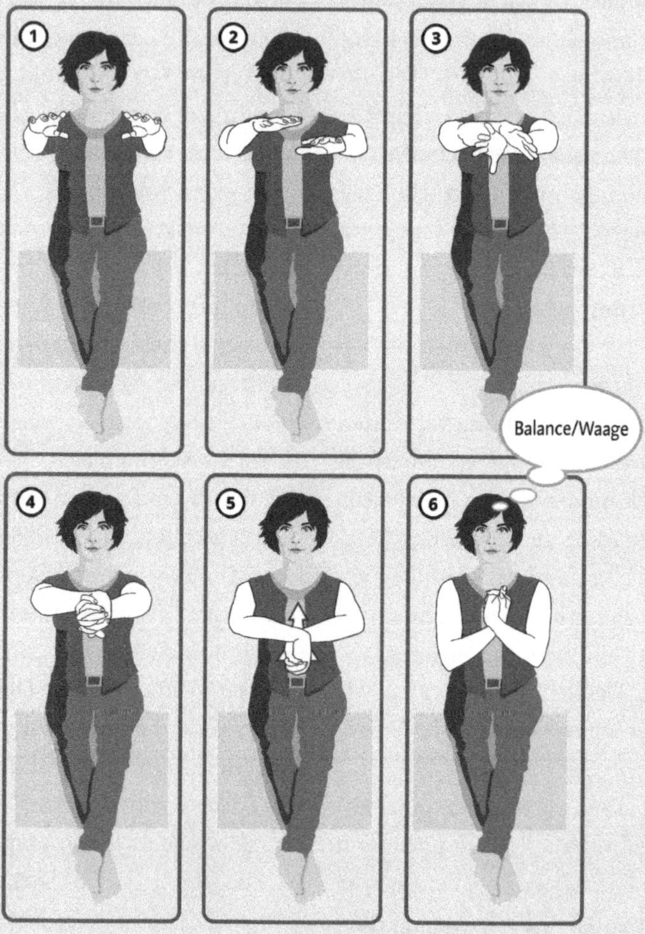

4. Die Selbstakzeptanzübung

Michael Bohne sagt: »Heil werden hat immer etwas mit ganz werden zu tun. So paradox es uns vorkommen mag, wir können ein Problem erst lösen und loslassen, wenn wir akzeptieren, dass wir es haben.«[7] Das Aussprechen der Selbstakzeptanz verbessert die Selbstbeziehung[8] und beendet die Selbstentwertung. Während des Aussprechens reiben wir kreisend den Selbstakzeptanzpunkt, der sich auf der linken Seite zwischen Schlüsselbein und Brust, dort wo man die Hand aufs Herz legt, befindet. Probieren Sie es einmal aus. Es muss ja nicht gleich »der Weltfrieden ausbrechen«, wie es ein Klient formulierte. Aber vielleicht kommt ein Lächeln auf Ihre Lippen?

Im Buch gebe ich Ihnen viele Selbstakzeptanzsätze als Beispiel vor und dabei gilt es jedes Mal, im lauten Aussprechen herauszufinden, welche der vorgeschlagenen Möglichkeiten Ihnen am angenehmsten ist, welche Sie ehrlich sprechen und fühlen können. Beim Aussprechen dieser Selbstannahmesätze fühlen wir ganz unmittelbar, ob der Inhalt des Satzes etwas mit uns zu tun hat, uns berührt und für uns zutrifft. Sobald Sie das Prinzip verstanden haben, wird es Ihnen leichtfallen, eigene, für Sie passende Sätze dieser Art zu finden.

Die selbstakzeptierende Aussage hat – ähnlich einer Gymnastikübung – immer die gleiche logische Grundstruktur: »Auch wenn ich … liebe und akzeptiere ich mich so, wie ich bin.«

Fühlen Sie genau hin, ob eine solche direkte Aussage sich für Sie gut anfühlt oder ob sie abstrakt und leer bleibt. Wenn ja, braucht es eine sogenannte Verdünnung – das ist eine Verkleinerung der Teilaussage »liebe und akzeptiere«.

Selbstannahmesatz: »Auch wenn ich … liebe und akzeptiere ich mich so, wie ich bin.«

Verdünnungsvorschläge: »Auch wenn ich …

- … möchte ich mich annehmen, so wie ich bin.«
- … fange ich jetzt an, Ja zu mir zu sagen.«
- … bin ich okay, so wie ich bin.«
- … wäre es wahrscheinlich gut für mich, wenn ich mich annehme, so wie ich bin.«
- … finde ich mich dennoch gut, so wie ich bin.«
- … bleibe ich in Sicherheit.«
- … behalte ich den Überblick.«
- … bestimme ich selbst, was gut für mich ist.«

Die Selbstakzeptanzübung

Jeder reagiert anders auf das Aussprechen der Selbstakzeptanzsätze. Es kann eine direkte Wärme entstehen, die mit dem Gefühl unmittelbarer Entlastung verbunden sein kann. Eine Klientin grinste beim ersten Aussprechen von einem Ohr zum anderen und sagte: »So einfach ist das!« Wenn wir aus Kindertagen gewohnt sind, dass Lob und Anerkennung nur von außen kommen dürfen, wenn wir sehr streng mit uns selbst oder sehr kopforientiert sind, fällt es uns tatsächlich anfangs schwer, diese Sätze laut auszusprechen.

Nach zweimaligem Wiederholen Ihres Satzes fragen Sie sich: Wie hoch ist jetzt der subjektive Stress zu Ihrem Thema auf der Skala von 0 bis 10?

5. Akupunkturpunkte klopfen

PEP® ist eine Klopfmethode, bei der man störende Emotionen durch das sanfte Beklopfen mit dem Zeigefinger einer Hand auf 16 Akupunkturpunkte schnell und einfach verringern kann. Sie klopfen dabei mit einer Geschwindigkeit von etwa 2 bis 4 Schlägen pro Sekunde. Schätzen Sie also erneut Ihre Situation auf der Skala von 0 bis 10 ein und dann klopfen Sie der Reihe nach die 16 Akupunkturpunkte, wie sie auf der Abbildung dargestellt sind. Bleiben Sie dabei mit Ihren Gedanken beim Thema. Spüren Sie auch in Ihren Körper, wie und wo Sie das Thema dort spüren. Oft zieht sich unser Bauch zusammen oder wir haben einen Druck auf der Brust. Auch der Hals kann sich eng anfühlen oder der Rücken schmerzt oder es gibt andere Körperempfindungen. Wenn Sie bemerken, dass Ihre Gedanken vom Thema wegwandern, führen Sie Ihre Aufmerksamkeit wieder zurück. Vielleicht schwellen die Gefühle zunächst richtig an, dann können sie schnell weniger werden oder auch gleich bleiben. Vielleicht weinen Sie. Alles ist möglich. Alles ist erlaubt. Atmen Sie ruhig ein und aus, stellen Sie die Füße fest auf den Boden.

Nach dem letzten Punkt halten Sie inne und fragen sich erneut: Wie hoch ist der subjektive Stress zu Ihrem Thema auf der Skala von 0 bis 10?

6. Zwischenentspannung

Hier lassen Sie das Thema gedanklich fallen und klopfen fortlaufend mit einem Zeigefinger den Integrationspunkt auf dem Handrücken zwischen dem 4. und 5. Finger.

Akupunkturpunkte klopfen

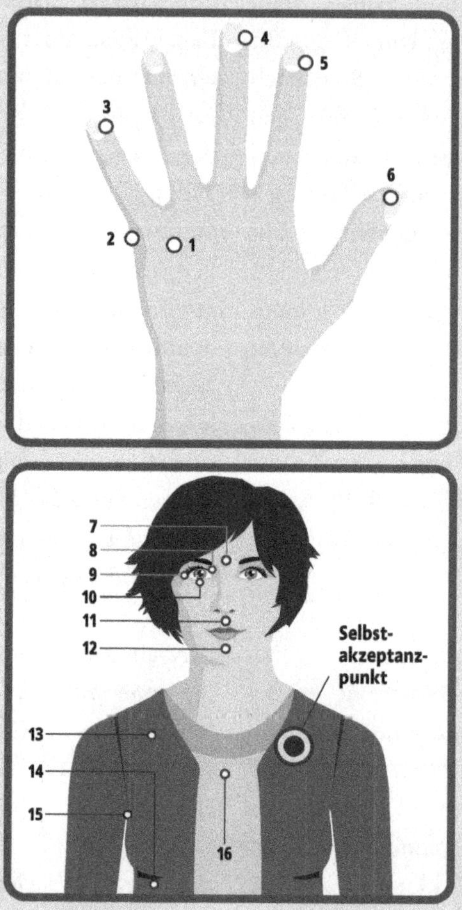

Zwischenentspannung

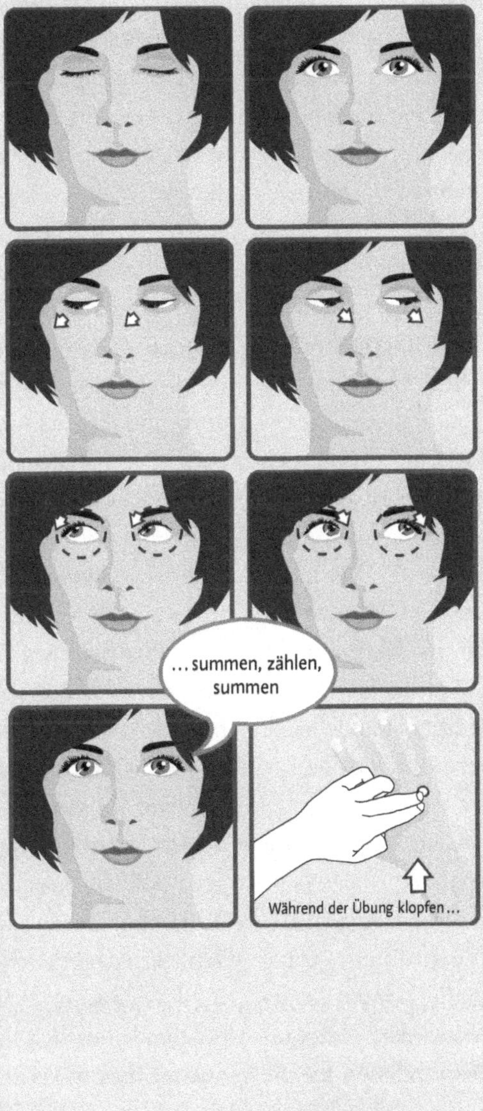

Gleichzeitig führen Sie folgende Augenbewegungen durch, ohne den Kopf zu bewegen: Zunächst die Augen schließen und wieder öffnen. Erst nach unten rechts, dann nach unten links schauen. Dann eine Kreisbewegung nach rechts, dann nach links ausführen. Dabei immer weiter den Integrationspunkt klopfen. Anschließend summen Sie einige Töne, zählen von 7 an rückwärts bis 1, dann wieder Töne summen. Abschließend ohne Klopfen 2 Mal mit vollem Genuss tief und geräuschvoll, gern mit Lippenbremse wie ein schnaubendes Pferd, ein- und ausatmen.

Jetzt halten Sie inne und fragen sich erneut: Wie hoch ist der subjektive Stress zu Ihrem Thema auf der Skala von 0 bis 10? Wenn der Stress noch über 3 ist, können Sie abwechselnd die 16 Akupunkturpunkte klopfen und die Zwischenentspannung wiederholen. Vielleicht braucht es mehrere Durchgänge.

7. Abschlussentspannung

Liegt Ihr Anliegen auf der Skala unter 3, können Sie die Abschlussentspannung durchführen. Dazu klopfen Sie wieder mit einem Zeigefinger fortlaufend den Integrationspunkt. Dabei schließen Sie die Augen und öffnen sie wieder. Gleiten Sie über 5 Sekunden mit den Augen vom Boden zur Decke, fixieren Sie dann die eigenen Augenbrauen und schauen Sie 5 bis 10 Sekunden zur Decke. Jetzt erneut die Augen schließen und dann geräusch- und genussvoll tief ein- und ausatmen. Erst jetzt hören Sie mit dem Klopfen auf – die Übung zu Ihrem Thema ist beendet.

Man kann diese Schritte konsequent hintereinander durchführen, man kann aber auch gezielt bei Bedarf einzelne Sequenzen im Alltag anwenden. Mit etwas Übung, Erfahrung und vielleicht vertiefender Lektüre oder mit professioneller Unterstützung – im Anhang finden Sie Webadresse für die PEP Anwenderliste[9] – finden Sie im Laufe der Zeit für sich die jeweils hilfreiche Anwendung heraus. In der Öffentlichkeit können Sie die Selbstakzeptanzsätze oder das Klopfen auch nur gedanklich verfolgen.

Wenn das Klopfen zu keiner wirklichen Verringerung des Unbehagens oder der negativen Emotionen führt, dann liegen aller Wahrscheinlichkeit nach eine oder mehrere der Big-Five-Lösungsblockaden vor. Dabei handelt es sich um Beziehungsmuster, die uns als Selbstwerträuber die Kraft nehmen. Wir haben das Gefühl, uns rutscht die Energie weg. Es kommt uns so vor, als stünden wir auf Gas und Bremse gleichzeitig. Alles, was wir tun, braucht dann viel mehr Anstrengung und Kraft. Von Effizienz kann keine Rede mehr sein.

Big-Five-Lösungsblockaden

Es lohnt sich zu prüfen, ob es innere hinderliche Blockaden gibt, die uns unterbewusst am Gelingen unserer Vorhaben hindern. Laut Michael Bohne gibt es nur 5 Blockaden. Und die können Sie entlarven und endlich selbst die Lebensregie übernehmen.

1. Selbstvorwurf

Egal, was Sie gemacht haben oder was passiert ist – machen Sie sich dafür auch noch einen Selbstvorwurf, ziehen Sie sich zusätzlich den Boden unter den Füßen weg. Überlegen Sie in schwierigen Momenten besser, wie Sie sich Ihrem besten Freund gegenüber verhalten würden, wenn er in der gleichen Lage wäre. Sicher würden Sie ihm bei einem Fehlverhalten nicht auch noch einen Vorwurf machen, oder?

Oft leben wir mit vielen kleinen oder größeren hartnäckigen Selbstvorwürfen. Es wird Zeit, uns klarzumachen, dass wir uns mit jedem Selbstvorwurf selbst entwerten. Wir beachten dabei nicht, dass wir entweder nicht anders handeln konnten oder wollten oder es zu diesem Zeitpunkt nicht besser wussten. Außerdem stehen aktive Selbstvorwürfe unserer Weiterentwicklung im Weg.

2. Vorwurf an andere

Unabhängig davon, ob Ihr Vorwurf berechtigt oder unberechtigt ist, wirkt er sich gegen Sie selbst als hinderlicher Selbstwerträuber aus. Warum? Zunächst fühlt es sich gut an, wenn der andere Schuld hat, dann ist die Täterfrage nämlich geklärt. Wir sind unschuldig! Doch im weiteren Verlauf werden wir damit zum Opfer und somit passiv. Dann fühlen wir uns bald hilflos, ohnmächtig und rutschen in ein kindliches Selbsterleben. Spätestens diese Handlungsunfähigkeit fühlt sich dann nicht mehr gut an.

3. Erwartungen an andere

Haben Sie diese mentale Abwärtskaskade einmal verstanden, werden Sie auch immer aufmerksamer auf Ihre Erwartungshaltungen achten. Denn selbst wenn eine Erwartung an andere berechtigt sein sollte, definieren Sie ein Ziel, etwa dass Ihr Partner pünktlich ist, über dass Sie selbst nicht bestimmen können. Auf der Beziehungsebene geben Sie somit dem anderen die Macht über Ihre Gefühle. Damit bugsieren Sie sich selbst unbemerkt in eine Warteschleife und das fühlt sich nicht gut an! Sie werden passiv und damit im nächsten Schritt zum Opfer, was dann sehr bald wieder in die Regression, in das Kinderleben führt. Sie geben sozusagen die Fernbedienung für Ihr Leben ab! Allein diese Erkenntnis war für mich ausreichend, um aufmerksam immer wieder auf Erwartungen zu achten, die in mir stecken.

4. Altersregression

Altersregression nennt man in der Psychotherapie den Vorgang des inneren Schrumpfens, in dem wir uns kleiner, hilfloser und jünger fühlen, als wir sind. Wir verlieren damit den Zugang zu all der Kompetenz und Lebenserfahrung, die wir uns in der Zwischenzeit angeeignet haben. Kein Wunder, dass wir uns in diesem Zustand den Herausforderungen des Lebens nicht gewachsen fühlen. Immer wenn Sie sich in Zukunft hilflos vorkommen, können Sie sich fragen, wie alt Sie sich gerade fühlen. Wenn Sie sich klarmachen, wie alt und lebenserfahren Sie heute wirklich sind, hilft das oft schon, um aus der Schrumpfungsfalle herauszukommen.

5. Loyalitäten

Hier geht es um negativ wirksame Loyalitäten. Dabei erlauben wir uns unbewusst jemand anderem zuliebe nicht, zufrieden, glücklich oder erfolgreich zu sein. Wir können die Kraft einer solchen Loyalität nicht ausschalten, wir können sie aber in eine positive Loyalität wandeln und ihr damit eine uns stärkende Richtung geben.

Das Formulieren von Stärkungssätzen

Haben Sie mithilfe der Techniken von PEP® hinderliches Gerümpel entsorgt, so ist es für die nachhaltige Wirkung wichtig, die freigewordene Energie zukunftsweisend zu binden. Dazu entwickeln Sie in einem kreativen, spielerischen Suchprozess einen oder mehrere passende individuelle Stärkungssätze. Zur gesamten Arbeit mit PEP® gehört der Humor. So sind humorvolle Stärkungssätze, auch mit Kraftausdrücken, wenn es Ihnen guttut, erlaubt und erwünscht. Wir sprechen hier vom »Humoraktiv«.

Die positive Selbstaussage wird als Erkenntnis oder Stärkungssatz am besten in einer bildhaften Sprache formuliert. Starke Bilder haben für unser Gehirn eine große Kraft. Ihre Energie kann man unmittelbar spüren.

Ein solcher Satz wird schön niedergeschrieben und kann an wichtigen Plätzen als Erinnerungsmoment angebracht werden. Die Sätze werden dann als Bewusstseinsmedizin 2 Mal täglich über 4 Wochen voll innerer Präsenz als Wunsch für die Zukunft ausgesprochen. Danach hat sich eine neue Gewohnheit gebildet und steht als positive Kraft zur Verfügung. In den einzelnen Kapiteln finden Sie viele Beispiele für solche Kraftsätze, die Sie als Anregung zur Formulierung eigener Sätze nutzen können. Meine Klienten und auch ich selbst haben zu Hause etliche unterschiedliche Sätze aufbewahrt, die je nach Notwendigkeit zur Erinnerung oder Bestärkung wieder hervorgeholt werden können.

Es ist wunderbar, erleben zu dürfen, dass sich in der fruchtbaren Kombination von Biografiearbeit und PEP® alte Muster wirklich lösen und verändern. Wir setzen damit Energie frei, die wir kraftvoll in Richtung unseres Zukunfts-Ich und damit zur schrittweisen Erfüllung unserer ureigenen Lebensmission einsetzen können.

Kurzanleitung für PEP®

Die folgenden Übersichten durfte ich dankenswerterweise aus dem Buch »Bitte klopfen!« von Michael Bohne übernehmen.[10]

Kurzanleitung zur emotionalen Selbsthilfe

1. Sich auf das zu verändernde, störende Gefühl fokussieren.
2. Wie unangenehm fühlt es sich auf der subjektiven Stressskala Skala von 0 bis 10 an? Im weiteren Verlauf fragen Sie sich bitte immer wieder, wie hoch der Stress noch ist.
3. Überkreuz- und Fingerberührübung. Danach: Wie unangenehm fühlt es sich auf einer Skala von 0 bis 10 noch an?
4. Selbstakzeptanzübung: »Auch wenn ich … liebe und akzeptiere ich mich so, wie ich bin« beziehungsweise eine eigene Selbstakzeptanzformulierung 2 Mal laut aussprechen. Danach: Wie unangenehm fühlt es sich auf einer Skala von 0 bis 10 noch an?
5. Akupunkturpunkte klopfen: An die unangenehmen Dinge denken und sie sich intensiv vorstellen oder aussprechen (zum Beispiel die Angst, allein zu sein) und gleichzeitig die 16 Punkte klopfen. Danach: Wie unangenehm fühlt es sich auf einer Skala von 0 bis 10 noch an?
6. Zwischenentspannung: Der Punkt auf dem Handrücken zwischen dem 4. und 5. Finger wird fortlaufend beklopft, während man Augenbewegungen macht, summt, zählt und wieder summt. Danach: Wie unangenehm fühlt es sich auf einer Skala von 0 bis 10 noch an?
7. Akupunkturpunkte, wenn nötig, noch einmal klopfen: An die unangenehmen Dinge denken und sie sich intensiv vorstellen oder aussprechen und gleichzeitig die 16 Punkte klopfen. Danach: Wie unangenehm fühlt es sich auf einer Skala von 0 bis 10 noch an?
8. Wenn der Stress kleiner als oder gleich 3 ist, erfolgt die Abschlussentspannung. Wenn der Stress noch über 3 ist, kann man abwechselnd die Akupunkturpunkte klopfen und die Zwischenentspannung wiederholen. Gegebenenfalls mehrfach.

Verringert sich der Stress nicht merklich, liegen vermutlich Big-Five-Lösungsblockaden vor. Da es sich bei allen 5 Selbstwerträubern um Beziehungsblockaden handelt, werden sie grundsätzlich mit der Selbstakzeptanzübung, bei der immer am Selbstakzeptanzpunkt gekreist wird, behandelt.

1. Selbstvorwurf

Zunächst formulieren Sie den Selbstvorwurf als Selbstakzeptanzübung in Ihrer eigenen Formulierung: »Auch wenn ich mir (immer noch) vorwerfe, dass ich …, nehme ich mich so an, wie ich bin.«

Darauf folgt die Verzeihübung: Dazu fragen Sie sich zunächst ernsthaft, ob Sie nicht anders konnten, wollten oder es zu diesem Zeitpunkt nicht besser wussten.

Jetzt klopfen Sie mit dem einen Zeigefinger den anderen Zeigefinger und sagen laut: »Und jetzt verzeihe ich mir voll und ganz, aus vollem Herzen, da mir klar wird, dass ich wirklich nicht anders konnte (oder wollte oder es nicht besser wusste), und dazu stehe ich!« An dieser Stelle zeigen wir die Geste der Schwurhand als Bestärkung. Diese Übung wird 2 Mal wiederholt, gegebenenfalls bei hartnäckigen Selbstvorwürfen öfters, regelmäßig und über längere Zeit.

Sich selbst laut und offen zu verzeihen ist sehr ungewohnt für uns, finden wir aber den Mut und die Selbsterlaubnis, dies zu tun, können wir einen tiefen Trost und persönliche Entlastung verspüren. Manchmal bemerken wir erst jetzt, welche Schwere wir auf unseren Schultern mit uns getragen haben. Natürlich ersetzt diese Übung nicht, bei wirklicher Schuld die Verantwortung zu übernehmen und sich einen Ausgleich für das Getane zu überlegen. Eine Wiedergutmachung, mit der man vielleicht etwas Gutes in die Welt bringen kann.

2. Vorwurf an andere

2 Mal den folgenden Selbstakzeptanzsatz in der eigenen Formulierung aussprechen: »Auch wenn ich … immer noch vorwerfe, dass er/sie mich …, liebe und akzeptiere ich mich so, wie ich bin.«

Darauf folgt die Verantwortung-beim-anderen-lassen-Übung: Dabei fragen Sie sich ernsthaft, ob die Person, der Sie den Vorwurf machen, nicht anders konnte, wollte oder es zu diesem Zeitpunkt nicht besser wusste, und sprechen den eigenen Selbstakzeptanzsatz in der nachfolgenden Formulierung, dabei klopfen Sie den Integrationspunkt am Handrücken zwischen dem 4. und 5. Finger: »Auch wenn … nicht anders konnte, wollte oder es nicht besser wusste, als mir … anzutun, nehme ich mich an, so wie ich bin, und lasse die gesamte Verantwortung für dieses Verhalten, diese Verletzung bei ihm/ihr.« Beim letzten Teilsatz machen Sie eine entlastende, weggebende Armbewegung nach hinten.

Machen Sie sich bei Ihrem Vorwurf nochmals klar, dass allein Sie selbst leiden und Sie damit nichts bewirken und verändern. Dann können Sie ihn auch loslassen. Oder Sie nutzen die Kraft des Ärgers und überlegen sich eine aktive Handlung als Reaktion – zum Beispiel Ihre Meinung zu sagen oder den Kontakt abzubrechen.

3. Erwartungshaltung

Die Erwartungshaltung gegenüber anderen wird mit der eigenen Selbstakzeptanzübung behandelt. Sagen Sie: »Auch wenn ich von … (hartnäckig) erwarte, dass er/sie …, und ich ihm/ihr damit Macht über meine Gefühle gebe, liebe und akzeptiere ich mich so, wie ich bin.« Oder: »Auch wenn ich von … (hartnäckig) erwarte, dass er/sie …, und mich damit von ihr/ihm abhängig mache, liebe und akzeptiere ich mich so, wie ich bin.« Oder: »Auch wenn ich … in dem Moment eine Fernbedienung für mich gebe, liebe und akzeptiere ich mich so, wie ich bin.«

Diese Übung 2 Mal wiederholen, bei hartnäckigen Erwartungen gegebenenfalls öfters. Nutzen Sie die Sätze regelmäßig, in Abwandlungen und über längere Zeit.

4. Altersregression

Auch das innere Schrumpfen wird mit der eigenen Selbstakzeptanzübung behandelt: »Auch wenn ich bei … zum kleinen Mädchen/zum kleinen Jungen schrumpfe und mir damit viele Jahre Lebenserfahrung und Kompetenz nicht zur Verfügung stehen, liebe und akzeptiere ich mich so, wie ich bin.« »Auch wenn ich mir das nächste Mal mein volles Alter bewusst mache und alle meine Kompetenzen zur Verfügung haben werde, nehme ich mich an, so wie ich bin.«

Diese Übung 2 Mal wiederholen, bei hartnäckigen Erwartungen gegebenenfalls öfters. Nutzen Sie die Sätze regelmäßig, in Abwandlungen und über längere Zeit.

5. Loyalität

Auch die negativ wirkende Loyalität wird mit der eigenen Selbstakzeptanzübung, in der die eigene negativ wirksame Loyalität beschrieben wird, behandelt: »Auch wenn ich aus negativ wirksamer Loyalität zu … glaube, nicht glücklich sein zu dürfen, weil … nicht glücklich ist, liebe und akzeptiere ich mich so, wie ich bin.«

Diese Übung 2 Mal wiederholen, bei hartnäckigen Loyalitäten gegebenenfalls öfters. Nutzen Sie die Sätze regelmäßig, in Abwandlungen und über längere Zeit.

Vielleicht ist es Ihnen schwergefallen, die Anweisungen zu den Big-Five-Lösungsblockaden nachzuvollziehen. Ich kann Ihnen aber empfehlen, fangen Sie einfach an, die Übungen zu machen und die Sätze laut auszusprechen. Auch in diesem Fall gilt: Übung macht den Meister.

Die Beletage der seelischen Entwicklung

Mit der Volljährigkeit verlassen wir das Erdgeschoss der leiblichen Entwicklung. Die Basis für das Leben ist gelegt. Das Fundament der Kindheit, Schulzeit und Jugend wird uns lebenslang in unserem Umgang mit der Welt prägen. In unserem Ich sind wir mündig und reif geworden für die nächste große Etappe auf dem Lebensweg, die Zeit der seelischen Entwicklung. Gleich einer weiten Freitreppe werden wir vom Leben eingeladen, die drei Seelenräume unseres ersten Stockwerks, die Beletage des Lebens, zu entdecken und zu beziehen. Dort erwarten uns drei großzügige Räume, in denen es sich gut leben, lieben und die Welt entdecken lässt.

In den 20ern liegt unser Lebensmittelpunkt in der Empfindungsseele, dem Wohnzimmer unseres Seelenstockwerks. Von 28 bis 35 halten wir uns vornehmlich in der Verstandesseele, dem aufgeräumten klaren Arbeitszimmer auf. Auch wenn damit die selbstverständliche, quasi geschenkte Entwicklung endet, wird die Tür zum nächsten Raum, dem James-Bond-Raum, heute von manchen schon früh geöffnet. Im Normalfall bleibt sie bis weit in die 30er, manchmal bis in die 40er, manchmal lebenslang verschlossen. Wenn wir – regulär ab 35 – eintreten, bekommen wir den Zugang in den Raum neuer Lösungen, der in unserer Bewusstseinsseele liegt. Doch dazu müssen wir zumeist vorher in den Keller hinabsteigen, um die versteckten Themen verstehen zu lernen und uns in unserem tiefen Wesen anzunehmen.

Natürlich leben wir die seelischen Grundqualitäten, das subjektive Gefühl der Empfindungsseele und die objektive Sachlichkeit der Verstandesseele schon viel früher, allerdings unbewusst. Haben wir dann das Alter des entsprechenden Lebensraums erreicht, bekommen seine

Qualitäten bestimmenden Einfluss. So wird ein emotionaler Mensch in seinen 20ern der Neigung unterliegen, ganz im subjektiven Gefühl zu schwelgen. Dagegen wird ein sachlich geprägter intellektueller Typ vielleicht über seine Gefühlsausbrüche in dieser Zeit überrascht sein. So kannte er sich bis jetzt nicht! Kennen wir also einerseits die Grundqualitäten der Lebensräume und andererseits die Wesenszüge unserer eigenen Persönlichkeit, können wir uns und unser Leben besser verstehen. Wir können mit diesem Wissen auch unsere Umgebung besser nachvollziehen und unsere Sozialkompetenz stärken.

In den Jahren der seelischen Entwicklungszeit leben wir vor allem in den Räumen der Empfindungs- und der Verstandesseele. Wir hinterfragen unsere festen Meinungen und Vorstellungen nur wenig. Auch geraten in unserem Alltag die beiden Räume – das Gefühl und der Verstand – schnell durcheinander. Erst mit Betreten des 3. Raumes dieser Etage, des Bewusstseinsseelenraumes, wird die Selbstreflexion beginnen.

So wie in jedem Haus ein Frühjahrsputz notwendig ist, brauchen auch die Seelenräume immer wieder besondere Pflege und ein regelmäßiges Prüfen, ob sie den Aufgaben des gegenwärtigen Lebens weiterhin dienlich sind. Wenn wir sie mit der Unterstützung von PEP® regelmäßig entstauben, entrümpeln und für eine aktuelle, unseren Lebensaufgaben und unserem Alter angemessene Einrichtung sorgen, können wir ihre Eigenschaften gezielt einsetzen. Je bewusster wir die Seelenebene, die reflexartig automatisch auftaucht, von der Ich-Ebene, die frei entscheiden kann, welche Seelenqualität in der Situation adäquat ist, unterscheiden und handhaben lernen, je freier werden wir in unserer Persönlichkeit. Einen reifen Menschen erkennen wir daran, dass die Flügeltüren seines Seelenstockwerks zwischen den 3 Räumen weit offen stehen und er nach Bedarf ganz entspannt und selbstverständlich den jeweils adäquaten Ort in seiner Seele – Gefühl, Verstand oder empathische Lösungskompetenz – aufsucht.

4. Jahrsiebt von 21 bis 28: Empfindungsseele
Im Wohnzimmer bestimmt das Gefühl

Thema

Das Bild des Wohnzimmers ist eine Metapher für den Raum unserer Empfindungsseele, in dem wir lebenslang uns selbst, unseren Ressourcen und unserer Sehnsucht begegnen können. Das Wohnzimmer der emotionalen Selbstbegegnung ist in diesem Sinne sowohl der wohlige Zu-Hause-Ort als auch der wilde Abenteuerort in uns. In den 20ern lernen wir uns ganz selbstverständlich in diesen Qualitäten kennen. Später gilt es lebenslang, diesen Ort bewusst aufzusuchen und zu pflegen.

In unserer Empfindungsseele leben unsere subjektiven Gefühle, unsere Sympathien und Antipathien, unsere Vorlieben und Abneigungen, unsere Leidenschaften. Hier lebt auch unser Schönheitssinn, hier finden wir Zugang zu unserer Kreativität, zu unseren Träumen und Fantasien. Es ist der Feierabendraum. Der Ort, an dem wir die Seele baumeln lassen können. Eine gemütliche Einrichtung mit Sonnenlicht untertags und Kerzenschein am Abend, im Winter warme Socken und einen heißen Kakao in der Hand, im Sommer barfuß auf dem Balkon mit einem schönen Buch auf der Liege lümmeln. Uns begeistern lassen, fünfe gerade sein lassen. Unser Wohnzimmer ist unser persönlicher Rückzugsort, an dem wir uns erholen, uns auf uns und unsere Kreativität besinnen, Musik und Kultur pflegen, die Zeit bei einem Hobby oder Begegnungen mit Freunden vergessen. Hier tanken wir neue Kraft. Es ist aber auch der Abenteuerort, die Zeit des freien Spielens draußen in der Natur. Welches Bild für Sie auch passen mag, hier finden Sie lebenslang Zugang zu den Kraftressourcen und Ihren persönlichen Werdekräften.

Das Wohnzimmer wird eingerichtet
Wir füllen unser Wohnzimmer mit unseren Erlebnissen, wenn wir wie Hans im Glück in den Lehr- und Wanderjahren des Lebens hinaus in die Welt ziehen. Im Rucksack haben wir von den Eltern den Proviant für den Weg und die Wackersteine der Vergangenheit, die wir in dieser Zeit aber noch nicht spüren. Wir wollen uns selbst und das weite Spektrum der Gefühle unserer Empfindungsseele kennenlernen.

Die 20er umgibt eine besondere Aura, die Sätze wie »Ich gehe so weit, wie meine Füße mich tragen!« gut umschreiben. Die ganze Welt scheint ausgebreitet vor uns zu liegen! Ich habe damals meine Angel weit ausgeworfen, ich glaubte, alles erreichen zu können, und fühlte mich so frei und erwachsen wie vielleicht nie wieder in meinem Leben. Die Unternehmungslustigen wagen viel, loten alle Grenzen aus und sind getragen von dem Gefühl, dass ihnen nichts passieren kann und dass sie im rechten Moment Hilfe bekommen werden.

Frei und froh beginnt das große Abenteuer des Lebens!

Persönlich erlebt
Adam wird heute 21 und ist vor wenigen Tagen zuversichtlich und frohgemut von seiner langen Reise auf dem Motorrad durch Südamerika wieder nach Hause gekommen. Er war mit seinem guten Freund Uwe unterwegs. Die Prüfung für den Motorradführerschein hatten sie gerade erst eine Woche vor der Abreise erfolgreich bestanden. Das Motorrad wollten sie sich in Lima kaufen. Als Mutter hörte ich: »Was, du willst deinen Sohn auf dem Motorrad durch Südamerika reisen lassen, ohne jede Fahrpraxis, in dieser unberechenbaren Gegend? Sie können gerade mal einen Fahrradreifen reparieren und haben noch nie ein Motorrad gewartet. Findest du das nicht alles sehr leichtsinnig? Willst du das wirklich erlauben?« Uwes Vater, der Peruaner ist, gab den Jungs beim Abschiedsessen folgenden Rat: »Es ist wichtig, dass ihr immer präsent seid und aufrecht mit offenem Blick durch die Straßen geht. Seid euch bewusst, wer ihr seid, wo ihr seid und wo eure Sachen sind. Wenn ihr diese Geistesgegenwart ausstrahlt, wird euch nichts passieren.« Ich dachte bei mir: »Das wird ja eine echte Lebensschule!« Ich schaute meinem Sohn

in seine tiefen, klaren Augen und Vertrauen erfüllte mich. Ich nahm mir vor, ihn mit derselben inneren Offenheit und Geistesgegenwart zu begleiten.

Als die beiden in Lima ankamen, brauchten die Behörden 5 Wochen, bis alle Bescheinigungen ausgestellt waren. Diese Verzögerung stellte die Geduld der Jungs auf eine harte Probe. Das hatten sie sich anders vorgestellt. Dafür war es ein großer Spaß, mit den Motorrädern zwischen den Autos durch die Gassen zu fahren! Dann, endlich, konnten sie aufbrechen. Schon nach einer Woche lernten sie Marc kennen. Er, ein 42-jähriger Amerikaner, fuhr ohne Plan und Ziel auf seinem Motorrad durch Peru. Sie verstanden sich gut, die Reiseroute der Jungs gefiel ihm, auch das Kochen machte zu dritt mehr Spaß und … Marc ist Kraftfahrzeugmechaniker. Adam meinte später: »Ohne seine Hilfe und das, was wir von ihm gelernt haben, wären wir nie so weit gekommen!« Sie blieben 6 Wochen zusammen. Ihre Tour verlief über 18.000 Kilometer, am Meer entlang, durch die Wüste bis in die hohen Berge der Anden. »Da bist du auf 5000 Meter Höhe, die Motorräder fahren nur 30 wegen des Mangels an Sauerstoff, und gleichzeitig liegt diese Hochebene so ausgebreitet vor dir, dass du nicht glauben möchtest, in dieser Höhe zu sein.«

Adam kam nach seiner Rückkehr schnell auf seine Zukunft zu sprechen: »Ich weiß jetzt, was ich machen werde. Und ich weiß auch, dass ich mich nicht drängen lassen werde. Ich bin 21, ich möchte mir meine Zeit nehmen und mein Tempo. Ich möchte eine Zimmermannsausbildung machen. Mir hat Holz als Material schon immer gut gefallen und ich weiß, dass ich damit gut umgehen kann. Abends und am Wochenende möchte ich mich auf ein Studium in Musikengineering vorbereiten.«

Dem Ruf des Lebens folgen

Ein Reisebericht wie der von Adam spricht aus, dass die weiten Reisen in den 20ern mit all den Erlebnissen, Gefahren und Eindrücken letztlich ein langer Weg zu uns selbst sind. Wir loten die Welt aus und in ihr den Raum unserer Empfindungsseele. Instinktiv oder bewusst werden oft

Länder gewählt, in denen wir auf Kulturen treffen, die uns in unserem inneren Suchen bestätigen oder uns den Weg weisen.

Wieder zu Hause gilt es, sich zu entscheiden. Bei der Vielzahl der offenen Türen, der unendlich erscheinenden Möglichkeiten, die lähmen und verwirren können, durch eine Tür hindurchzugehen und diesem einen Weg zu folgen, ist keine leichte Aufgabe! Denn das Ich des jungen Erwachsenen ist ja erst mit 21 frei in der Seele geboren und entsprechend der Metamorphose zum 1. Lebensjahrsiebt hat es gerade laufen gelernt und steht noch auf schwachen, unsicheren Füßen.

Noch vor einigen Jahrzehnten gab es diese Qual der Wahl nicht. Damals trafen die Eltern für die Kinder die Entscheidung. So meinte eine Mutter zu ihrer Tochter: »Ich bin zufrieden bei der Bank und verdiene gut, also wird das für dich auch das Richtige sein.« Keine Wahl zu haben oder vor einer großen Auswahl zu stehen, beides kann individuell entlastend oder belastend sein. »Richtig« oder »falsch« gibt es nicht eindeutig. Auch die Prägung durch die Zeit, in der wir geboren wurden, spielt eine Rolle.

Wie war das in unseren 20ern? Konnten wir ihn hören, den Ruf unseres Lebens? Hatten wir den Mut, ihm kraft- und vertrauensvoll durch Widerstände hindurch zu folgen?

Die Gegenwart zählt

In den Lehr- und Wanderjahren des Lebens stehen die Gefühle im Vordergrund. Es ist eine subjektive Zeit, in der wir alles, was wir erleben, auf uns beziehen und zu uns ins Verhältnis setzen. Auf diese Weise finden wir uns und unseren Platz in der Welt. Jetzt werden Kontakte geknüpft und Freundschaften fürs Leben geschlossen. Selbst wenn wir die Weggefährten im Laufe der folgenden Jahre aus den Augen verlieren, knüpfen wir beim Wiedersehen selbstverständlich und in derselben Tiefe und Offenheit wieder aneinander an. Es ist die romantische Zeit in unserem Leben, in der wir oft – kinogleich – unserer großen Liebe begegnen. Wir leben im Hier und Jetzt. Wir tauchen ein in die Gegenwart des Seins und in die Farbstimmungen unserer Seele. Sitzen wir in netter Runde beieinander, vergessen wir schnell die Zeit und bleiben zusammen bis zum Sonnenaufgang. Die Worte, die Goethe den jungen Faust sagen lässt, passen sehr gut in diese Zeit: »Werd ich zum Augenblicke sagen: Verweile doch! Du bist so schön! Dann magst du mich in Fesseln schlagen, dann will ich gern zugrunde gehn!« Wir sind offen für die Glücksmomente, die sich nicht halten lassen. Unverhoffte, wenngleich oft dennoch erhoffte, aber zeitlich nicht planbare Geschenke. Wir fühlen in solchen Momenten, dass wir mit einer besonderen Qualität des Seins in Verbindung stehen.

Sind wir verliebt oder fühlen wir uns von Herzen geliebt, kann die Magie dieses einzigartigen Augenblicks so stark werden, dass wir uns wie aus der Zeit herauskatapultiert fühlen. Alles scheint stillzustehen. Die Welt dreht sich nur noch um unseren Mittelpunkt. Die Eigenwahrnehmung ist aufs Innerste konzentriert und die Außenwahrnehmung vielleicht sogar ganz ausgeschaltet. Und manch einem ganz intensiv fühlenden Menschen mag vor lauter Glückserleben dabei metaphorisch in den Sinn kommen: Jetzt zu sterben wäre der Höhepunkt!

Es sind die »spießigen« 30er, die – eingetreten in den Raum der Verstandesseele – an gemeinsamen Abenden auf die Uhr schauen und sagen: »Unter der Woche gehe ich um 10 Uhr nach Hause, damit ich am nächsten Morgen fit bin.«

Krisen

Auf der Suche nach Orientierung

Im Alltag der 20er bilden Ausbildung, Studium und Beruf die Kulisse, in der sich das eigentliche Leben abspielt. Dabei fühlen wir uns einerseits frei und ungebunden, andererseits sind wir vom Urteil anderer abhängig. Da dem Ich noch die innere Stabilität fehlt, suchen wir Sicherheit und Orientierung in unserer Umgebung. Welch ein Glück, wenn wir in einem guten Freund, unserem Lehrmeister, Chef oder einem Professor an der Uni oder unseren Eltern ein Vorbild finden, das uns in unserer Entwicklung diese Orientierung schenkt, wie ein Leuchtturm dem Schiff bei Nebel. Denn in all den Gefühlen, Wünschen, Erfahrungen und Entdeckungen verlieren wir schnell den Überblick.

Berufseinsteiger werden in ihrer Begeisterungsfähigkeit, Identifikationskraft und Leistungsbereitschaft von den Unternehmen oft allein für die Produkte der Firma oder den Umsatz ins Rennen geschickt – ohne Rücksicht auf Verluste und ohne beratende Unterstützung. Dies kann zu Überforderung, Depression oder einem frühen Burn-out-Syndrom führen. Mit der Kenntnis der Entwicklungsgesetzmäßigkeiten kann man mit den typischen Gefahren dieser Alterspanne besser umgehen. Findet sich für den 20er kein Coach oder Mentor, liegt der kurvige und steinige Weg des autodidaktischen Lernens vor ihm.

Es besteht in dieser Zeit eine Anfälligkeit für Sekten, Gurus, Drogen und diverse Gruppierungen, die Orientierung oder Sinn versprechen. Denn sowohl der Seelenleib der Jugend als auch die Empfindungsseele im 4. Jahrsiebt ist in sich selbst abhängig und will geführt werden. Wenn wir nicht lernen, uns selbst zu führen, von uns selbst abhängig zu werden, dann sind wir unser Leben lang gern von allem möglichen anderen abhängig. Um in unserem Ich zu erstarken, brauchen wir Werte, mit denen wir uns identifizieren können.

Durch das Nadelöhr hinein in die Kraft des Ich

Gegen 27 kann sich das Lebensgefühl der Freiheit bei gleichzeitiger Sicherheit abrupt oder schleichend verändern. Wir fühlen uns verlassen, wir scheitern, der Boden trägt nicht mehr oder unsere Vergangenheit holt uns ein. All dies sind die unterschiedlichen Zeichen der Krise der Talente, in der uns der selbstverständliche Enthusiasmus unserer Jugendkraft verlässt. Je nach Temperament und Charakter wird die Krise um 28, das Nadelöhr im Lebenslauf, anders verlaufen. Diejenigen, die ihre Angel weit ausgeworfen, die viel gewagt haben, die geglaubt haben, sie können sich und die Welt verändern, werden gewaltig auf sich zurückgeworfen. Es kann eine sehr schmerzhafte Bauchlandung werden, die mit großen Selbstzweifeln einhergeht. Die Sicherheit für den eigenen Weg, der bis vor Kurzem wie in einem Traumland als Vision ganz klar erschien, ist dahin. Die mitgebrachten Jugendbegabungen versiegen. Der große Geiger Yehudi Menuhin sagte in diesem Alter, dass er nochmals von vorn anfangen müsse, Geige spielen zu lernen.

Jetzt geht die Freiheit und Ungebundenheit der Lehr- und Wanderjahre zu Ende, die Gesellenzeit beginnt. Die Jugendzeit ist endgültig vorbei, der Ernst des Lebens fängt an. Was kann uns in den Momenten des Selbstzweifels, der Niederlage weitertragen? Welche Möglichkeiten gibt es?

Wir begeben uns hinein in den Käfig des Lebens. Wir backen kleine Brötchen. Wir schwanken zwischen der Wahl, bürgerlich zu werden und an die Kraft des Alltäglichen zu glauben und in einem sicheren Rahmen unsere Zufriedenheit zu finden. Oder es geht wie ein Ruck durch uns und unser Ich greift hinein ins Leben. Dann verfolgen wir mit Energie, Ausdauer und Kraft unser eigenes Ziel.

Persönlich erlebt

Ulrich sagt mit 27 ½, eine schwere Zeit liege hinter ihm: »Wenn man sein Ziel erreichen will, dann gilt es, sich zu 150 Prozent darauf zu fokussieren und nicht mehr rechts oder links zu schauen. Gefeiert wird erst wieder, wenn es erreicht ist!« Als er einmal über seinen anderthalbjährigen Sohn sprach, meinte er: »Was er sich von seinem Vater wünscht, das weiß ich ganz genau!« Es war die Nähe einer echten Beziehung, die Begleitung im Größerwerden, der Schutz und das väterliche Vorbild, nachdem er sich als kleiner Junge gesehnt hat.

Das alles gibt er seinem Sohn heute und damit ein Stück weit auch sich selbst. Und gleichzeitig bleibt er auf der Suche und gerät immer wieder einmal ins Straucheln über der Frage: »Wie kann ich den Ernst des Lebens leben und gleichzeitig Spaß haben und nicht wie ein alter Sack daherkommen? Manchmal habe ich Angst, dass das Leben schon vorbei ist.«

Wenn wir uns in diesem Nadelöhr des Lebens, in der Krise der Talente geschwächt und allein gelassen fühlen, kann es helfen zu erfahren, dass unser Schutzengel sich zurückzieht und uns in die Freiheit entlässt. Er traut uns ab jetzt zu, dass wir unser Leben selbst meistern. Er bleibt ruhig stehen und erwartet den Moment, in dem wir uns aus uns heraus wieder mit ihm und damit mit unserem Höheren Selbst verbinden werden. Erinnern Sie sich, wie Sie damals im 7. Lebensjahr von Ihren Eltern in den »Ernst des Lebens« entlassen wurden und mit der Schultüte den Schulbeginn feierten? Jetzt, mit 28 und im Lebenshaus ein Stockwerk darüber, sind Sie wirklich auf sich selbst gestellt und auch bereit dazu. Es gilt, Verantwortung für das eigene Leben zu übernehmen. Das Leben hört auf, uns zu beschenken. Ab jetzt geschieht nur noch das, was wir selbst tun. Zum Glück betreten wir jetzt den Raum der Verstandesseele!

Irrwege

Hören wir ihn, den Ruf unseres Lebens?

Die Lebensjahre zwischen 21 und 28 Jahren sind eine ganz besondere Zeit, unbeschwert und frei von den Mustern der Vergangenheit. Die allermeisten meiner Generation hat verbunden, dass wir zwar noch nicht genau wussten, wer wir waren, aber sicher waren, dass wir nie so werden wollten wie unsere Eltern. Es ist die Sturm- und Drangzeit des Lebens, die Zeit der Romantik, der Reisen und Abenteuer. Hörten wir ihn, den Ruf unseres Lebens? Oft folgten wir ihm unbewusst und sollten den tieferen Sinn unseres Handelns erst viel später entschlüsseln.

Gehörten wir zu den 20ern, die scheu und unentschieden waren, die immer noch zu Hause lebten, weil die Eltern sie nicht loslassen wollten? Besonders wenn wir das jüngste Kind waren, kann dies beim Auszug von Bedeutung sein. Oder vermittelten wir den Eindruck, nicht allein zurechtzukommen? Immer wieder denke ich darüber nach, dass uns ein Wort für »erwachsene Kinder« fehlt. Es müsste ein ganz eigenes Wort sein, das das Erwachsensein und die Verbundenheit ausdrückt, jedoch ohne das Wort »Kind«, das die Beziehung unbemerkt wieder kindlich und elterlich werden lässt.

Ist es den Eltern überhaupt ein Anliegen, mit dem erwachsenen Sohn, der erwachsenen Tochter ein Verhältnis auf Augenhöhe zu führen? Hat uns jemand geraten, darauf zu achten, wie viele Besuchstage das Verhältnis zu den Eltern verträgt, bevor wir in die alten Muster der Kindertage rutschen?

Wenn der Mut fehlt

Einige von den heutigen 20ern sind wie gelähmt und scheinen eine innere Scheu vor dem Leben zu verspüren. Die psychologischen Beratungsstellen sind überfüllt, die Studienabbrüche erzählen ihre eigene Geschichte.

In solchen Fällen lohnt es, in das Kinderzimmer des 1. Lebensjahrsiebts zu schauen. War die anfängliche Entdeckung der damals kleinen Welt von Angst und Vorsicht begleitet, mangelte es an unbeschwerter Freude, fehlten die Ehrfurcht und Freude an der Natur, dann liegt der Zusammenhang auf der Hand. Dann fehlt das gesunde Gefühl der Kindheit, damit wir jetzt den Herausforderungen unserer Welt gewachsen sind. Das Zurechtfinden in der kindlichen Welt legt nämlich für die 20er den inneren Boden der Sicherheit, dass die Probleme des Lebens für uns handhabbar sind. Auch in der Schulzeit des 2. Jahrsiebts gibt es Erlebnisse, die zu einer tiefen Verunsicherung in den 20ern führen können.

Persönlich erlebt

Michaela, 23 Jahre alt, wird als Kindergärtnerin von ihrer Chefin sehr geschätzt und soll die Leitung einer Gruppe übernehmen. Sie selbst sagt: »Es wirkt nach außen anders, als es innerlich ist. Ich fühle mich unsicher und nicht verstanden. Mir fehlt der Mut. Ich fühle mich überfordert bei dem Gedanken, eine Gruppe zu leiten.« Im Gespräch erinnert sie sich an ihre Kindheit. Als sie 9 Jahre war, hatte sie eine Lehrerin, die sie für ungerecht hielt und die in ihren Augen einen schlechten Unterricht machte. Sie wusste damals genau, wie der Unterricht sein müsste. Heute steht sie selbst als Pädagogin, eben als Kindergärtnerin, in der Verantwortung und hat Angst, ihren eigenen hohen Ansprüchen von damals nicht zu genügen. »Man sieht die Wirklichkeit und das Ideal und steht verzweifelt dazwischen!«

Im Gespräch erarbeiten wir folgende biografischen Zusammenhänge:

Einerseits schrumpft sie in ihrem Kindergartenalltag zum kleinen Mädchen von 9 Jahren und hat damit 14 wichtige Jahre der Ausbildung und Lebenserfahrung nicht zur Verfügung. Andererseits unterliegt sie dem eigenen überhöhten Anspruch der 9-Jährigen und lähmt sich damit selbst. Sie ist sehr berührt und fühlt eine große Entlastung beim Formulieren des Selbstannahmesatzes, den sie auch als Hausaufgabe zum laut Aussprechen für die nächsten 4 Wochen bekommt: »Auch wenn das 9-jährige Mädchen in mir mit seinem ständigen Selbstzweifel hartnäckig wiederkommt, erinnere ich mich ab jetzt daran, dass ich 24 Jahre alt bin und mir Unbedarftheit erlauben kann, und liebe und akzeptiere mich so, wie ich bin.«

Ihre Stärkungssätze lauten:

- »Ich bin 24, ich kann es mir erlauben, unbedarft zu sein!«
- »Immer wenn ich selbst den Eindruck habe, überfordert zu sein, achte ich darauf, wie alt ich mich gerade fühle.«
- »In meinem aktuellen Alter – mit 24 – habe ich Zugriff auf meine ganze Kompetenz!«
- Und zu ihrem 9-jährigen Mädchen sagt sie ab jetzt: »Ich kann dich gar nicht vergessen, du bist immer mit dabei!«

Die Verbindung kann aber auch zurück ins Jugendzimmer führen. Gab es dort Ereignisse und Erlebnisse, die in einen Zusammenhang zur jetzigen Krise zu bringen sind? Das 21. Lebensjahr ist nämlich ein Spiegelungspunkt für die Zeiten 14 bis 21 und 21 bis 28.

Vielleicht gibt es aber auch ein verstörendes Ereignis in der Gegenwart.

Zögern Sie bei Krisen in den 20ern nicht, eine gute, verständnisvolle, vielleicht professionelle Bezugsperson hinzuzuziehen. Schöpft das zarte Ich Vertrauen, kann das »Klopfen« mit PEP®, wie im entsprechenden Einschub beschrieben, die unangemessenen Emotionen, auch Angst und Scheu, lösen. Anschließend kann ein Selbstwerttraining mit viel Humor die Zuversicht und den Lebensmut wieder freilegen.

Das Gefühl, etwas verpasst zu haben

Für die meisten von uns liegen diese Jahre wohl schon eine Weile zurück. Einige von uns konnten von Freiheit und Abenteuer nicht einmal träumen. Sie mussten aus familiären Gründen, vielleicht weil der Vater nicht aus dem Krieg zurückgekommen oder die Mutter erkrankt war, frühzeitig in den Ernst der Verantwortung und der alltäglichen Pflicht eintreten. Den Sohn kann eine negative Loyalität zum Vater am Lebenserfolg hindern, weil er tief im Inneren glaubt: »Weil du wegen des Krieges deinen Traum nicht leben konntest, möchte auch ich meinen Traum aus Liebe zu dir nicht leben!« Ebenso kann die Tochter aus einer negativen Loyalität zur Mutter auf ihrem Weg gehemmt werden. So ein junger Mensch hat dann das Lebensgefühl, auf Gas und Bremse gleichzeitig zu stehen. Mit PEP® können solche negativen Loyalitäten aufgedeckt werden. Es kann sehr bewegend sein, wenn dann in Kraftsätzen die innere Wendung hin zu der vollen Kraft, die in einer positiven Loyalität wirkt, ausgesprochen wird:

Stärkungssätze zum Thema Loyalität

- »Im Gedenken an dich werde ich jetzt für uns beide mit voller Kraft meiner Lebensvision folgen!«
- »Aus Liebe zu dir gehe ich jetzt meinen Weg!«
- »Ich mache es jetzt mit doppelter Kraft für uns beide!«

Taucht das Gefühl auf, in den 20ern etwas verpasst zu haben, gilt es der Frage nachzuspüren, wie man der Sehnsucht heute adäquat folgen könnte.

Die typischen Entwicklungsthemen

Es besteht die Gefahr, früh schwere Entscheidungen zu treffen und sie später zu bereuen. So heiratet manche junge Frau, da ihr dies als einfachster und naheliegender Weg erscheint, vom Elternhaus selbstständig zu werden und doch das Gefühl der Sicherheit zu behalten.

Durch den starken Leistungs- und Erfolgsdruck unserer Zeit besteht die Gefahr, sich als Berufseinsteiger zu früh in einem Bereich festzulegen, der der wirklichen Identität und Mission, die oft erst später sichtbar wird, nicht entspricht. Es ist wichtig, sich Fehlentscheidungen einzugestehen und sich zu erlauben, »das Pferd zu wechseln«.

Andere junge Menschen weichen der Entscheidung aus und legen sich gar nicht fest. Vielleicht haben sie Angst zu versagen, Angst, im Meer der Möglichkeiten die falsche Entscheidung zu treffen, oder eine diffuse Scheu vor dem eigenen Leben. Die ewigen Skilehrer in den Bergen, die immer jungen Surflehrer am Meer wollen manchmal bis in die 50er an der Freiheit und Ungebundenheit des Jungseins festhalten und weichen dem Schritt in die Verantwortung für sich und die Welt aus.

Andererseits sind wir und die Welt heute übermäßig von der Verstandesseele bestimmt. Sie möchte jeden Freiraum der Seele zu gern absichern, kontrollieren und damit einsperren und seiner Kreativität, die unserem werdenden Ich Raum geben kann, berauben. Beispielhaft dafür steht das Angebot der sogenannten Abenteuerreisen, die um 17 Uhr im Sheraton am Buffet enden.

Da wir unsere Empfindungsseele in »kontrollierten Freiräumen« nicht wirklich nähren und sättigen können, wird unsere ungestillte Sehnsucht heute in jedem Alter oft durch Drogen, allen voran Alkohol, betäubt. Dabei ist es keine Frage der Zeit – oft reichen 3 Stunden im Wald aus, um sie wieder klar zu hören: die Melodie des eigenen Lebens.

Lösungen

Warum kann das Leben Sinn machen?

Ein großer Teil unserer Gesellschaft leidet unter einem Mangel an innerer Orientierung. Dies führt zu Zukunftsängsten, Unsicherheit und bei jedem 4. Europäer zu einer besser oder schlechter kompensierten Depression. Die positive Psychotherapie, begründet von Prof. Dr. Nossrat Peseschkian, bestätigt: Allein die Beschäftigung – es braucht keine Antworten – mit den drei großen Fragen des Lebens, »Woher kommen wir? Wer sind wir? Wohin gehen wir?« führt zu mehr Zufriedenheit und Gesundheit. Genau das sind aber doch die Fragen, die wir in den 20ern bis zum Morgengrauen mit Freunden bewegt haben! Heute gilt es, genau diesen Fragen erneut regelmäßig weiten Raum zu geben.

In seiner Salutogeneseforschung, der Lehre der Gesundheitsförderung, beschreibt Aaron Antonovsky, der israelisch-amerikanische Medizinsoziologe, dass ein Hauptfaktor zur lebenslangen Gesundheit darin liegt, dass wir bis zu unserem 25. Lebensjahr ein inneres Kohärenzgefühl aus Verstehbarkeit, Sinnhaftigkeit und Handhabbarkeit des eigenen Lebens gefunden haben. Dies bedeutet, dass wir eine innere Verbundenheit (Kohärenz) fühlen, in der wir unser Leben verstehen, einen Sinn in ihm erleben und die Fragen und Probleme als für uns handhabbar empfinden. Es ist schon erstaunlich und steht im Widerspruch zu unserer auf Fakten und Wissen fokussierten Welt, dass Antonovsky herausfand, dass es in erster Linie um unser Gefühl geht. Entscheidend für unser Gesundheitsvermögen ist also die Stimme in unserem Herzen!

Zur Salutogenese von Aaron Antonovsky

Lassen Sie uns noch einen Moment bei Aaron Antonovsky und seinen Gedanken zur Salutogenese verweilen. Als ich in diesem Jahr in Malaysia im Rahmen einer größeren Konferenz einen Workshop zur Biografiearbeit halten durfte, leitete ich jeden Morgen eine Beobachtungsübung an. An einem Tag ging es im Sinne von Antonovsky darum, die Welt der Dinge zu beobachten und dabei das, was wir schon wissen, zu erleben und zu erfühlen. Das ist nicht nur in der östlichen Welt, sondern auch für uns, die wir geschult sind, abstrakt und rational zu denken und uns auf dieses Denken zu berufen und zu verlassen, eine ziemlich ungewohnte Aufgabe: Ich verstehe und weiß, dass Dinge Raum einnehmen. Dort wo ein Stuhl steht, kann kein anderer stehen. Doch das ist ein abstrakter Gedanke. In Penang aber konnte ich fühlen, dass mein Mann nicht neben mir stand, neben mir keinen Raum einnahm, denn er war zu Hause geblieben. Im 2. Schritt galt es, die persönliche Bedeutung zu fühlen. In diesem Fall war es das Gefühl von Traurigkeit, von meinem Mann getrennt zu sein. So sagte er zum Abschied: »Susanne, 2 Wochen sind ganz schön lang!« Es war aber auch das Gefühl der Freude, dass wir uns bald »ganz physisch« wiedersehen werden. Im 3. Schritt konnte ich mir die Frage stellen, was ich dabei aktiv tun könnte – es ist die Frage nach der Initiative, der Gestaltbarkeit der Situation. In diesem Fall hieß das, dass ich bewusst entschieden hatte, nach Malaysia zu gehen und damit 2 Wochen von meinem Mann und meiner Familie getrennt zu sein. Die Begeisterung der Menschen dort für die Biografiearbeit und das Erleben, wirklich helfen zu können, hatte mich zu diesem Entschluss bewogen. Jetzt stieg in mir eine große Dankbarkeit auf, dass es in der »Welt der Dinge« Flugzeuge gab, die mich nach Penang gebracht haben, und gleichzeitig das Gefühl der Freude, dass ich in 2 Wochen wieder nach Hause fliegen werde und mein Mann mich ganz körperlich am Flughafen abholen wird.

Was ich bei dieser Übung verstehen durfte, ist, warum heute Angsterkrankungen und Depression so zunehmen. Denn wenn wir uns allein auf das abstrakte Denken verlassen, trennen wir uns von unseren Gefühlen und überlassen sie ihrem Eigenleben und damit der Kraft der Evolution. In ihr liegt aber die selbstverständliche Verstärkung des Negativen, die uns einmal die nötige Wachsamkeit vor Gefahren wie wilden Tieren gegeben hat. Diese losgelöste, einseitige Verstärkung verursacht heute Furcht, Angst, Depression. Diese Gefühle führen zu einer inneren Trennung von unserer Umgebung – der Natur und den Mitmenschen. Daher braucht es einen bewussten Umgang mit unseren Gefühlen, um Integration, Harmonie, Zusammengehörigkeit zu erleben. Es braucht die Aktivität unseres Ich, das die Empfindungsseele führt wie der Reiter sein Pferd. Verbinden wir uns im Sinne Antonovskys in dem Gefühl von Verstehbarkeit, in dem Bewusstsein der persönlichen Sinnhaftigkeit und in dem Gefühl der Handhabbarkeit mit der Welt und uns selbst, ergibt sich daraus das Gefühl der inneren Stimmigkeit, der Kohärenz. Dies führt im Sinne der Salutogenese zu einer Verstärkung unserer Gesundheit.

Wenn Sie das einfach nur lesen, klingt es kompliziert. Um es praktisch zu erfahren und zu üben, braucht es die Initiative unseres Ich, das regelmäßig einige Minuten seine Gefühle wahrnimmt und fühlt. Jetzt verstehen Sie auch den Sinn des großen Angebots an Achtsamkeitstrainings.

Bedeutsames: Anleitung zum Üben von Kohärenz

Wählen Sie zuerst etwas aus Ihrem Lebensalltag aus – einen Gegenstand oder eine Situation. Es braucht nichts Bedeutendes zu sein, einfache kleine Dinge oder Begebenheiten eignen sich sogar besser für diese selbststärkende Übung. Nun versuchen Sie sich in den 3 folgenden Schritten über Ihre Gefühle klar zu werden.

1. **Die Welt mit dem Gefühl verstehen:** Betrachten Sie das ausgewählte Objekt eingehend und versuchen Sie alles, was Sie dazu wissen, jetzt zu erleben, zu fühlen. Ich kann mich im September auf der Streuobstwiese fragen, ob die Äpfel am Baum reif sind. Erst wenn ich einen pflücke und probiere, schmecke ich seine Süße.
2. **Das Gefühl der Sinnhaftigkeit herstellen:** Versuchen Sie jetzt, den Sinn, die Bedeutung zu fühlen, die das Objekt für Sie persönlich hat. Der Apfel schmeckt und sättigt, zugleich steigt Freude in mir auf. Ja nach einer Weile verspüre ich tiefe Dankbarkeit für die Geschenke der Natur.
3. **Ein Gefühl für die Handhabbarkeit durch Eigeninitiative entwickeln:** Fragen Sie sich jetzt, ob, wo oder wie Sie etwas tun könnten, das in seiner Wirkung positiv wäre. Morgen könnte ich mit einem großen Korb wiederkommen und die Äpfel sammeln – vielleicht hat mein Mann sogar Lust mitzukommen?

Im Sinne einer Gesundheitsfürsorge nach Aaron Antonovsky stärken Sie, wenn Sie diese Übung regelmäßig ausführen, Ihr Gefühl für Kohärenz, also innere Verbundenheit. Dies wirkt sich nachgewiesenermaßen heilsam und gesundheitsfördernd auf Geist, Seele und Körper aus. Mit der Zeit öffnen Sie sich dafür, den Sinn in Ihrem Leben zu verstehen, eine innere Sicherheit für Ihre Lebensmission zu bekommen. Und wenn Sie diese Schritt für Schritt umsetzen, erleben Sie sich in einer tiefen Verbundenheit mit der Welt.

Ressourcen aus der Empfindungsseelenzeit

In der Zeit zwischen 21 und 28 haben wir das Wohnzimmer unserer Seele kennengelernt und eingerichtet. Der Raum der Empfindungsseele mit seinem ganzen Farbenspektrum an Gefühlen, den kreativen, künstlerischen, kulturellen Möglichkeiten und den vielen Erlebnisräumen und Erfahrungswelten sowie der Begeisterung für Ideale und Werte wird lebenslang der Raum sein, aus dem wir neue Kraft schöpfen können. Hatten wir in dieser Zeit einen Coach, können wir uns innerlich immer wieder mit ihm und seiner Kraft verbinden.

Eigenarbeit

Fragen zu den Ressourcen der Empfindungsseelenzeit

- Welches sind Ihre Kraftquellen aus dieser Zeit?
- Welche können Sie für sich heute neu entdecken?
- Mit welchen positiven Strategien gelingt es Ihnen, Feier- und Erholungsstunden einzurichten und für diese Zeiten die Pflichten und Sorgen Ihres Lebens zu vergessen?
- Machen Sie sich Ihre Vorbilder bewusst. Wann können Sie sich diese Menschen mental zur Unterstützung an Ihre Seite stellen?

Erkenntnissätze aus der Empfindungsseelenzeit

- »Im Hinblick auf das lange Leben, das vor mir liegt, darf ich mir die Zeit nehmen, die es braucht.«
- »Ich erlaube mir jede Entscheidung, die nicht mehr passt, zu widerrufen und neu zu entscheiden.«

- »Meinen Eltern dankbar zu sein und meinen ureigenen Weg ohne sie zu gehen, schließt sich nicht aus.«

Stärkungssätze aus der Empfindungsseelenzeit

- »Ich traue mir mein Leben zu!«
- »Ich darf mir Hilfe suchen, um gut gerüstet zu sein für die nächsten Etappen.«
- »Immer, wenn ich bemerke, dass ich in die Kindrolle rutsche, mache ich mir klar, dass ich 24 Jahre alt und Studentin bin.«
- »3 Tage im Elternhaus sind mehr als genug – dann geht's wieder hinein ins eigene Leben!«
- »Auch wenn die Übergänge manchmal schwer sind und ich Heimweh habe, liegt mein Lebensmittelpunkt jetzt in mir selbst.«
- »Wie gern wasche ich meine Wäsche selbst!« (Humoraktiv)
- »Ich nutze alle Erlebnisse dieser Zeit, um mit mir umgehen zu lernen.«
- »Ab jetzt höre ich wieder auf meinen Ruf!«

Fragen zur Zeit von 21 bis 28 Jahren

1. Wo haben Sie gelebt und wie sind Sie mit den lebenspraktischen Aufgaben umgegangen? Beschreiben Sie Ihr Lebensgefühl in dieser Zeit.
2. Haben Sie einen Coach oder Mentor gefunden?
3. Haben Sie und Ihre Eltern zu einer neuen Beziehung auf Augenhöhe gefunden?
4. War es Ihnen möglich, durch Lebenserfahrungen zunehmend Ihre eigene Entscheidungssicherheit zu erlangen?
5. Gab es einen Einschnitt in der Zeit um das Alter von 28 Jahren?

Malaufgabe

Malen Sie Ihr Lebensboot auf dem Lebensfluss mit der umgebenden Landschaft. Oder Sie stellen Ihre wichtigste Beziehung aus dieser Zeit in Ihrem Bezug zu Ihnen mit Motiven aus der Pflanzenwelt dar. Eine Sonnenblume neben einer Zypresse erzählt zum Beispiel eine andere

Beziehungsgeschichte als ein Schneeglöckchen unter einem Ahornbaum, eine Mistel in der Eiche oder eine Rose neben einer Lilie.

5. Jahrsiebt von 28 bis 35: Verstandesseele
Im Arbeitszimmer regiert der Verstand

Thema

Die Verstandesseele ist das Arbeitszimmer unseres Lebenshauses. In einem klaren hellen Licht steht der Schreibtisch, auf ihm wohlgeordnet unsere Ablage mit allen To-dos und To-haves. Daneben in einer extra Box Bleistift, Kuli, Füller, Spitzer, Schere, Lineal, Maßband, Tesa und Uhu – natürlich dürfen Textmarker, Schmierzettel und bunte Post-its nicht fehlen. An prägnanter Stelle befinden sich die Uhr mit Weckfunktion und ein Foto vom letzten Sommerurlaub. Neben dem Schreibtisch stehen genügend Regale mit vielen Ordnern, in denen unsere Vorstellungswelt in Begriffen und Urteilen abgeheftet und griffbereit ist. Alles ist beschriftet und sortiert. Unser Leben lang wird uns die klare, objektive, sachliche, geordnete und kontrollierte Welt der Verstandesseele Sicherheit schenken. In diesem Raum erscheint alles logisch und nachvollziehbar. Hier wird gemessen, gewogen, verglichen, diskutiert, beurteilt. Hier herrscht Allgemeingültigkeit: 1 Meter ist und bleibt 1 Meter.

Alles ist machbar!
Wir spüren, jetzt wird es Zeit, langfristige Entscheidungen zu treffen. Endlich sind wir wirtschaftlich unabhängig, endlich ist die Studienzeit vorbei, endlich haben wir nach der Ausbildung unseren Berufseinstieg gemeistert. Vielleicht sind wir schon auf der Suche nach der nächsten beruflichen Herausforderung – jetzt wissen wir, wo unsere Stärken liegen.

In der heutigen Gesellschaft beginnt mit 30 Jahren die Hochleistungsphase, die Zeit der Kompression. Uns leiten die Fragen: »Was bringt es mir? Was sind die Vor- und Nachteile? Mit welchen Konsequenzen habe ich zu rechnen?« Wir wenden alles an, was wir bisher gelernt haben. Alles passiert nun gleichzeitig. Die eigene Karriere wird geplant, private und berufliche Ziele werden gesteckt, wir sind bereit, weitreichende Verantwortung zu übernehmen. Wir erreichen den Höhepunkt unserer Kraft. Alles ist machbar, wir müssen es nur machen! Wir suchen die Konkurrenz und gehen keiner Auseinandersetzung aus dem Weg.

Mit beiden Beinen fest auf der Erde

Unsere Wohnung bekommt eigene Möbel, wir kaufen eine Couchgarnitur und ein Auto. Es ist die Organisationsphase unseres Lebens. Wir sind jetzt ganz in unserem Leib angekommen, stehen mit beiden Beinen fest auf der Erde und schöpfen aus der vollen Kraft, der Vitalität und dem Tempo unseres Ego. Mit großer Aktivität und Leistungsbereitschaft finden wir unseren Platz in einem auf Sachlichkeit begründeten Wertesystem. Neben dem Willen wird vor allem der Verstand zum Steuern des Lebens genutzt. Das Denken wird sachlich und nüchtern. »Der 30-Jährige glaubt, das Leben rational beherrschen zu können. Er geht bei allem methodisch vor, gleichgültig, ob zu Hause, bei seinem Hobby oder im Beruf. Er packt eine Menge an, und es wird gut zusammenpassend organisiert. Das ist auch sein ständiges Gesprächsthema mit anderen.«[11] Es gilt das Motto: Deine Arbeit ist dein Leben!

Treffen wir Menschen in den 20ern, so erscheinen sie uns jetzt oft wie aus einer anderen Welt. Für ihr ewiges Diskutieren, das Suchen nach Idealen, das Träumen von der Zukunft, das nächtliche Feiern haben wir höchstens ein belustigtes Lächeln übrig und sagen vielleicht mit unterschwelligem Stolz: »Wie gut, dass ich für solche Nebensächlichkeiten keine Zeit mehr habe!« Für die 20er gehören wir nun auch zu den Spießern. Der Spruch stimmt also: »Trau keinem über 30.«

Für die meisten sind die 30er eine arbeitsintensive Aufbauphase. Wir fühlen uns in der ganzen Kraft unseres Daseins. So kann es doch bleiben! Vielleicht noch eine größere Wohnung, ein weiteres Kind, ein besseres Auto, eine Reise nach Fernost? Wir denken in dieser Zeit kausal von innen nach außen, aus der Stärke unseres Ego. Wir sind überzeugt, die Welt zu verstehen. Und die wenigen übrig gebliebenen Fragen werden die Wissenschaftler auch bald lösen!

Wir stehen mit beiden Beinen fest auf der Erde und können uns auf uns und unsere Kraft verlassen. Nichts kann uns umwerfen, spätestens am nächsten Morgen sind wir wieder fit. Natürlich erinnern wir uns gern an die wilden 20er und ihren ausgelassenen Überschwang. Doch, sagt unsere Vernunft, so konnte es ja nicht bleiben, so unorganisiert und vorläufig.

Bedeutsames: Denken Sie wirklichkeitsgemäß

Haben Sie sich schon einmal gefragt, ob Ihre Gedanken der Wirklichkeit entsprechen? Wie oft drücken wir der Wirklichkeit unsere Gedanken auf? Sind wir bereit, so offen zu bleiben, dass sich uns die Gedanken, die in den Dingen leben, zeigen können?

Üben Sie sich regelmäßig in der Frage: »Welche Erklärung gebe ich zu einem Sachverhalt hinzu, obwohl sie vielleicht nicht der Realität entspricht?« Dann beginnen sich die Dinge dieser Welt in Ihren Gedanken zu zeigen. Ein neues, ein echtes Zwiegespräch beginnt.

Ein Beispiel aus dem Leben: Sie verlassen am Morgen das Haus und vor der Tür des Nachbarn stehen die Mülltonnen, 3 Tage zu früh. Sie denken: Natürlich, die Nachbarin ist verreist und hat deswegen schon heute die Tonnen rausgestellt, so machen Sie selbst das auch immer. Sie schließen also aus Ihrer eigenen Vergangenheit auf die Situation der Gegenwart. Beim Nachfragen stellt sich heraus: Die Nachbarin hatte sich den Arm verletzt, konnte daher die Tonnen selbst nicht rausstellen und hat ihren Freund gefragt, der sie am Wochenende besucht hatte. Ihre innere Annahme entsprach also in diesem Fall nicht der Wirklichkeit.

Lagen Sie in einer Annahme dieser Art richtig, dann stärkt Sie dies in Ihrem wirklichkeitsgemäßen Bezug zur Welt. War Ihre Annahme falsch, dann überprüfen Sie möglichst genau, worin der Fehler bestand: Haben Sie Ihr eigenes Handeln auf die Situation projiziert? Haben Sie allein die Logik sprechen lassen? Haben Sie sich auf Erfahrungen aus der Vergangenheit bezogen? Haben Sie den Fehler gefunden, dann nehmen Sie sich einen Moment, die Situation noch einmal bewusst so zu denken, wie sie der Realität entspricht.

Diese einfache Übung stärkt Ihr wirklichkeitsgemäßes Denken und bringt Sie in eine neue lebendige, ehrliche Verbindung zu Ihrer Umgebung. Dagegen wirkt sich ein Verharren in den eigenen Annahmen trennend aus. Die Übung weckt Sie auch auf für Ihre alten Gedanken, hilft Ihnen, sich von überdrüssigen Glaubenssätzen zu befreien, und unterstützt Sie, in der Gegenwart zu leben.

Wir richten uns in unserem Leben ein

Früher war es viel selbstverständlicher, eine Familie zu gründen, heute leben die Paare häufig erst einmal für die nächsten Jahre zusammen und genießen den wirtschaftlichen Freiraum und die Unabhängigkeit als Doppelverdiener. Die persönliche und berufliche Entfaltung steht zunächst auch für die Frau im Vordergrund.

Zunehmend werden alle selbstverständlichen Rollen infrage gestellt: Möchte man tatsächlich Kinder bekommen und wann? Wer möchte sich vermehrt um sie kümmern? Fühlt man sich wirklich wohl in einer heterogenen Partnerschaft oder möchte man einmal etwas Neues ausprobieren? Dank der aufgelösten Strukturen und Traditionen kann man selbstverständlich verschiedene Lebensmodelle testen. Scheitert ein Familienmodell, so ist heute der Realitätssinn bei beiden Partnern so ausgeprägt, dass es oft ohne Rosenkrieg gelingt, sich gemeinsam um die Kinder zu kümmern. Hier hat die Ehrlichkeit in dem Maß zugenommen, wie die Konventionen abgenommen haben. Es hat ein Lernen von einer Generation zur nächsten stattgefunden. Und das Leben kann in einer Patchworkfamilie noch mal neu anfangen.

Krisen

Unsere Vergangenheit holt uns ein

Fühlten wir uns in den 20ern frei und unabhängig, so holt uns in den 30ern unsere Vergangenheit ein. Egal wie viele Kilometer zwischen uns und unserem Elternhaus liegen, müssen wir jetzt entdecken, dass wir unserer Herkunft nicht ausweichen können, da sie Teil von uns selbst ist. Kleine schmerzliche Augenblicke sind es, in denen wir unser Handeln beobachten und feststellen müssen: »Genauso wollte ich nie sein, genau das sollte mir nie passieren! Habe ich da tatsächlich mein Kind angeschrien, genauso wie ich einmal angeschrien worden bin? Bin tatsächlich ich da meinem Mann beleidigt und vorwurfsvoll nachgelaufen, wie meine Mutter es immer tat und ich es nie tun wollte? Wie gehe ich damit um?«

Die zufrieden Pragmatischen nehmen es mit Gelassenheit als den Lauf der Welt hin. »So bin ich eben geworden«, sagen sie vielleicht. »Ich habe die letzten Prüfungen des Schul- und Ausbildungslebens erfolgreich absolviert. Jetzt ist es vorbei mit dem Lernen, ich bin angekommen in meinem Leben und da bleibe ich. Jeder hat schließlich Fehler – meine Frau ist auch keine Prinzessin!«

Tatsächlich war unsere Entwicklung bis hierher ein selbstverständliches Geschenk der Natur. Wir Menschen können zwar lebenslang lernen, aber ab jetzt nur noch, wenn wir es selbst in die Hand nehmen. Ab jetzt liegt jede Entwicklung in unserer Hand!

Wollen wir wirklich erneut die Ärmel hochkrempeln und uns der Selbsterziehung stellen? Wollen wir vom Leben lernen? Diese Fragen können wir an jeder biografischen Weggabelung neu entscheiden. Wir können die Vergangenheit nicht ändern. Aber wir können mit der Gestaltung unserer Gegenwart immer wieder die Tönung und die Farbe der Vergangenheit in ein neues Licht setzen.

Haben wir uns schon abgenabelt?

Sosehr wir uns für Ehrlichkeit und Verantwortungsbewusstsein im Außen einsetzen, so schwer fällt uns eine ehrliche Selbstreflexion, oft ist sie noch lange nicht möglich. So heißt es: »Ich habe meinen Partner verlassen, denn sein Benehmen war einfach unerträglich, ein Zusammenleben war nicht mehr möglich!« Der tiefere Zusammenhang zur eigenen Tochter-Vater- oder Sohn-Mutter-Beziehung kann noch nicht hergestellt werden. Die Themen wiederholen sich vielleicht in der nächsten Beziehung, die Patchworksituation steigert die Dynamik dann gegebenenfalls noch.

Persönlich erlebt

Walter und Monika waren so froh, sich gefunden zu haben! Beide hatten eine Trennung hinter sich, und es dauerte einige Jahre, bis sie den Mut fassten, als Patchworkfamilie zusammenzuziehen. Monika hatte 2 Söhne und Walter 1 Tochter aus der früheren Beziehung.

Über Jahre lebten sie glücklich in der neuen Konstellation, bis Paul, der Älteste von Monika, in die Pubertät kam. Auf einmal reagierte Walter eifersüchtig, wenn Monika mit ihrem Sohn ins Kino ging. Dabei hatten sie vorher abgesprochen, dass Monika sich bemühen wollte, mit Paul auch in den Stürmen der Pubertät im Gespräch zu bleiben. Dies gelang am besten, wenn sie hin und wieder zu zweit ausgingen. Doch jetzt fühlte sich Walter hintergangen, über den Tisch gezogen, in seinem Vertrauen enttäuscht. Monika saß auf einmal zwischen 2 Stühlen, zwischen ihrem Mann und ihrem Sohn. Das machte sie unglücklich und auch wütend.

Außerdem schämte sie sich für ihre Eifersuchtsgefühle, wenn Walter Hand in Hand mit seiner Tochter vor ihr auf dem Bürgersteig spazierte und Elena sich eng an ihren Vater anschmiegte wie eine junge Geliebte. Mit großer Anstrengung versuchte sie, diese unpassenden Gefühle zu unterdrücken und so zu tun, als stünde sie über den Dingen. Einmal hatte sie allen Mut zusammengenommen und diese Gefühle im Gespräch mit Walter angedeutet, doch er reagierte aufbrausend und völlig verständnislos.

Manchmal, wenn Walter sich wieder wegen Paul gekränkt zurückzog, hatte sie den Eindruck, sie würde zur Projektionsfläche für ihren Mann und dessen ungeklärte, nicht abgenabelte Beziehungsanteile zu seiner Mutter. Als sie diesen Gedanken auch nur andeutungsweise aussprach, reagierte Walter mit ungewohnter Heftigkeit. Im Inneren stellte Monika die Partnerschaft infrage: War es richtig gewesen, ihren Jungs diese Familienkonstellation zuzumuten? Wie sollte das werden, wenn erst der andere Sohn, Georg, älter würde?

In einem der selten gewordenen ruhigen Momente vereinbarten beide Partner, zu einer Elternberatung zu gehen. Der Berater hörte sich den Schlamassel ruhig an, dann sagte er: »Aus den Prinzipien der Familienaufstellung wissen wir Folgendes: Solange sich ein Mann nicht von seiner Mutter abgenabelt hat, ist er für seine Frau nur der Geliebte und kein verlässlicher Partner. Und solange sich die Frau nicht von ihrem Vater abgenabelt hat, bleibt auch sie nur die Geliebte und kann dem Mann keine verlässliche Partnerin auf Augenhöhe sein!« Walter und Monika schwiegen, fühlten sie sich doch beide in ihrem Herzen angesprochen.

»Sprechen Sie in Zukunft über Ihre Gefühle und Ängste, aber übertragen Sie die Schuld nicht auf Ihren Partner, sondern lernen Sie, selbst dafür die Verantwortung zu übernehmen.«

Monika und Walter nahmen jeder noch einige Einzelgespräche, in denen sie ihre persönlichen Verstrickungen klärten. In seiner Kindheit war Walter seiner Mutter sehr nahe gewesen, doch dann in der Jugend konnte sie mit seinem werdenden Mannsein nichts anfangen. Walter vermisste damals schmerzlich die Nähe zur Mutter, die er doch jetzt besonders gebraucht hätte! Diese alte Wunde übertrug er auf Paul. Monika auf der anderen Seite hatte als Mädchen ein sehr inniges Vaterverhältnis, ja zeitweise war sie überzeugt, für ihren Vater die bessere Frau zu sein als ihre Mutter. Diese alte Erfahrung übertrug sie jetzt auf Elena und zweifelte dann an ihrer Stellung als Frau neben Walter.

So wurden die Konflikte transparent, beide Partner lernten, bei sich zu bleiben und doch den anderen teilhaben zu lassen. Diese Offenheit bei gleichzeitiger klarer Abgrenzung gab ihrer Partnerschaft einen neuen Boden aus tiefer Liebe und Vertrautheit. Die Grenzen und Möglichkeiten der Patchworksituation wurden immer wieder neu und offen ausgelotet. Ohne die übersteigerten Erwartungen konnten alle wieder froh und unterstützend zusammenleben.

Wir stoßen an die Grenzen von Gefühl und Verstand

In den Jahren von 28 bis 35 agieren wir hauptsächlich auf der Grundlage der Verstandesseele, mit der wir objektiv und sachlich die Probleme des Lebens in den Griff bekommen. Alles scheint in sich stimmig und in Ordnung. Daneben bleibt nur wenig Raum für die Empfindungsseele, das Wohnzimmer unserer Seele.

Auch unsere Gesellschaft ist geprägt von der Verstandesseelenkultur und vermittelt mit dem notwendigen Qualitätsmanagement und Wirtschaftswachstum Sicherheit und Kontrolle, Verlässlichkeit und Dauer. Ob im Verkehrswesen, im Maschinenbau, in der Elektrotechnik, in der Medizin, überall haben wir ein hohes Maß an Perfektion erreicht.

Gleichzeitig stoßen wir in vielen Lebensbereichen gesellschaftlich und politisch an Grenzen. Wir können bemerken, dass generelle Pläne und Vorgaben nicht mehr weiterführen und individuell abgestimmte Lösungen notwendig werden.

Persönlich erlebt

Sabine erzählt: Mit dem 32. Lebensjahr habe ich mein Leben so eingerichtet, dass ich nur noch machte, was mir Spaß brachte. Ich war freiberuflich tätig und konnte meine Arbeit frei gestalten. Ich gab die Energie weiter und holte sie mir neu aus meiner Tätigkeit. Irgendwann aber wurde es sehr anstrengend, immer in Topform zu sein. Schließlich hat mich alles unendlich gelangweilt. Es gab keine Herausforderung mehr. Mit dem plötzlichen Tod meiner Mutter habe ich begonnen, mich zu befreien.

Wie schwer es doch ist, die Prägung der eigenen Vergangenheit loszulassen, fällt mir immer auf, wenn ich zu Besuch bei meiner Familie bin. Jetzt erst konnte ich langsam eine gute Distanz zu mir selbst entwickeln. Ich merkte, dass ich zeitlebens Angst gehabt habe, mich zu verändern. Ich glaubte, für das ganze System der Familie verantwortlich zu sein, und hatte Angst, dass es sich verändert, wenn ich mich veränderte. Es brauchte die große Krise nach dem Tod meiner Mutter, bis ich mir endlich erlaubte, mich anzunehmen, wie ich war. Mir halfen einige Selbstannahme- und Stärkungssätze, die meine negative Loyalität meiner Mutter gegenüber umkehrten.

Der Selbstannahmesatz hieß: »Auch wenn ich immer wieder die naive Sehnsucht habe, mir Harmonie mit meiner Familie zu wünschen, und dafür immer wieder bereit bin, meine eigene Entwicklung hintanzustellen, ja mich sogar selbst zu verraten, möchte ich jetzt anfangen, mich anzunehmen, wie ich bin.«

Und die Stärkungssätze:

- »Du, Mutter, kannst in den alten Verstrickungen bleiben und ich darf mein freies ureigenes Leben leben!«
- »Du kannst die altmodische Frau bleiben, die du immer warst, und ich kann ein modernes Frauenleben führen und wir bleiben gleichzeitig in Liebe verbunden!«
- »In Zukunft freue ich mich, wenn meine Mutter zu Besuch kommt und bleibe die souveräne erwachsene Frau!«
- »Du bist meine Mutter, nicht mehr!«

Irrwege

Das Leben ohne rosa Brille beginnt

Mit der Krise der Talente Ende 20 scheint es so, als würden wir mit dem Eintreten in den Verstandesseelenraum unsere rosarote Brille absetzen. Und da stehen wir dann und werden mit der Wirklichkeit in uns und um uns herum konfrontiert. Mehr oder weniger bewusst erleben wir, dass uns die Leichtigkeit und Beweglichkeit der 20er abhandengekommen ist.

Als Frau leben wir bis zu den 30ern ganz selbstverständlich in der subjektiven Welt der Gefühle und Beziehungen. Immer noch ist vielen Frauen in der Arbeitswelt die Stimmung im Team wichtiger als die eigene Karriere. Daher fällt jungen Frauen der 30. Geburtstag meist schwer. Sie spüren: Jetzt gilt es, den romantischen, verklärten, gefühlsbetonten Raum der Mädchenjahre zu verlassen. Hart ist es, wenn sie erkennen müssen, dass sie sich ihren Freund »schön geliebt« haben, dass er im klaren Blick der Wirklichkeit lange nicht mehr der Traumprinz ist, den sie einmal geliebt hat, ja vielleicht sogar wirklich die falsche Wahl. Meistens hält die Frau noch Jahre an ihrem Partner fest, ehe sie sich dieses schmerzliche Eingeständnis erlaubt.

Der Mann ist naturgemäß pragmatischer, mehr an Sachthemen interessiert und in der Verstandesseele zu Hause. Daher feiert er den Schritt in die 30er. Endlich kann er seinen Mann stehen. Er spürt, dass er diese Rolle ausfüllen kann. Er fühlt in sich die Kraft, Stabilität und Zuverlässigkeit, die er braucht, um Verantwortung für sich und andere zu übernehmen. Ist jetzt vielleicht sogar der richtige Zeitpunkt dafür, um ihre Hand anzuhalten? Anton sagt: »Mit 28 habe ich meinen Meister gemacht, und mein Sohn kam auf die Welt. Das war schon ein Einschnitt. Ich hatte das Gefühl: Jetzt stehst du wirklich auf eigenen Füßen!«

Wenn der Druck steigt

Zunehmend erleben wir, dass der Beruf Kompromisse verlangt. Das Familienleben kann nicht verbergen, dass die Partnerschaft immer wieder auf brüchigem Boden steht. Die jungen Mütter und Väter fühlen, dass ihre auf Erfolg und Effizienz getrimmte Zeit in großem Widerspruch steht zu den nährenden Kräften, die die Kinder so nötig für ihre Entwicklung brauchen. Raum und Zeit für zweckfreies, humorgetragenes Miteinander lässt sich nicht auf Knopfdruck mit der »Quality Time« des Erfolgsmenschen herbeizitieren. Alleinerziehende Mütter und Väter ringen um ihren Platz, spüren ihre Einsamkeit und Überforderung, beneiden ihre Umgebung um Wohlstand und Gemeinschaft. Internetforen für jede Gruppierung und jede Frage des Lebens können beides: uns noch mehr verunsichern oder uns Mut schenken für den nächsten Tag.

Zum Glück siegt immer wieder die innere Überzeugung: »Ich habe genügend Energie und Kraft, diese Zeit zu überstehen!« Doch der Druck bleibt gewaltig. In der Lebenszeit zwischen 28 und 35 stellen sich dann typischerweise funktionelle Beschwerden ein: Herz-Kreislauf-Probleme, Burn-out-Syndrom, Rückenbeschwerden, Ängste oder Depression. Auf der Körperebene findet sich in aller Regel kein Befund. Es handelt sich meist um psychosomatische Symptome, die uns darauf hinweisen, uns eine gute seelische Immunität zuzulegen. Doch wie lernen wir, uns abzugrenzen von zu großen Anforderungen, Stress, Kritik, Konkurrenz, Mobbing? Es gibt heute viele Angebote, um in einem Mentaltraining, wie zum Beispiel hier in der Kombination aus Biografiearbeit und PEP®, Bewältigungsstrategien zu erlernen, die uns innerlich festigen, damit wir den Anforderungen und Aufgaben unseres Lebens gewachsen sind.

Stärkungssätze für den Umgang mit Stress und Druck

- »Je höher der Druck steigt, umso mehr bleibe ich in Zukunft bei mir.«
- »Stress ist nur für Anfänger – Gelassenheit siegt!«
- »Es darf mich auch jemand blöd finden.«
- »Wenn ich von 100 Fällen 5 Mal etwas sage, bei dem ich mir komisch vorkomme und unsicher wirke, weiß ich jetzt, dass ich 95 Mal voll auf Kurs liege.«
- »Der Weg ist das Ziel!«
- »Alle haben mal angefangen!«
- »Wenn du es eilig hast, gehe langsam. Wenn du es noch eiliger hast, mach einen Umweg.« (aus Japan)

Den eigenen Lebensstil durchsetzen

Egal in welchem Lebensmodell, wir gestalten in den 30ern unseren eigenen Lebensstil, unsere eigenen Familiengewohnheiten. Besonders in der Kindererziehung haben wir unsere eigenen Überzeugungen. Vieles wollen wir bewusst anders machen. Ist es da nicht verständlich, dass wir manchmal über das Ziel hinauszuschießen? Hier braucht es Liebe, Nachsicht, Toleranz und Verständnis bei der älteren Generation. Haben die Großeltern die weisheitsvolle Zurückhaltung, die jetzt notwendig ist, entwickelt, dann lassen sie die jungen Familien mit liebevollem

Lächeln gewähren und versuchen, sie tatkräftig zu unterstützen, wo sie es dürfen und können!

Für wenige innerlich wachsame Menschen taucht in der Zeit zwischen 30 und 33 eine tiefe Frage nach der Wahrheit auf. Sie bemerken, wie oft wir uns gesellschaftlich durchs Leben mogeln, uns keine Rechenschaft in Bezug auf innere Ehrlichkeit stellen, ja die Verbindung zu der leisen Stimme des Gewissens nicht aufsuchen. Wir können den inneren, wahrhaftigen Menschen verdrängen zugunsten unserer äußeren angepassten Persönlichkeit. Wir können uns zu uns selbst bekennen und damit die Harmonie verletzen oder sogar manchmal auf Konfrontationskurs gehen. Wir beginnen an der Schwelle unseres Gewissens zu spüren, was Goethe in seinem Gedicht »Selige Sehnsucht« ausgedrückt hat: »Und solang du das nicht hast, dieses: Stirb und werde!, bist du nur ein trüber Gast auf der dunklen Erde.«

Das Vernachlässigen der Gegenwart und die liebe Perfektion

Im Raum unserer Verstandesseele besteht die Neigung, entweder im Verstehen der Vergangenheit oder im Planen der Zukunft beschäftigt zu sein und das Leben in der Gegenwart zu vernachlässigen.

Auch im Abarbeiten unserer To-do-Liste verpassen wir schnell das Hier und Jetzt. Ja, der Kindergeburtstag will zwar gut geplant sein – doch dann gilt es, in den Moment zu tauchen und flexibel mitzuerleben, was jetzt dran ist – vielleicht braucht es, entgegen dem Zeitplan, doch die Schnitzeljagd vor dem Kuchen? Und der Kuchen wird als Picknick verzehrt mit viel Krümeln und Spaß. Doch was passiert dann mit der extra arrangierten Tischdekoration? Hier können wir Mütter uns von dem Pragmatismus der Väter manches abschauen.

Fragen zur Macht der Verstandesseele in jedem Lebensalter

- Wie stark ist Ihr Leben auf Machbarkeit und materiellen Gewinn ausgerichtet?
- Achten Sie auf ein angemessenes Gleichgewicht zwischen Berufs- und Privatleben? Pflegen Sie Ihre sozialen Kontakte? Haben Sie künstlerische, musische Interessen?

- Interessieren Sie sich von Herzen für die Gefühle anderer?
- Gehen Sie ans Handy, wenn es klingelt und Sie gerade mit Ihrer Familie zusammen sind?
- Suchen Sie regelmäßig Gelegenheiten, sich von neuem Wissen, neuen Gesichtspunkten überraschen zu lassen?
- Machen Sie sich manchmal die einseitige Perspektive, aus der heraus Sie die Welt betrachten, bewusst?

Die typischen Entwicklungsthemen

Es ist wichtig, dass wir einerseits die Kraft der Verstandesseele in ihrer Qualität als wichtigen Gesellschafts- und Kulturfaktor schätzen und andererseits ihre Grenzen immer sicherer erfassen. In jedem Lebensalter liegt die Gefahr einer verfestigten Verstandesseele in Rechthaberei und Besserwisserei, in Machtstreben und Karrieresucht. Oft geht es uns in Gesprächen oder beim Lesen der Zeitung nur um die Bestätigung unserer alten Meinungen. Wir bemerken nicht, wann unsere Urteile sich zu Vorurteilen wandeln, wann Wissen sich in Glaubenssätze verfestigt, wann wir aus Angst vor Kontrollverlust lieber beharrlich am Alten festhalten. Unbemerkt beginnen wir die Verbindung zur eigenen Entwicklung zu verlieren.

In der Zeit der Smartphones und des Homeoffice besteht die Gefahr, dass sich unser Verstandesseelenraum weit ausdehnt und wir ununterbrochen gefangen sind im Reich der Abmachungen, Verbindlichkeiten, der Kontrolle. Die Vorzüge der Technik versprechen uns Freiheit, doch schnell und häufig unbemerkt lassen wir uns von ihnen dirigieren. Der Pädagoge Jesper Juul nennt die Smartphones »elektronische Familienmitglieder, die ungesund viel Aufmerksamkeit auf sich ziehen«[12].

Ja, wir sind keine Maschinen! Wir schaffen keine Perfektion, wir machen immer wieder, manchmal sogar erneut, die gleichen Fehler. Es braucht neben dem Anspruch an uns und unsere Umgebung eben immer auch die Nachsicht und die Geste des Verzeihens, die uns die

Chance auf einen Neuanfang schenken. Diese Qualitäten finden wir aber nicht in der Verstandesseele.

Lösungen

Auch den anderen Part verstehen

Wir nehmen in den 30ern die Herausforderungen unseres Lebensalltags an und jonglieren die Bälle von Familie, Kindern, Beruf und Karriere, Freunden, Hobbys. In den 20ern prägten Romantik und Sinnlichkeit unsere Beziehung. Jetzt überwiegt die Funktionsgemeinschaft aus Absprache und geteilter Verantwortung. Der Alltag hat eine feste Struktur. Die Pflichten werden aufgeteilt. In der Routine des Alltags verpassen wir oft die schönen Momente des Lebens. In dieser Betriebsamkeit vermissen wir zunächst nicht einmal die fehlende Nähe und Zweisamkeit. Der klare und sachliche Verstand bestimmt unser Leben. Wir setzen uns für unsere Meinung, unsere Überzeugung ein. In den Partnerschaften weichen wir keiner Auseinandersetzung aus, Standpunkte werden erstritten und verteidigt. Es geht schließlich um unser Recht! Dabei besteht die Gefahr, um der Macht willen recht haben zu wollen. Durchaus können wir die Macht genießen, den anderen eine Weile zappeln zu lassen. Doch gelingt es uns, den trennenden Abgrund immer wieder im Erkennen der großen Gemeinsamkeit zu überwinden?

Wie entwickelt der Mann die weibliche Seite, von C. G. Jung »Anima« genannt, in seiner Seele? Dazu braucht es von ihm die Bereitschaft, seiner Frau zuzuhören, ihre Gefühle, die ihm manchmal irrational und subjektiv erscheinen mögen, ernst zu nehmen. Kann er echte Anteilnahme empfinden? Sie spürt, ob ihn ihre Erlebnisse wirklich interessieren oder ob er ihr nur schnell eine Lösung anzubieten versucht, um im eigenen Programm weiterzukommen.

Ist die Frau bereit, einen sachlichen Standpunkt zu ergreifen und in sich die männliche Seite, den »Animus«, auszubilden? Als Frau sind wir immer geneigt, alles persönlich zu nehmen und auf uns zu beziehen. Hat ihm der von uns empfohlene Kinofilm nicht gefallen, fühlen wir uns schnell als ganze Person abgelehnt. Der Gedanke »Er liebt mich doch nicht!« breitet sich unreflektiert in uns aus und wir ziehen uns für den Rest des Abends – für ihn ziemlich unverständlich – beleidigt zurück. Oder fangen wir an, uns zu bemühen, in Auseinandersetzungen und Gesprächen bewusst den sachlichen Standpunkt zu verfolgen? Erkennen wir, wann wir unangebracht subjektive, irrationale Gefühlsanteile hineinbringen?

Aus der Routine Kraft schöpfen

Die Zeit der 30er ist geprägt von der Routine des Alltäglichen. Wir fühlen uns kompetent und sicher. Wir haben unser Leben unter Kontrolle, und das fühlt sich gut an. Endlich sind wir dort, wo wir immer hinwollten! Zu allem haben wir eine Meinung und eine Antwort. In dieser Sicherheit und Überschaubarkeit besteht die Gefahr des Spießertums.

Mit der Gründung einer Familie und der Geburt eines Kindes verändert sich unser schönes vorhersehbares Leben. Welch ein Wunder und gleichzeitig welch eine Herausforderung! Auf einmal rutscht das Kind an die erste Stelle. Die Elternrollen als Mutter und Vater kennenzulernen, diese auch in ihrer Unterschiedlichkeit anzuerkennen, braucht seine Zeit. Die Regale voller Ratgeber in den Buchläden zeigen, dass der selbstverständliche Umgang mit einem Kind nicht mehr gegeben ist. Wir erleben eine große Verunsicherung in dieser neuen gewaltigen Verantwortung. Auch emotional sind wir überrascht von der Tiefe der Gefühle, die wir vorher so nicht kannten. Wir sind eingenommen sowohl von einem Überschwang an Liebe als auch von einer schnell als existenziell empfundenen Sorge. Was ist dieser kleine Mensch für uns? Wer sind wir jetzt als Partner füreinander? Sind wir wachsam für die Projektionen aus unserer Kindheit?

Ob wir vor allem unsere eigene Vervollständigung im Auge haben oder erleben können, dass hier ein ganz eigenes Menschenwesen seinen Weg beginnt, wird die Frage »Was bedeutet Erziehung?« beeinflussen. Oft werden mit der Geburt des ersten Kindes die bisher gültigen materiellen Antworten auf das Leben neu infrage gestellt. Diese Horizonterweiterung trennt uns unvorhergesehen von den Prioritäten, Wünschen und auch Freunden aus der Zeit davor. Gleichzeitig steht heute jede Familie vor der Herausforderung, Doppelberuf und Familie unter einen Hut zu bringen, der Mehrfachbelastung gerecht zu werden und eine individuelle Lösung zu finden. Geht die junge Mutter zurück in den Beruf, erwarten die Arbeitskollegen die alte Leistungsbereitschaft und werden darin von ihr enttäuscht. Für sie steht im Jonglieren der Pflichten von nun an ihr Kind an absolut erster Stelle. Gleichzeitig ist es für sie oft schmerzlich, der alten Karrierebereitschaft nicht mehr gerecht werden zu können. Ein Spagat beginnt! Doch, liebe junge Mütter, aus eigener Erfahrung kann ich sagen: Selbst wenn Sie sich entscheiden, für einige Jahre »ganz« zu Hause zu bleiben und hier das »Unternehmen Familie« ernst zu nehmen, bilden Sie Fähigkeiten in Führen, Gestalten, Kreativität, Flexibilität und Entscheiden aus, die Sie später im Beruf in eine heute vielleicht noch unvorstellbare Position und Tätigkeit bringen können.

Es gab eine Zeit, in der vier Söhne meinen Tagesablauf zu Hause bestimmten. Meine Mutter sagte damals: »Susanne, immer wenn ich an dich denke, sehe ich dich in der Küche Möhren schälen. Kann man überhaupt so viele Möhren schälen?« Wir sind geneigt, die Arbeiten in der Küche gering zu schätzen. Ich dachte damals: Für den einen sind es die Möhren, für den anderen die sich wiederholende tägliche Arbeit am Arbeitsplatz. Ob am Fließband, am Computer, im Arztzimmer, beim Briefediktieren, in den Gängen des Ladens, hinter dem Schalter der Bank oder eben in der Küche beim Möhrenschälen, überall finden wir die Routinearbeiten, die eintönig und niederdrückend werden können. Wir brauchen an jedem Arbeitsplatz ein Bewusstsein unserer inneren Motivation, um auch aus der Routine Kraft zu schöpfen.

Ressourcen aus der Verstandesseelenzeit

Mit unserem Verstand die Welt zu beherrschen, alles verfügbar und kontrollierbar zu machen, das vermittelt Sicherheit und entspricht sehr dem heutigen Menschen, der nur das glaubt, was man sehen und messen kann.

Sind wir uns der selbstverständlichen Kraft unseres Verstandes bewusst? Einen Vorgang von A nach F Schritt für Schritt zielbewusst bis zum Ende zu kalkulieren und zu verfolgen, ist eine große, durchaus auch typisch deutsche Stärke und nicht zu unterschätzen. Daher kommt unser Erfolg in jedem Ingenieursbereich!

Eigenarbeit

Fragen zu den Ressourcen aus der Verstandesseelenzeit

- Nutzen Sie die Kraft Ihres Verstandes?
- Sammeln Sie regelmäßig neue Erkenntnisse und Einsichten?
- Hinterfragen Sie Ihre Wissensquellen und unterscheiden subjektive Gefühle von objektiver Erkenntnis?

Fragen zur Zeit von 28 bis 35 Jahren

1. Haben Sie den richtigen Partner gefunden?
2. Wie ist die Kommunikation in Ihrer Partnerschaft? Spielen Recht und Macht eine übergeordnete Rolle?
3. Sind Sie im richtigen Beruf, mit den richtigen Menschen, am richtigen Platz?
4. Haben Sie eine Zeit der Kompression erlebt, in der alles gleichzeitig passiert ist?
5. Wie war die Entfaltung Ihrer männlichen und weiblichen Seelenseiten?

Stärkungssätze aus der Verstandesseelenzeit

- »Ich bestimme über mein Leben.«
- »Ich weiß doch: Wenn ich denke, es reicht noch nicht, bin ich schon bei 100 Prozent.«
- »Die Routine zu beherrschen, ist ein wichtiger Schritt auf dem Weg zur Meisterschaft!«
- »Ich weiß, ich kann mich immer auf mich verlassen!«
- Zur Selbstannahme: »Auch wenn ich meine Fehler nicht besonders

mag und immer noch auf Perfektion getrimmt bin, nehme ich mich so an, wie ich bin!«

- Für junge Eltern mit einem kleinen Kind: »Normalerweise müsste ich viel Geld bezahlen für so ein lehrreiches 1-zu-1-Coaching – hier bekomme ich es ganz umsonst!« (Humoraktiv)

Malaufgabe
Wie haben Sie sich in Ihrem Leben eingerichtet? Wählen Sie ein Motiv aus den verschiedenen Wohn- und Lebensraummöglichkeiten. Oder eines aus dem Bereich Wasser mit einem passenden Boot oder Schiff, das Sie darstellt, und malen Sie Ihre Zeit zwischen 28 und 35.

6. Jahrsiebt von 35 bis 42: Bewusstseinsseele
Der James-Bond-Raum eröffnet neue Wege

Thema

»Bond. James Bond!« Immer im Auftrag einer geheimen, großen Mission unterwegs, kann er eine lebendige Metapher für den 3. Raum der Bewusstseinsseele unseres Seelenstockwerks sein. Hier erwartet er uns mit seinem variablen dynamischen Auto. In jeder Lage können wir mit ihm adäquat reagieren: Auf dem Landweg Gas geben, auf vier breiten Reifen auf und davon. Am Meeresstrand können wir mit der Schwimmbootausrüstung elegant über die Wellen springen. Ist ein Tauchgang erforderlich, wird das U-Boot-Rohr ausgefahren. Jederzeit können auf Knopfdruck Flügel aus den Seitenflächen herausspringen – und ab geht's als König der Lüfte. Taucht unausweichlich ein vereister See vor uns auf, so werden einfach die Kufen ausgefahren. Sollte der Verfolger angreifen, helfen schusssichere Scheiben und Schießanlagen bei der Verteidigung. Eine unmögliche Mission gibt es nicht! Und am Ende des Abenteuers sehen wir James Bond[13] glücklich mit seiner Liebsten in den

Sonnenuntergang blicken. Die Zuschauer wissen: Die nächste geheime Mission erwartet ihn schon. Und uns ebenso.

Angekommen im Zentrum unserer Kraft

Schauen Sie auf die biologische Entwicklungskurve, wie sie Bernard Lievegoed skizziert (siehe Kapitel »Einführung in die Biografiearbeit«), so finden Sie dort veranschaulicht, dass wir mit etwa 35 mit unseren seelisch-geistigen Kräften am tiefsten mit unserem Leib verbunden sind. Wir stehen in der Mitte unseres Lebens und fühlen uns am Höhepunkt unserer Kraft. Jetzt beginnt die Plateauphase, in der sich das Älterwerden für die nächsten Jahre, von kleinen Fältchen und den ersten grauen Haaren abgesehen, beinahe unbemerkt vollzieht. Wir leben selbstbewusst, wir haben unsere Wahl getroffen und sind bereit, die Konsequenzen zu tragen. Als Leitsatz kann gelten: »Mir geht es gut, ich kenne meine Grenzen.«

Wir können Menschen und Situationen inzwischen gut einschätzen und sind zufrieden in unserem Berufs- und Privatleben. Wir haben unser Wertesystem gefunden und alles ist lösbar. Doch dabei bleibt es nicht.

Warum brauchen wir den 3. Raum?

Vor 20 Jahren, als ich mit meinen Vorträgen zur Biografiearbeit begann, schien es wirklich so, dass zwei Seelenräume – Gefühl und Verstand – ausreichen. Damals aber hätte es auch niemand für möglich gehalten, dass das Autoland Baden-Württemberg 2011 mit einem grünen Ministerpräsidenten, nämlich Winfried Kretschmann, höchst zufrieden sein würde. Bevor sie 1998 Teil einer rot-grünen Bundesregierung wurden, waren die Grünen noch auf so klarem Oppositionskurs, dass sie grüne Realpolitiker an der Regierung nicht für vorstellbar hielten. Dem aufmerksamen Zeitgenossen fällt an vielen unterschiedlichen Themengebieten auf, dass ein gesellschaftlicher Wandel in Gang ist. In der Politik geht es endlich weniger um Parteimeinung, sondern um sachgemäßes Denken. Im Familienrecht finden wir für die Vielfalt der Lebenskonzepte von Partnerschaft und Familie individuelle Lösungen. Vor

20 Jahren suchten wir das Maß in allgemeingültigen Lösungen, heute möchte jeder seine persönliche Lebenslage als wertvoll anerkannt und berücksichtigt sehen. In zwischenmenschlichen Fragen schiebt sich das Individuelle vor das Allgemeingültige. Dann tauchte das Wort »Empathie« auf. Empathie bezeichnet, laut Wikipedia, die Fähigkeit und Bereitschaft, Empfindungen, Gedanken, Emotionen, Motive und Persönlichkeitsmerkmale einer anderen Person zu erkennen und zu verstehen. Man müsste noch hinzufügen: … auch wenn sie uns selbst fremd sind.

Unser Weg in den 3. Raum

Im Raum der Empfindungsseele genießen wir unsere Subjektivität in unseren Gefühlen, Hobbys, im Geschmack, in Kultur und Erholung. Im Raum der Verstandesseele verfolgen wir objektiv und sachbezogen Schritt für Schritt eine Aufgabe bis zu ihrem Ergebnis, wir wollen verbessern, verkürzen, optimieren, die Konkurrenz schlagen.

Im Raum der Bewusstseinsseele braucht es die innere Wendung zu einer empathischen Haltung, das echte Interesse daran, den anderen zu verstehen. Dazu müssen wir aus der Sicherheit unserer Egoität heraustreten in den offenen Zwischenraum, in dem wir uns von Ich zu Ich im Hier und Jetzt begegnen können. »Komm ins Offene, Freund!«, sagt Hölderlin dazu. Wie ein Reh aus dem sicheren dunklen Wald heraustritt auf die helle, weite Lichtung und dort achtsam und ungeschützt die Ohren stellt, so ergeht es unserem Ich, wenn es aus der routinierten Sicherheit des Verstandes oder dem satten Gefühl heraustritt. Das geschieht nicht von selbst, es braucht eine Überwindung, eine Entscheidung, es braucht unser bewusstes Ich. Mit dem Betreten des Bewusstseinsseelenraums können Gegensätze überwunden werden. In diesem Miteinander von Mensch zu Mensch werden neue Wege möglich.

Die Verbindung zu James Bond, der immer einen Joker im Ärmel hat, ziehe ich, um zu veranschaulichen, dass wir für die verschiedensten Krisen und Fragen im Leben neue, adäquate, individuell passende Lösungen brauchen. Mit den althergebrachten Anschauungen kommen wir nicht weiter. Mit ihnen findet meist nur eine Reparatur statt, aber kein wirkliches Verstehen mit einem Neuanfang. Die Kreativität und Flexibilität bei gleichzeitiger Sachbezogenheit und empathischem Verstehen, die James Bond mit seinem Auto und den vielen anderen Tricks versinnbildlicht, sie brauchen wir in unserem Bewusstseinsseelenraum und im Alter ab 35.

Ebenso wie die Betrachtung der individuellen Biografie zeitgeschichtlich sehr jung ist, so ist es auch der Umgang mit der Bewusstseinsseele. In unserer gesellschaftlichen Entwicklung stehen wir auf der Schwelle zwischen der Verstandesseelenkultur, in der wir uns erfahren, souverän und sicher bewegen, und dem Neuland der Bewusstseinsseelenkultur, die zum 6. Jahrsiebt gehört. Da die natürliche Entwicklung des Menschen nur bis in die Verstandesseelenkultur reicht, ist sie für den Einzelnen wie für die Gesellschaft neu und ungewohnt. Und alles Unbekannte macht uns Angst! Gleichzeitig mahnt uns unsere Erde mit aller Deutlichkeit, dass ein Umdenken dringend erforderlich ist. Jeder, der schon in der Lebensmittekrise an der Schwelle zur Bewusstseinsseele stand, kennt diese übergroße Angst, die in aller Regel mit einem Altersschrumpfen einhergeht. Wie lange halten wir an den falschen hinderlichen Glaubenssätzen und Kindheitsmustern fest? Der Mut liegt in unserem Ich, unserem auf Zukunft ausgerichteten, spirituellen Wesenskern: Im Ich lassen wir los und vertrauen darauf, dass wir – mit all unserer Erfahrung an Bord – Schritt für Schritt unseren eigenen neuen Weg finden werden. Auch gesellschaftlich werden wir immer öfter bereit für diesen Schritt. Nur Mut!

Wann braucht es den Bewusstseinsseelenraum?

Ob im Beruf oder zu Hause, auf der Beziehungsebene stehen wir immer wieder am Ende unseres selbstverständlichen Verstehens. Im Zusammenleben und Zusammenarbeiten merken wir oft nicht gleich, wann wir die Sachebene, in der die objektiven Regeln des Verstandes gelten, verlassen und auf das Glatteis der Zwischenmenschlichkeit geraten. Wie schnell werden wir in einen Film hineingezogen, wie schnell lassen wir uns ein Drehbuch in die Hand drücken, das nicht zu uns gehört? Treten wir in den Raum unserer Bewusstseinsseele, dann können wir lösungsorientiert und zukunftsoffen auf das Beziehungsproblem, in das wir gerade verstrickt werden, schauen. Im Bewusstseinsseelenraum unserer Seele bestimmen weder das Gefühl noch der Verstand, es geht auch nicht um Recht oder Macht. Gleichzeitig lernen wir, uns abzugrenzen und selbst zu schützen. Vielleicht brauchen wir an dieser Stelle professionelle Hilfe, um mit einem erfahrenen Dritten die Fäden zu sortieren.

Stärkungssätze zum Thema Lebenslernen

- »Ich habe es verdient, mir wenn nötig die beste professionelle Hilfe zu leisten, die ich finden kann!«
- »Ab jetzt ist für mich ein jährliches Coaching im Lebenslernen so selbstverständlich wie meine jährlichen beruflichen Fortbildungen!«

Krisen

Eine Veränderung kündigt sich an

Alles schien so sicher. Und dann schleicht sich in der Nacht der Zweifel ein. Wir wachen mit quälenden Fragen auf, die wir bei Tageslicht schnell wieder wegschieben. »Soll das alles gewesen sein? Denselben Job für die nächsten 25 Jahre?« Wir gehen vielleicht zum Arzt, der uns Überarbeitung attestiert, uns aber versichert, dass wir organisch gesund sind.

Der 2. Mondknoten: »Umbruch zu mir«

Bei längeren Wartezeiten oder langen Autofahrten tauchen weitere Fragen auf:

- »Was wollte ich eigentlich machen mit meinem Leben?«
- »Bin ich mir noch auf der Spur?«
- »Wofür habe ich mich so angestrengt?«
- »Was habe ich noch zu erwarten?«

Mit 37 Jahren, 2 Monaten und 18 Tagen treffen sich Sonne und Mond erneut in der Konstellation unserer Geburt und öffnen damit den hinteren Raum des Unbewussten. Das Motto des 2. Mondknoten lautet:

»Umbruch zu mir«. Gestehen wir uns ein, dass unser Idealismus erloschen ist? Dass unsere Energie und Begeisterung verebbt sind, die eigene Lebenssituation zur Last geworden ist? Dass die Bedeutung unserer Existenz im Dunkeln liegt?

An dieser Stelle seines Lebens verkauft Faust in Goethes Meisterwerk seine Seele an Mephisto. Damit verschreibt er sich den rein irdischen, materiellen Gesetzen, um weiterhin auf der Gewinnerseite des Lebens zu stehen. Er verdrängt den Seelengrund, der fragend und suchend das materielle Weltbild um die spirituelle Seite erweitern möchte. Das ist die Lebensmittekrise des modernen Menschen, die sich in verschiedenen Facetten zeigen kann. Das Leben gibt uns heute zahlreiche Möglichkeiten, unsere Seele an Mephisto zu verkaufen und damit die leise Stimme des inneren Zweifels zu übertönen. Die verschiedenen Ausweichmanöver erscheinen aus einem späteren Blickwinkel heraus wie Scheuklappen, mit denen wir uns vor der wirklichen Weite des Lebens verschließen. Wir tun alles, um dieses äußerst unangenehme Gefühl, dass wir den sicheren Boden unter den Füßen verlieren, dass das Fundament unseres Hauses wie Sand wegrutscht, nicht zu spüren. Aus der Gehirnforschung wissen wir, dass erst »alle Stricke reißen« müssen, bevor wir uns eingestehen, dass es zum Weitergehen neue Wege braucht.

Die Vergangenheit holt uns ein

Oft bekommt die innere Auseinandersetzung mit unserer Vergangenheit in dieser Phase eine neue Dynamik. Erlauben Sie sich, die unterschiedlichen Vorwürfe an Eltern, Lehrer oder andere Bezugspersonen einmal deutlich zu formulieren. Es können einige hartnäckige Vorwürfe dabei sein, die uns noch einige Zeit begleiten werden. Eine versteckte Erwartungshaltung kann die Ursache dafür sein, dass wir das Gefühl haben, auf Gas und Bremse gleichzeitig zu stehen. Vielleicht wird es Zeit, uns endlich einzugestehen, dass wir manche Erwartung, die unsere Eltern an uns haben, nie erfüllen werden und auch nie erfüllen wollen. In dieser Zeit habe ich entschieden, die Praxis meiner Eltern nicht zu übernehmen. Mit PEP® konnte ich mich vom Selbstvorwurf und von der Enttäuschung meines Vaters lösen.

Aber auch wir haben viele unausgesprochene Erwartungen an unsere Eltern, die sie nie erfüllen werden, die uns aber an die Vergangenheit binden. Diese Erwartungen sind oft sehr hartnäckig. Denn der kindliche Anteil unserer Seele will einfach an Harmonie und Einklang glauben. Jetzt verstehen wir auch den geflügelten Satz: »Die Hoffnung stirbt zuletzt.« Es ist wichtig, immer besser zu unterscheiden, welche Hoffnung uns stärkt und welche uns schwächt. Auch mit Rivalitäten oder Konkurrenzgefühlen gegenüber unseren Geschwistern können wir uns über eine negativ wirksame Loyalität selbst ausbremsen. Sich von diesen Blockaden zu lösen ist eine wichtige Voraussetzung, um in den 40ern kraftvoll durchzustarten.

Oft verstecken sich hinter unseren Erwartungen eigene Wünsche und Bedürfnisse. Es wird Zeit, sich diese bewusst zu machen und aufzuhören, sie an unsere Mitmenschen zu delegieren. Hören wir auf zu warten! Fangen wir an, zu uns und zu unseren Wünschen zu stehen!

Michelle Obama beschreibt in ihrem Buch »Becoming« genau diesen Wendepunkt mit 38 Jahren in ihrem Leben: Mit ihren beiden kleinen Mädchen und selbst berufstätig hatte sie abends die berechtigte Erwartung, dass ihr Mann zum verabredeten Abendessen nach Hause kam. »Sein Ausspruch am Telefon: ›Ich bin auf dem Weg!‹ war Ausdruck der unerschütterlichen Zuversicht meines Mannes« und dabei ehrlich gemeint. Erst gemeinsame Paargespräche machten ihr deutlich, in welche passive Warteschlange sie geraten war. Sie selbst nennt ihren »Wendepunkt den Moment der Selbstermächtigung … Wir warteten nicht auf Dad. Es war seine Aufgabe uns einzuholen.«[14]

Doch das sagt sich so leicht. Viele stecken in diesen Jahren in alten Mustern, ohne dies überhaupt zu bemerken. Dann ist es der erste Schritt, sich der eigenen Verstrickung bewusst zu werden.

Annahmesätze zum Thema Erwartung

- »Auch wenn ich immer noch erwarte, dass meine Eltern sich ändern, ihre Fehler einsehen und sich bei mir entschuldigen, liebe und akzeptiere ich mich so, wie ich bin.«
- »Auch wenn ich mich, mit vielleicht sogar berechtigten Erwartun-

gen, selbst in die Warteposition manövriere und die Fernbedienung zu meinem Leben abgebe, nehme ich mich an so, wie ich bin.«

Stärkungssätze zum Thema Erwartungen

- »Ich lasse jetzt die Erwartungen an meine Eltern voll und ganz los!«
- »Ich will bestimmen, wohin meine Energie fließt – deswegen mache ich mir ab jetzt meine Erwartungen bewusst!«

Bereit für die Lebensmittekrise?

Machen wir uns genügend bewusst, dass die Zukunft im Wesentlichen aus Krisen entsteht? Krisen sind notwendige Stufen in Transformationsprozessen, um das nächste Qualitätsniveau zu erreichen. Manchen trifft die Lebensmittekrise mit einem großen Schlag, etwa in Form von Trennung, Jobverlust, Krankheit oder Unfall. Bei vielen von uns verläuft sie eher zwiebelschalenähnlich, Schale für Schale immer wiederkehrend.

Vielleicht sehen wir uns aber auch mit einer unvermuteten Aufgabe im privaten oder beruflichen Umfeld konfrontiert. Einer Aufgabe, die nicht in unser gewohntes Schema passt, die uns aufweckt und verunsichert. Wie werden wir uns entscheiden? Was sind unsere Kriterien? Bleibt es unsere Priorität, viel Erfolg und Spaß im Leben zu haben, oder lassen wir die Frage nach unserem wirklichen Platz, nach unserer wirklichen Berufung zu? Gelingt es uns, am tiefsten Punkt unserer irdischen Existenz wieder an die Weite unserer geistigen Herkunft anzuknüpfen?

Mancher Leistungssportler sieht sich nach schmerzlichen Verletzungen und schwierigen langen Heilungsverläufen mit dem Ende seiner Karriere konfrontiert. Handwerker erleben ebenfalls die Grenzen ihrer stark körperlich ausgerichteten Tätigkeit. Frauen, die sich einseitig über ihre Schönheit identifiziert haben, schauen besorgt in den Spiegel. Manch anderer ahnt, dass sich die Vorbereitungszeit des Lebens dem Ende zuneigt: Sind wir bereit für das eigentliche Leben?

War die Verstandesseelenzeit voller Antworten, dachten wir, wir wüssten, wie das Leben funktioniert, so tauchen jetzt innere Fragen auf, für die ein individuelles Herangehen notwendig ist. Der Zweifel gehört zur Bewusstseinsseele. Nur aus dem starken inneren Zweifel heraus wagen wir uns hinaus in das unbekannte neue Land der Verwirklichung unseres Selbst, dessen Geburt mit 42 ansteht. Die Umwertung der Lebensmitte kann man unter folgendem Leitsatz zusammenfassen: Gelingt es uns, unsere Ideale mit unserer Lebenswirklichkeit in Verbindung zu bringen, ohne die Ideale zu vergessen und ohne die Lebenswirklichkeit abzulehnen?

Irrwege

Auf der Suche nach schnellen Lösungen

Wenn wir, ohne die tieferen Fragen zuzulassen, die inneren Zweifel mit schnellen Antworten befrieden wollen, taucht hinter der nächsten Kurve schon das nächste Problem auf. »Ein Mehr an schönen Dingen«, die neue Arbeitsaufgabe bis zum nächsten Erfolg, mehr Spaß und Party am Wochenende, immer ausgedehntere Reisen in den Ferien – all das kann unser Gefühl von Leere und Ausgebranntsein nicht verändern. Bleiben wir in der Lösungssuche unserem alten Wertesystem verhaftet, fehlt es der Neuorientierung schnell an Kraft.

Es kann sein, dass auf der nächsten Stufe unser Körper anfängt zu sprechen: Wollen uns unsere Rückenbeschwerden – Sie erinnern sich, der Rücken kann als Bild für unsere innere Aufrichtigkeit gelten – auf die Frage nach unserer Authentizität hinweisen? Haben unsere Schlafprobleme einen Bezug zu unserer inneren Stimme, die wir lange nicht mehr gehört haben? Es besteht doch kein Grund für Traurigkeit – warum fühlen wir uns dann so oft depressiv? Manches Burn-out-Syndrom führt zu einer langen Auszeit. Die Sprache des Körpers lesen zu lernen und seine Symptome in einen biografischen Kontext zu stellen, ist eine der Herausforderungen der 2. Lebenshälfte. Laut Novalis möchte uns jeder Schmerz darauf hinweisen, dass wir von unserem Weg abgekommen sind. Die Erfahrungen der Biografiearbeit bestätigen, dass Heilsein unmittelbar mit der persönlichen körperlich-seelisch-geistigen Balance zusammenhängt.

Mit Sucht der Suche ausweichen

Wenn wir den tieferen Sinn der inneren Ruhelosigkeit, des fragenden Zweifels, der unbegründeten Angst nicht verstehen, ist es naheliegend, dass wir auf das weite Angebot an Ausweichmanövern zurückgreifen. Auch viele Geübte schieben eine innere Frage immer noch gern einige Wochen vor sich her, weil ein Teil von ihnen denkt: »Nicht schon wieder!« Also abends ein Glas Rotwein zur Entspannung, nur eine viertel Schlaftablette für die Nacht, am Morgen ein kleines Schmerzmittel für Kopf oder Rücken – schließlich stehen wir mitten in den Aufgaben unseres Lebens. Ob beim Einkaufen, in der Sexualität, beim Spielen, Essen, Arbeiten, in Sachen Alkohol oder andere Drogen – gefährlich schnell geraten wir in den Sog einer Sucht. Eva, eine trockene Alkoholikerin, benannte den Vorgang ganz klar: »Ich habe damals unbemerkt eine Weichenstellung vollzogen – rein in die Sackgasse Sucht!«

Nehmen Sie die Tatsache ernst, dass Sucht immer ein Ausweichmanöver vor der Suche nach Ihnen selbst ist. Wenn Sie anfangen, die Teile von sich selbst anzunehmen, denen Sie ausweichen, wenn Sie lernen, zu sich zu stehen, und wenn Sie aufhören, Angst davor zu haben, Ihr Gesicht zu verlieren, dann beginnt das, was Eva nach der Therapie so ausdrückt: »Die innere und die äußere Eva, jetzt passen sie immer mehr zusammen!«

Die typischen Entwicklungsthemen

Den Zweifel nicht zulassen

Es braucht den Zweifel und die Krise, um im Laufe des Lebens Schritte in eine Zukunft zu machen, die sich deutlich und innovativ von der Vergangenheit unterscheidet. Sportlich betrachtet könnte man sich daher die Haltung zulegen, keine Krise ungenutzt vorübergehen zu lassen.

Ausweichmanöver
Ausweichmanöver finden wir in allen Bereichen des Lebens. Ob wir uns mit Arbeit zudecken, ein Glas Rotwein mehr trinken, übertrieben dem Sport nachgehen – wir vermeiden vielleicht genau damit, auf unsere leise innere Stimme zu hören.

In alte Muster zurückfallen
Als Menschen sind wir geneigt, in die bekannten Muster zurückzufallen. Die Kraft des selbstbezogenen Ego ist entwicklungsgeschichtlich viel älter und größer als die verhältnismäßig junge Ich-Kultur. Wir treten immer wieder in dasselbe Fettnäpfchen. Und dann braucht es den bewussten Schritt in eine empathische Haltung.

Lösungen

Das Knirschen in der Partnerschaft beheben
Wenn wir aufhören, nach alten Lösungsmöglichkeiten zu greifen, und es auch aushalten, dass wir die neuen Wege noch nicht absehen können, kann sich unsere Biografie zu einer ganz eigenen Kraft steigern, die uns aber oft erst in den 50ern bewusst werden wird.

Besonders deutlich zeigt sich die Notwendigkeit einer wirklich neuen Perspektive, wenn das Knirschen in unserer Partnerschaft zunimmt, bis die Räder festgefahren sind. Wir stagnieren in den Polen unserer Geschlechtlichkeit oder unserer Geschichte. Wo sind wir nur hingekommen? Was mit dem Gefühl des wortlosen Vertrautseins begann, dann zu einer zupackenden Funktionsgemeinschaft wuchs, sich in Auseinandersetzung und Streit immer wieder neu befeuerte, ist nun wie blockiert und erstarrt. Wir haben die Worte verloren und stehen sprachlos, fremd und einsam voreinander. Wann haben wir mit den faulen Kompromissen begonnen, wann haben wir den Kontakt zu uns und zum Partner verloren? Wann haben wir aufgehört hinzuhören, weil wir gespürt haben, dass dann unbequeme Probleme heraufschwemmen? Oft braucht es nun die ehrliche Konfrontation, das deutliche Nein zueinander, um erst zu uns selbst und dann zu einer neuen Gemeinsamkeit vorzustoßen. Dabei lernen wir, dem anderen seine innere Freiheit zu lassen. Dann können wir in einer ehrlichen Gesprächskultur zu einer neuen, gemeinsamen Wahrheit finden. Jetzt können wir mit neuem Interesse aufeinander zugehen. Haben wir gelernt, uns selbst zu verstehen und auch in unseren hilflosen Momenten anzunehmen, fällt uns dies bei unserem Partner viel leichter. Auf einmal wird es unwichtig, wer beim letzten Streit im Recht war. Die gegenseitige Frage, die immer mehr zählt, lautet jetzt: »Was brauchst du, damit es dir besser geht?« Sie führt uns über die Schwelle in den Lösungsraum der Bewusstseinsseele. Der Zauber der Liebe kann wieder leuchten!

Bedeutsames: Die Wahrheit beginnt zu zweit

In seinem sehr lesenswerten Buch »Die Wahrheit beginnt zu zweit« regt der Psychoanalytiker Michael Lukas Moeller Paare an, sich wöchentlich für 1 Stunde zu einem Paargespräch zu verabreden. Dabei spricht jeder 30 Minuten und der andere hört zu. Danach geht man zurück in den Alltag mit allen anderen Formen des Gesprächs und Austauschs. Wird dieses Paargespräch regelmäßig gepflegt, bildet sich eine neue, tiefere Basis des Verstehens und der Annahme des gemeinsamen Lebens mit all seinen Unebenheiten. Im Zwiegespräch bekommt das Paar als gemeinsames Wesen Raum. Die Einzelgespräche verknüpfen sich zu einer Kette, im Unbewussten entsteht eine Verbundenheit, die der Selbstannahme, dem Gefühl, angenommen zu sein, und damit der Selbstregulation und der Selbstheilung Raum gibt. Jetzt können auch Veränderungsprozesse zugelassen werden.

Wenn das Beziehungsgetriebe stillsteht

Es kann aber auch sein, dass das Beziehungsgetriebe jeglichen Schwung verloren hat und komplett stillsteht. Beide Partner haben sich über die Maßen bemüht, geschwiegen, gestritten, durchgehalten, gekämpft – und doch gibt es keine Erneuerung. Man hat miteinander einen Endpunkt erreicht. Diesen Schmerz auszuhalten und gleichzeitig die Kraft aufzubringen, konstruktiv in einen Trennungsprozess einzusteigen, erscheint uns wie eine übermenschliche Forderung.

Hier kann uns erneut die mentale Arbeit mit dem Bild von Räumen und Türen helfen: In dem einen Raum wohnen der unendliche Schmerz, die Wut, die Scham und die Trauer. In unserem Ich aber haben wir die Kraft, einerseits diesen Trauerprozess auszuhalten, der seine eigene Zeitgestalt hat (siehe unten »Der schöpferische Sprung«), und andererseits die Tür zu diesem Raum zu schließen, um in einem neuen Raum den Anforderungen für die Zukunft so vorbehaltlos und neutral wie möglich gerecht zu werden. Ein Motiv, um diese Kraft aufzubringen, können unsere gemeinsamen Kinder und deren Zukunft sein. Denn wir bleiben Eltern, unabhängig von der Trennung in unserer Partnerschaft. Dieser Lernprozess ist so neu und ungewohnt, dass es sich wirklich lohnt, für diesen Weg professionelle Unterstützung zu holen.

Persönlich erlebt

Ich erinnere mich gut an die Mediationsgespräche nach der Trennung von Adams Vater. Der Psychologe war Meister einer Gratwanderung: Es gelang ihm, unser beider Vertrauen zu behalten. Vor allem vermittelte er jedem von uns das aufrichtige Gefühl, verstanden zu werden. Insbesondere aber lehrte er uns – immer wenn wir ein aktuell aufkommendes Thema nutzen wollten, um in unsere Wut oder unseren Schmerz abzudriften – im Hier und Jetzt zu bleiben. Er sagte dann: »Es handelt es sich jetzt offensichtlich um eine alte tiefe Kränkung, die es zu würdigen gilt. Doch für Ihr Miteinander als Eltern wollen wir uns auf das aktuelle Thema konzentrieren.« Und dann begleitete er uns zu einer klaren, pragmatischen Lösung, bei der immer mal wieder der eine oder die andere über den eigenen Schatten springen musste. Uns war klar, dass anhaltender Streit zu einer Spaltung in Adams Seele führen würde. Jeder Mensch hat in seiner Seele männliche Animus- und weibliche Anima-Anteile. Der Umgang der Eltern untereinander wird die innere Beziehung dieser beiden Seelenpole prägen. Ein andauernder Streit der Eltern kann eine tiefe innerseelische Verunsicherung und Spaltung im Herzen des Kindes verursachen. Das kann zu einer bleibenden Zerrissenheit oder partnerschaftlichen Beziehungsangst im späteren Leben führen. Dieses Wissen hat uns die Kraft gegeben, als Eltern immer wieder aufeinander zuzugehen, und zwar auch genau in den schmerzhaften Punkten, wegen derer wir uns als Partner getrennt hatten. Auch haben wir gelernt, dass diese innere Loyalität als Eltern zueinander durchaus unterschiedliche Meinungen zulässt. All das war ein sehr schwerer, jahrelanger Prozess. Diesen Weg miteinander durchzustehen hat uns als Eltern neu verbunden und mit einer tiefen gegenseitigen Achtung und Dankbarkeit erfüllt.

In einer solchen Trennung können wir lernen, die Vergangenheit, nämlich das unverrückbare Ende der Partnerschaft, von der Zukunft, nämlich dem unverrückbaren Fortgang der Elternschaft, zu unterscheiden. Hier wird Lebenslernen ganz konkret erlebbar! Wenn wir heute auf uns und unseren Sohn schauen, dann hat sich der große Schmerz auf dem Weg gelohnt.

An dieser Stelle hilft es, sich klarzumachen, dass jede Krise, ob es eine Trennung, der Verlust eines lieben Menschen, eine schwere Erkrankung oder eine Arbeitslosigkeit ist, ihre eigene innere Zeitgestalt hat. Die Psychologin Verena Kast vergleicht den Verlauf einer Krise mit einem schöpferischen Prozess. Bei beidem geht es darum, neue Wege und Möglichkeiten zu finden.

Bedeutsames: Der schöpferische Sprung

Genau wie der schöpferische Prozess kann auch die Krise in 4 Phasen gegliedert werden. Diese Phasen gehen ineinander über und sind wegen ihrer Überlappung oft nicht klar voneinander abzugrenzen. Es kommt auch vor, dass sich Phasen wiederholen, so als ob man die gleiche Phase auf einem höheren Niveau ein 2. Mal durchlebt.

1. **Phase: Nicht-wahrhaben-Wollen.** Diese Phase kann von Schmerz ebenso wie von innerer Versteinerung begleitet sein. Sie geht mit einem Schock, mit Verdrängen und Leugnen einher.
2. **Phase: Achterbahn der Gefühle.** In dieser Phase erleben wir die großen Gefühle von Schmerz, Wut, Verlassenheit, Schuld, Vorwurf. Wir fragen uns: »Warum ich?« Innere Unruhe, Zweifel, Selbstwerteinbrüche, Frustration treten auf. Es ist ein Chaos der aufbrechenden, chaotischen Emotionen. Diese Phase ist oft von einer erhöhten Krankheitsanfälligkeit und Schlaflosigkeit begleitet. Es ist wichtig, das Chaos der auftretenden Emotionen auszuhalten und nicht zu verdrängen. Am Ende der 2. Phase ist die Krise an ihrem Höhepunkt. Im Krisenprozess spricht man an dieser Stelle vom schöpferischen Sprung. Nach diesem Höhepunkt beginnt der Neuanfang.
3. **Phase: Sich trennen, loslassen, suchen und finden.** Jetzt akzeptieren wir das Geschehene, sind manchmal sogar erleichtert darüber und beginnen, wieder Verantwortung für unser Leben zu übernehmen. Wir denken über mögliche Veränderungen nach.
4. **Phase: Neuen Selbst- und Weltbezug leben.** Wir lassen den Schmerz los und öffnen uns wieder für die Umwelt. Es bilden sich neue Werte und neue Beziehungen. Die frischen Einsichten werden im Leben ausprobiert.

Das Überwinden des Höhepunktes der Krise bildet den entscheidenden Moment, der viel Kraft erfordert. Insgesamt stellt jede Krise Anforderungen an uns, die nicht leicht zu erfüllen sind. Jede Krise stellt zugleich aber auch eine Chance dar, in der wir wirklich Neues, Zukünftiges in die Gegenwart hineinholen können. Fast jede Krise ist verbunden mit Veränderungen. Wir werden gezwungen, unsere Komfortzone zu verlassen, unser Leben neu zu denken und zu planen. Nach der Krise können wir erleben, dass wir uns weitere Horizonte erschlossen haben und dass wir generell offener für neue Perspektiven und Erfahrungen geworden sind. Wir haben uns und unser Leben neu entdeckt.

Wir brauchen den Glauben an uns selbst, um den Weg durch den langen Tunnel Schritt für Schritt zu gehen und nicht aufzugeben, bevor wir am Ziel sind. Max Frisch soll einmal gesagt haben: »Eine Krise kann ein produktiver Zustand sein. Man muss ihr nur den Beigeschmack der Katastrophe nehmen.«

Stärkungssätze zur Transformation von Krisen

- »Ich erlaube mir, Hilfe zu holen.«
- »Ich bin gespannt auf das Licht am Ende des Tunnels.«
- »Auch wenn die Verzweiflung jeden Tag über mir zusammenbricht, halte ich zu mir.«
- »Ich bin ein Mensch, ich habe laufen gelernt, ich schaffe auch das!«
- »Her mit dem Potenzial dieser verdammten Krise!« (Humoraktiv)
- »Ich habe nichts mehr zu verlieren, also mache ich was draus!«
- »Bedeutende Erfolge sind das Ergebnis überwundener Krisen.« (Hans Arndt)
- »Auch jetzt wird der Humor ein guter Begleiter sein.«
- »Ab jetzt nutze ich meine Leidenskraft für etwas Konstruktives«:
  - Heulend alte Kleider aussortieren oder das Bad sauber machen.
  - Schimpfend alle Fenster putzen.
  - Zu lauter Musik tanzen.
  - Im Wald joggen oder wandern und die Bäume umarmen.

Und noch mal der Humoraktiv mit den Worten einer Klientin: »In meinen schlimmsten Stunden habe ich mir immer meinen Ex vorgestellt, wie er vor seiner jungen Frau die Zähne rausnehmen und ins Glas stecken muss.«

Unser Anker aus der Vergangenheit löst sich

In der Lebensmitte tauchen die kleinen und größeren Themen auf, die wir in unserer Kindheit aus Selbstschutz verdrängt haben. Im Bild unseres Lebenshauses sind das unsere Kellerthemen, denen wir uns im nächsten Kapitel zuwenden. Jetzt ist unser Ich als das Zentrum unserer Seele so stark und bewusst, dass wir beginnen können, unsere Vergangenheitsthemen zu verstehen, zu lernen, mit ihnen umzugehen, und sie in unser Leben zu integrieren.

Persönlich erlebt

Herr K. berichtet bei unserem ersten Gespräch, dass seine Eltern bei seiner Geburt schon alt waren und er ein dringend erwünschtes Einzelkind gewesen sei. Seine Mutter ist an Krebs gestorben, als er 10 Jahre alt war, und sein Vater an den Folgen eines Schlaganfalls vor 4 Jahren. Er selbst ist jetzt 37, Lehrer, und er hat von seiner Chefin ein Angebot zum beruflichen Aufstieg bekommen. Er fühlt sich seit einigen Jahren sehr orientierungslos und kam deswegen zu mir: einmal wegen der aktuellen beruflichen Frage, aber auch grundsätzlich mit großen Fragen zu seinem Leben. Er lebt allein und hat keine Kinder.

Ich erwidere, dass er genau zum richtigen Zeitpunkt zu mir kommt und dass es quasi normal sei, sich in seinem Alter orientierungslos zu fühlen. Denn der Anker, der uns bis dahin durch unsere Eltern und unsere Familie Halt gegeben hat, löst sich und damit beginnt ein innerer Zweifel, eine innere Suche zusammen mit dem Gefühl von Einsamkeit und Haltlosigkeit.

In seiner Biografie tritt dieses Thema verschärft auf, da er sehr früh beide Eltern verloren und selbst keine eigene Familie hat. Herr K. meinte daraufhin nicht ohne Humor: »Mein Anker schleift also haltlos auf dem tiefen Meeresgrund dahin. Genauso fühle ich mich auch!« Jetzt skizziere ich ihm sein Lebenshaus und staune mit ihm über die geheime Choreografie, die sich auch in seinem Leben findet: Der Zeitpunkt des Todes seiner Mutter und seines Vaters liegen in den Räumen der Schul- und Gesellenzeit – 10 Jahre und 33 Jahre – und damit im Lebenshaus genau übereinander. Ich male diese Verbindung als einen Schacht mit Farbe aus und erkläre ihm die verstärkende Wirkung der Thematik. Er kann mit diesem neuen Wissen nachvollziehen, warum ihn der Tod seines Vaters, der eigentlich nicht überraschend gekommen war, so aus der Bahn geworfen hatte. Die kanalartige Verbindung zur inneren emotionalen Erstarrung des 10-Jährigen beim Tod seiner Mutter führte zu einer unbewussten Verstärkung. Als 33-Jähriger schrumpfte er beim Tod seines Vaters zurück zum 10-Jährigen. Sofort versteht Herr K., dass deswegen sein Zeitgefühl seitdem nicht mehr funktionierte und er sich oft so hilflos und ausgeliefert fühlte.

Ich lege ihm jetzt die mögliche Arbeitsaufgabe dar: »Wir können davon ausgehen, dass der Seelenbereich, der zum Tod der Mutter gehört, wie erstarrt ist. Er wartet darauf, dass er von Ihnen als Erwachsenem erlöst wird. Dass Sie die Verantwortung für sich übernehmen und den 10-jährigen Jungen gut beeltern. Es gilt also nochmals hinzuschauen zu dem Jungen und zu spüren, wie er sich fühlt und was er braucht.« Herr K. sagt lachend: »Ja, im Gegensatz zum Märchen findet hier nur Selbsterlösung statt!« Ich lache mit ihm und nehme mir vor, in einer der nächsten Stunden mit ihm über die innere Bühne des Dornröschens zu sprechen. Hier wird nämlich der Prozess der Selbsterlösung – auf verschiedene Protagonisten verteilt – erzählt.

Das Märchen vom Dornröschen

Dornröschen ist ein Märchen, das für den Entwicklungsweg des Menschen in der Lebensmittekrise geschrieben sein könnte. Erinnern wir uns: Als Dornröschen getauft werden sollte, konnte die 13. Fee nicht eingeladen werden, weil es nur 12 goldene Teller gab. Wollen wir wirklich glauben, dass es in einem Schloss nur für 12 Gäste Geschirr gibt? Wir können diese Absage an die 13. Fee als Bild für ein Familienthema lesen, das unter den Teppich gekehrt, über das nicht gesprochen werden sollte. Deswegen gab es keinen Teller, keinen Platz am Tisch. Geschichten, die ausgeschlossen, verdrängt, abgespalten werden, vergrößern sich in der Dunkelheit des Unbewussten. So verfluchte die 13. Fee das Dornröschen zum Tode, die 12. Fee milderte den Fluch und prophezeite einen 100-jährigen Schlaf. Und so geschah es: Dornröschen klettert in den verbotenen Turm, sticht sich an der Spindel und fällt in tiefen Schlaf. So ergeht es uns, wenn wir von alten, »im Turm versteckten« Themen (im Bild des Lebenshauses ist das der Keller) angetriggert werden: Wir versinken in den abgespaltenen Seelenbereich. Wir fallen aus der Zeit in eine unbewusste Altersschrumpfung, wir erstarren wie im tiefen Schlaf. Ebenso erstarrt für uns die Welt um uns herum. »Da schliefen auch die Pferde im Stall, die Hunde im Hofe, die Tauben auf dem Dache, die Fliegen an der Wand, ja das Feuer, das auf dem Herde flackerte, ward still und schlief ein, und der Braten hörte auf zu brutzeln, und der Koch, der den Küchenjungen, weil er etwas versehen hatte, in den Haaren ziehen wollte, ließ ihn los und schlief.«

Und dann braucht es seine eigene Zeit, bis wir »nach 100 Jahren« – in unserer Biografie sind es etwa 40 Jahre – vom Prinzen erlöst werden können. Das schlafende Dornröschen steht auf unserer Seelenbühne für den »verfluchten«, verletzten, abgespaltenen Teil unserer Seele. Der junge Prinz, der keine Mühe scheut, der sich aufmacht, das Dornröschen zu erlösen, das sind wir in unserem jungen, mutigen Zukunfts-Ich! So kämpft sich der Prinz durch die Rosendornen der Vergangenheit hindurch und küsst seine Seele, das Dornröschen, wach. Dornröschen kommt zu sich und mit ihr wacht der ganze Hofstaat wieder auf und geht erneut seiner Arbeit nach. Dornröschen, unsere Seele, ist aufgewacht für ihr ureigenes Leben im Hier und Jetzt. Damit stehen ihr ihre ganzen Fähigkeiten, ihr Hofstaat, zur Verfügung. Vermählt mit dem Prinzen, dem Zukunfts-Ich, und befreit von den Themen der Vergangenheit reitet Dornröschen in die eigene Zukunft, das eigene Königreich. Biografisch kann mit der Überwindung der Lebensmittekrise die Selbstverwirklichung, das authentische, eigene Leben nach 40 beginnen.

Persönlich erlebt: Zurück zu Herrn K.

In einem nächsten Schritt wenden wir uns dem heute 37-Jährigen zu und schauen, wie es um seinen Selbstwert steht. Was braucht es, um den Anker gut in ihm selbst und in seiner Welt, seinem Zukunfts-Ich zu verankern? Ich bringe das Bild von Kolumbus ein, der auch in eine unbekannte Zukunft aufbrach. Es gefällt Herrn K. auf Anhieb: »Ja, wie Kolumbus, der auszog und alle seine Kraft auf die Vision richtete, Indien erstmals auf dem Seeweg zu erreichen. Und am Ende hat er dann Amerika entdeckt!« Wir lachen beide und sind uns einig, dass unsere Ziele und Motive durchaus Hypothesencharakter haben dürfen.

Bevor wir uns verabschieden, mache ich Herrn K. noch darauf aufmerksam, dass es immer auf die Perspektive ankommt. Denn vom Zukunftsziel aus auf den losen Anker am Meeresgrund geschaut, kann man sagen: »Ich schleife über den Meeresboden und bin frei und offen zur Erkundung neuer Ozeane!« Herr K. strahlt. Das wurde sein erster Kraftsatz! Ich freue mich auf die weitere Arbeit mit ihm, denn Neues zu entdecken, dafür bin ich immer zu haben!

Im Fahren das Rad wechseln

Auch ohne die ganz große Krise können wir in den letzten Jahren der 30er merken, dass wir die Verbindung zu uns verloren haben, dass der rote Faden gerissen ist. Mit kleinen Veränderungen in unserem Alltagsleben gelingt es uns, quasi im Fahren unseres Lebensfahrzeugs das Rad zu wechseln. Wir treten damit bewusst über die Schwelle zu unserem James-Bond-Raum, dem Raum für Veränderungen und Lösungen. Wir machen uns bereit, den geheimen Auftrag, unsere Mission zu finden und anzunehmen. Wann sind wir in unserem Lebensalltag glücklich? Sind es nicht die kleinen Momente des Lebens, in denen Denken, Fühlen und Wollen in Einklang sind. Was braucht es dafür? Wo und wie können wir unsere gewohnte Umgebung mit neuen Augen sehen lernen?

Um Neues im Altbekannten zu entdecken, stellen Sie sich gedanklich einmal bewusst in die verschiedenen Schuhe, die bei Ihnen in der Garderobe stehen. Wie wirkt das Leben in den Schuhen Ihres Jüngsten? Wann ist in seinen Augen ein Tag ein guter Tag? Wie verbringt Ihre

Partnerin den Tag, wenn sie sich nach dem Frühstück voneinander verabschiedet haben? Was fällt ihr leicht, was schwer? Womit könnten Sie Ihren Partner überraschen?

Sie könnten auch die Tageszeitung wechseln und auf diese Weise etwas ungewohnt Neues denken. Oder mit kleinen Initiativen im Häuslichen die Familie überraschen – spüren Sie das neue Gefühl, wieder das eigene Leben zu leben? So bekommen Sie ein frisches Gefühl für sich selbst und langsam eine neue Orientierung – die Koordinaten Ihres Wertesystems beginnen sich zu verschieben.

Ressourcen aus der Bewusstseinsseelenzeit

Im James-Bond-Raum leben Ideenfreude und das echte Interesse daran, neue Lösungen zu finden. In einer empathischen Haltung sind wir bereit, von uns selbst abzusehen, um das Gemeinsame in den Mittelpunkt zu stellen. Wir begegnen den Menschen unabhängig von Alter und Stellung auf Augenhöhe.

Bewusst loslassen!
Haben Sie schon bemerkt, dass Sie im Schlafzimmer, im Bett, auf der Couch oder in der Badewanne in einem anderen Bewusstseinszustand sind? Wir lassen los, relaxen und sind damit weniger in unserem bewussten, erwachsenen Ich präsent. Seien Sie offen für die Alltagsmomente, in denen Sie sich bewusst entscheiden können: Jetzt ist Zeit zum zweckfreien, spielerischen Genießen!

Dazu gleich eine Empfehlung: Führen Sie keine Problemgespräche im Bett, denn hier rutschen wir schnell in die Altersregression und werden klein, trotzig und hilflos. Und damit sind wir weit weg von guten Lösungen.

Aus der Vogelperspektive
In schwierigen Gesprächen kann es helfen, sich eine Leiter vorzustellen, die man hinaufklettert, um das Gespräch von oben aus der Vogelperspektive zu betrachten. Für diesen Perspektivwechsel müssen wir uns selbst ein Stück verlassen. Das macht uns Angst. Doch haben Sie den Mut und wagen Sie den Schritt in den Zwischenraum. Die wohltuende Helligkeit und Leichtigkeit, die dabei entsteht, wird Ihnen zunehmend ein gutes Gefühl für diese Situationen geben. Spürt Ihr Gesprächspartner Ihr echtes Herzensbedürfnis, die Situation zu verstehen, wird er Ihnen vielleicht einen Schritt entgegenkommen.

Sie können auch spielerisch die Plätze tauschen und erleben, wie unterschiedlich Ihre Sichtweisen ganz konkret sind. Das macht beide Seiten offener für neue Gesichtspunkte und unbekannte Lösungen.

Eigenarbeit

Stärkungssätze aus der Bewusstseinsseelenzeit

- »Ab jetzt gehe ich mit dem, was brennen will.«
- »Ich stelle mich in mein ganzes Licht.«
- »Es braucht den Zweifel, um aufzuwachen.«
- »Ab jetzt wähle ich den direkten Weg.«
- »Es ist schon magisch, dass man aus dem Schlechten so viel Gutes lernen kann.«
- »Jedes Dornröschen hat ihren Prinzen in sich selbst.«

Fragen zur Zeit von 35 bis 42 Jahren

1. Ist es Ihnen geläufig, den James-Bond-Raum zu betreten, oder verunsichert es Sie, das sichere Terrain zu verlassen?
2. Gab es bereits eine Lebensmittekrise? Was hat sie ausgelöst, was war hinterher anders?
3. Sind Sie auf dem Weg, sich mit Ihren Eltern zu versöhnen?
4. Bemühen Sie sich in Ihrer Partnerschaft um ein stetig neues Kennenlernen, eine neue Vertiefung?

5. Gab es Besonderheiten in der Zeit des 2. Mondknotens, als Sie 37 waren?

Malaufgabe

Malen Sie sich als ein Gefäß. Vielleicht braucht es auch mehrere Gefäße: eines mit Ihnen als Inhalt vor der Lebensmittekrise, eines mittendrin und eines danach. Es gibt kleine und große Flaschen, Teekannen, Kaffeetassen und Schalen – welches Gefäß passt zu Ihnen in dieser Zeit? Manchmal kann das Gefäß einen Sprung bekommen, der dann geklebt und abschließend sogar noch mit Gold verziert wird, wie es in der japanischen Kunst des Kintsugi geschieht.

Einschub: Unser Inneres Kind

Auf unserem Besichtigungsgang durch das Lebenshaus finden wir die Dachluke hinauf zum Dachatelier für die Lebenszeit nach 42 zunächst verschlossen. Auf einem Schild steht: »Bitte zuerst in den Keller gehen und dort für Licht sorgen und aufräumen. Danach öffnet sich die Dachluke automatisch.« Also kehren wir um und gehen zurück ins Erdgeschoss. Neben der Eingangstür befindet sich noch eine kleinere Tür, die in den Keller führt. Jetzt, wo sie offen steht, fällt sie uns auf! Komisch, dass wir diese Tür bisher übersehen haben. Wir müssen uns bücken, um durchzukommen.

Vom Rutschen durch den Wäscheschacht

Im echten Leben lernen wir den Keller meist anders kennen: Es sind die berühmten Triggerpunkte, oft kleine Alltagssituationen, die uns plötzlich überraschen und überwältigen. Und schon fallen wir durch einen engen dunklen Wäscheschacht und rutschen senkrecht in den Keller. Wir landen hart, wie erstarrt, auf einem kalten Boden oder werden von tsunamiartigen Emotionswellen mitgerissen.

Wenn ich diese Zusammenhänge beschreibe, wird mir immer wieder bewusst, wie entlastend das Modell des Lebenshauses ist. Der Wäscheschacht und die geheimnisvolle Schließanlage zwischen Keller und Dachgeschoss gehören zu jeder Biografie, doch ohne den richtigen Bauplan verstehen wir nicht, was mit uns los ist. Wir lernen einfach am besten, wenn wir auf dem harten Kellerboden sitzen, wenn nichts mehr geht, wenn die alten Strategien nicht mehr weiterführen und alle Lampen rot blinken. Wir sind im mittleren Lebensalter meist noch nicht bereit, vorausschauend zu lernen. Werden wir es je sein? Machen Sie eine Diät, bevor Sie sich zu dick fühlen?

Auf unserem Besichtigungsgang nehmen wir nicht den dunklen Wäscheschacht, wir stoßen uns auch nicht den Kopf wund an der verschlossenen Dachluke, sondern wir öffnen bereitwillig die kleine Kellertür. Es braucht Kraft dafür. Ihr Quietschen dringt uns durch Mark und Bein. Wir finden den Lichtschalter und gehen die steile Steintreppe nach unten. Bei Licht sieht der Keller ganz überschaubar aus: In einem Raum liegen ziemlich rumplig die verdrängten Themen aus den 3 Räumen der Kinder-, Schul- und Jugendzeit. Sie warten förmlich darauf, in die Hand genommen, angeschaut und verstanden zu werden. Mit den Techniken von PEP®, wie im »Einschub: Biografiearbeit mit PEP®« beschrieben, können wir den Staub entfernen und ihren Wert für unsere Zukunft entdecken. Dann können wir sie in den 2. Raum bringen. Dort in den Regalen ist Platz für die Vorräte, in die sich unsere Kellerthemen verwandeln. Denn im Laufe der Biografiearbeit erfahren wir: Im dunklen Fleck liegt unser Potenzial. In unserem Leidthema liegt oft ein Leitmotiv unseres Lebens verborgen. Wir können also unsere »Leichen« in Ressourcen verwandeln!

Und dann gibt es da noch eine Nische mit einem Hinweisschild: »Platz für die zu großen Themen«. Das entlastet: Die Themen, die wir im Moment nicht lösen können oder wollen, finden aufgeräumt und beschriftet ihren Platz in dieser Nische. So überfordern sie uns nicht mehr, diese Ordnung ist eine wichtige Maßnahme zur Seelenhygiene.

Persönlich erlebt

Als ich mit 3 Jahren wegen eines angeborenen Hüftleidens im Krankenhaus lag, hat mein Vater mich mit meiner 3 ½ Jahre älteren Schwester im Krankenhaus besucht. Im Bild vor meinem inneren Auge geht er mit ihr an der Hand aus dem Zimmer und lässt mich in meinem Bettchen liegend zurück. Während ich dies schreibe, steigt die Traurigkeit und das tiefe Nichtverstehen wieder ganz akut und von Tränen begleitet in mir hoch. Aha, denke ich, auf der Skala von 0 bis 10 bist du mindestens auf 8! Also nutze die Chance, unterbrich die Arbeit und klopfe mit PEP®! Ich beginne mit der Selbstakzeptanzübung: »Auch wenn mich diese Erinnerung immer noch so traurig macht, liebe und akzeptiere ich mich so, wie ich bin.« Dann klopfe ich die 16 Akupunkturpunkte und versuche, mich auf die Traurigkeit einzulassen. Immer wenn meine Gedanken abschweifen wollen, um den Prozess von außen zu betrachten, gehe ich wieder in die Traurigkeit und klopfe weiter. Aha, denke ich, den Brustkorbbereich klopfen ist wirklich sehr wohltuend! Wie die Affen im Zoo siehst du jetzt bestimmt aus. Aber das Klopfen der seitlichen Brust tut einfach gut und entlastet.

Nachdem ich alle Punkte durchgeklopft habe, fühle ich auf meiner inneren Skala die 4. Immerhin, von 8 auf 4. Ich schließe die Zwischenentspannung an und versuche dabei, an nichts zu denken. Mir fallen noch einige Selbstakzeptanzsätze ein: »Auch wenn mich diese Erinnerung mein Leben lang so furchtbar traurig machen wird, liebe und akzeptiere ich mich so, wie ich bin. Auch wenn ich schon ab morgen nie wieder traurig sein werde wegen meiner Hüfte und mir direkt was fehlen wird, liebe und akzeptiere ich mich so, wie ich bin.« Das Aussprechen der absoluten Vergrößerung »... Mein Leben lang ...« und anschließend der Verkleinerung »... ab morgen nie wieder ...« bringt uns in eine innere Distanz und lässt uns den Standpunkt spielerisch wechseln. Beides unterstützt den Wechsel aus dem seelischen Eingetauchtsein in die erwachsene Ich-Ebene. Wir schauen von außen auf uns. Und spätestens bei der oft doch ziemlich unwahrscheinlichen Formulierung »... ab morgen nie wieder ... und mir direkt etwas fehlen wird ...« taucht dann auch der Humor mit einem Lächeln in uns auf. Er aktiviert und unterstützt unsere Selbstwirksamkeit zur weiteren Verarbeitung und Integration der Situation.

In meiner Situation ging es auch um das innere Schrumpfen. Schließlich war ich damals 3 Jahre alt. Daher sage ich jetzt: »Auch wenn meine Hüfte mich hartnäckig einlädt, zum kleinen Kind zu schrumpfen, liebe und akzeptiere ich mich so, wie ich bin. Auch wenn ich ab jetzt mitsamt meiner Hüfte die erwachsene und lebenserfahrene Frau bleibe, die ich bin, liebe und akzeptiere ich mich so, wie ich bin.« Ich spüre Abstand und auch Milde und ein tiefes Verstehen für mich selbst. Und auf der Skala zeigt sich jetzt eine 2. Der fröhliche, unternehmungslustige und kreative Anteil in mir möchte sich jetzt der Bildung von Kraftsätzen zuwenden. Meine Erkenntnissätze zu diesem Thema lauten:

- »Nur mit dieser traurigen und für mich als kleines Mädchen auch grausamen Erfahrung konnte ich die werden, die ich heute bin.«
- »Die Situation damals war wirklich schlimm – und ich habe das Recht, wenn ich es wirklich brauche, mein Leben lang traurig zu sein.«
- »Dieser persönlichen Lebensschule verdanke ich meine ganze eigene und spezifische Kompetenz als Biografie-Coach.«

Meine Kraftsätze lauten:

- »Mit dieser Kackhüfte wird mein Leben erst zum Feuerwerk!«
- »Für so ein Trainingslager müsste ich heute sehr viel Geld bezahlen!«
- »Mein Hüftleiden ist ein lebenslanges Rezept gegen Oberflächlichkeit und Dummheit!«

Als ich dann Mutter von insgesamt 4 Kindern wurde, war es für mich ganz wichtig, dass ich sie in ihren ersten Lebensjahren nicht in eine Betreuung gab. Ich habe mir das lange aus der Waldorfpädagogik heraus schlüssig erklärt. Aus heutiger Sicht wollte ich damit auch etwas für mein Inneres Kind zur Heilung bringen. Denn indem ich die Betreuung meiner Kinder so wichtig nahm, nahm ich – in Stellvertretung – mich als Kind wichtig. Denn indem ich meine Kinder nicht weggab und allein ließ, nahm ich mich in meiner Verlassenheit ernst.

Die Stimme unseres Inneren Kindes verstehen lernen

Die große Metapher des Inneren Kindes lädt uns zu der langersehnten Reise zu uns selbst ein. Endlich dürfen wir zurück in das Land unserer Kindheit, dürfen uns rückverbinden mit uns selbst. Wir dürfen ganz hineintreten und dabei doch in der Sicherheit des Erwachsenseins bleiben. Wir dürfen heimkommen zur Quelle unseres Lebens!

Die Metapher des Inneren Kindes ermöglicht es uns, in die Gefühlswirren unserer Kindheit hineinzugehen, uns selbst nachträglich von innen richtig zu verstehen. Wir erlauben uns, wirklich nachzuempfinden, wie sich die Erlebnisse von damals für Kinderaugen gezeigt, für Kinderherzen angefühlt haben. Welche inneren Hilferufe, welche Freudenausbrüche, welche Bedürfnisse und Nöte, welche Ressourcen und Kraftquellen sich damals in uns gebildet haben. Welche Auswirkungen sie auf unser Leben heute haben.

Was aber macht unser Inneres Kind eigentlich aus? Angesprochen ist mit dieser Metapher ein großer Bereich in uns: nämlich alles, was in uns von dem Kind lebt, das wir einmal waren. Es betrifft sein ganzes Sein. Dazu gehören unsere Gefühlserlebnisse, unser Frohsinn, unser Temperament, unsere Launen, unser Schalk, unsere Traurigkeit und noch viel mehr. Und dann unsere Verletzungen, die Kränkungen, die wir erlebt haben. Alles, was im Keller der Seele auf Erlösung wartet oder zumindest auf Verständnis und Annahme hofft.

Wir zählen dazu aber auch die Kindanteile, die zu unserer Zukunft gehören. Das kreative Werden, das sich im freien Spiel der kleinen Kinder ausdrückt, in dem die ureigene Berufung schon ganz vorsichtig sichtbar wird. Deswegen fragen ja auch kompetente Berufsberater: »Nehmen Sie sich Zeit, sich daran zu erinnern, was Sie im Kindergartenalter gern gespielt haben.« Denn damals waren wir noch nicht gelenkt und gesteuert von der Welt der Eltern und der Schule. Damals konnte sich unser Lebensmotiv im Spiel noch frei ausdrücken.

Uns selbst gut beeltern

Mit dem Konzept des Inneren Kindes können wir nachvollziehen, dass in der Psychotherapie heute davon gesprochen wird, es sei für ein selbstverantwortetes Leben notwendig, die Fähigkeit zu erlernen, sich selbst gut zu beeltern. Betrachten wir den Menschen in seiner Dreigliedrigkeit von Kopf, Herz und Bauch, so sprechen in unserem Kopf die verschiedenen Stimmen unseres Eltern-Ich. Aus dem Bauch melden sich die verschiedensten Emotionen und Stimmen des Kind-Ich. Im Herzen gilt es, beiden Stimmen gut zuzuhören und situationsabhängig zu entscheiden, wie mit ihren Aussagen und Bedürfnissen umzugehen ist. Auf der Herzebene spricht die Stimme unseres Erwachsenen-Ich.

Unser Inneres Kind lebt also im Bauch in all den Emotionen und Bedürfnissen, in den geliebten und den ungeliebten Anteilen von uns. Zwei ganz entscheidende Fragen stellen sich uns dabei:

- Wofür wurden und werden wir geliebt?
- Wofür wurden und werden wir abgelehnt?

Meist gibt es außerdem abgespaltene Anteile, in denen kränkende Erlebnisse zum Selbstschutz weggepackt wurden. Diese lagern ebenfalls im Keller, im Unbewussten unseres Lebenshauses, und warten darauf, dass unser erwachsenes Ich das Licht anschaltet, neugierig diese Anteile hervorholt und versucht, sie zu verstehen. Mit unserem Erwachsenen-Ich können wir unsere ungeliebten und vergrabenen Anteile an die Hand nehmen und nach oben in die schöneren Etagen unseres Lebenshauses führen und im Licht unseres Tagesbewusstseins integrieren.

Der »Wäscheschacht« nach unten

Wir haben die abgespaltenen Anteile in der Hoffnung verdrängt, ihnen nie wieder begegnen zu müssen. Doch genau das Gegenteil geschieht, wenn sich die Lebenskräfte im Älterwerden langsam aus dem Körper lösen und damit unser Körpergedächtnis in unserem Bewusstsein zu sprechen beginnt. Jetzt werden in Alltagssituationen, die den schwierigen Momenten unserer Kindheit ähnlich sind, die frei gewordenen Kräfte des Körpergedächtnisses getriggert und überschwemmen uns mit einer großen Gefühlswelle. Die Wäscheklappe öffnet sich und wir werden mit einem gewaltigen Sog hinuntergerissen in das passende kindliche Lebensalter. Regression, inneres Altersschrumpfen tritt ein. Überrascht und überwältigt von unseren eigenen Emotionen bemerken wir nicht, dass wir unsere ganze Lebenserfahrung und erwachsene Kompetenz verloren haben. Wir erleben nur noch große Hilflosigkeit und Ohnmacht. Nach so einer

Episode fühlen wir uns sehr erschöpft und ermattet, alle Kräfte haben uns verlassen. Die Frage, die jetzt vor unserem wieder erwachenden Erwachsenen-Ich auftaucht, lautet: »Was ist eigentlich passiert?« Wir können diese Frage oft nicht beantworten, da das frühere Erlebnis wieder in den Schattenraum unseres Bewusstseins abgetaucht ist. Viel klarer können wir noch die Gründe in der Außenwelt benennen. Es ist also kein Wunder und keine böse Absicht, dass wir die Schuld in unserer Umgebung, bei unserem Gegenüber suchen. Seine Anteile an der Situation sehen wir nämlich noch verhältnismäßig klar. In dieser einseitigen Interpretation spricht dann oft die Stimme unseres lieblosen, harten, beurteilenden Eltern-Ich, das automatisch und schnell alle Lebenssituationen genau einzuschätzen weiß, oder die Stimme unserer eigenen überhöhten Ansprüche an uns selbst. Die abgespaltenen Kindanteile und die abgespaltenen Eltern-Ich-Anteile geben sich gern die Hand und verstärken sich gegenseitig.

In den Kindertagen wollten die meisten von uns möglichst schnell erwachsen werden, um selbst bestimmen zu dürfen oder um manchem nicht mehr ausgesetzt zu sein. Dann, endlich erwachsen, haben wir unser Leben selbst in die Hand genommen. Alle unangenehmen Erinnerungen wurden von uns weit weggeschoben. Da wir etwas erreichen wollten, haben wir uns ganz auf die Welt ausgerichtet. Wir haben uns in unserem erwachsenen Leben eingerichtet und viel Einsatz gebracht, um alles unter sicherer Kontrolle zu halten.

Persönlich erlebt

Als Mutter von 4 Jungs habe ich mich sehr angestrengt, alles möglichst gut zu machen, denn ich hatte genaue Vorstellungen, wie alles sein sollte. Ich merkte überhaupt nicht, dass für meine eigenen inneren Gefühle und Bedürfnisse keine Zeit, kein Raum blieb. Ich lebte doch genau das Leben, das ich immer leben wollte. Dafür erschien kein Einsatz zu groß. Einmal sagte mein Sohn Moritz: »Mama, du lachst ja gar nicht mehr!« Ich horchte auf, spürte für einen Moment die Härte gegen mich selbst, die sich wie eine Schlinge um meinen Hals gelegt hatte. Doch schnell wischte ich dieses Empfinden weg. In letzter Zeit tauchte öfter ein unbekannter Schmerz, eine tiefe Einsamkeit von unten in mir auf. Es kostete zusätzlich Kraft, diese negativen Gefühle wie mit einem Deckel auf dem Dampfkochtopf gut unter Verschluss zu halten. Da waren doch die vielen Momente, in denen mein Leben stimmte, ich meinen Mann liebte, meine Kinder mich freuten und mein Beruf mich erfüllte. Dass mein Mann sich für meine Launen und negativen Gefühle nicht interessierte, verstand ich sehr gut. Wollten wir doch ein bewusst positives Leben führen. Wir hatten schließlich einen hohen Anspruch an uns.

Und dann endlich gelang es meinem Mann, seinen Sohn aus einer früheren Beziehung ganz zu uns zu holen. »Jetzt können wir endlich vollkommen glücklich sein«, frohlockte er. Warum fühlte sich das nur so schal an für mich? Von da an versank ich immer tiefer in der dunklen Schattenseite meiner Seele. Ich wurde zur bösen Stiefmutter – immer für meinen Stiefsohn »reichte die Milch nicht mehr«. Ich verstand nicht, was da passierte, und schämte mich sehr. Gleichzeitig fühlte ich in mir einen tiefen Schmerz. Ich verurteilte mich für mein Verhalten, mein Mann verstand die Welt nicht mehr. Wie konnte ich als 42-jährige Frau eifersüchtig auf seinen 10-jährigen Sohn sein? Er war wütend und verletzt zugleich und bestrafte mich mit stummer Ablehnung. Erst viel später wurde mir deutlich, dass es sich hier um die lang unterdrückten Kräfte meines Inneren Kindes gehandelt hatte.

Ein weggeschobenes Inneres Kind meldet sich oft in den 40ern mit Vehemenz zu Wort. Jetzt ist unser Ich in sich selbst aufgewacht und bereit zur Selbstreflexion. Unser verletztes Inneres Kind möchte endlich von uns verstanden werden! Doch stattdessen wird es häufig erneut, wie damals in der Kindheit, gemaßregelt und mit Liebesentzug bestraft. So wollte auch meine Eltern-Ich-Stimme, die doch so auf die Außenwelt konzentriert war, meinen Schmerz nicht verstehen, sondern verurteilte mich hart. Die große Freude von Vater und Sohn, wieder vereinigt zu sein, erinnerte mich an mein trauriges Gefühl, von meinem Vater im Krankenhaus alleingelassen worden zu sein. Es gehört zu meinen ersten Erinnerungen, wie er mich damals, mit meiner Schwester an der Hand, allein zurückließ.

Es war ein weiter Weg, den ich

zurücklegen musste, von der verurteilenden, strafenden Stimme meines Eltern-Ich hinein in die Gefühlswelt meiner Kinderseele von damals. Dazu brauchte es die Stimme des Erwachsenen-Ich, das sich von der Herzebene aus in die Situation der Kindheit wirklich hineinversetzt. Dazu muss die Eltern-Ich-Stimme, die aus der Distanz heraus alles mit dem Verstand klar betrachtet und beurteilt, lernen zu schweigen.

Ich versuchte mir ehrlich vorzustellen, wie sich ein 3-jähriges Mädchen fühlt, das im Bett liegt und erleben muss, dass der Vater mit der Schwester an der Hand geht und es nicht mitnimmt. Es kann nicht verstehen, warum es dort liegen muss, wie die Regeln des Krankenhauses sind, warum der Vater nicht bleibt. Verzweifelt fühlt es sich existenziell alleingelassen! Jetzt, im Mitempfinden der Verzweiflung von damals, verstand ich, warum ich später über »die Krankenhausgeschichte« nie gesprochen habe, warum immer Tränen in meine Augen traten, wenn die Rede darauf kam. Als ich damals entlassen wurde und wieder nach Hause kam, habe ich die ganze Geschichte einfach – aus Selbstschutz – weit weggeschoben. Und durch das Zu-uns-Kommen des Stiefsohnes wurden auf ziemlich verschlüsselte Weise diese alten Gefühle angestoßen und brachen aus der Tiefe hervor. Mein verletztes Inneres Kind spürte, dass es heute nicht mehr ohnmächtig und hilflos war. Jetzt konnte es mit seinem schlechten Verhalten Vater und Sohn, stellvertretend für den eigenen Vater mit seiner Tochter, meiner Schwester, bestrafen.

Unsere Beziehung zerbrach. Mit meinem Teddy, den ich mir nach der Trennung gekauft hatte, im Arm weinte ich viele Tränen: für mich in meiner Verzweiflung damals als kleines Kind. Für mich, die erwachsene Frau, die nach der Trennung erneut verlassen war. Immer wieder, so ungewohnt es auch für mich war, nahm ich mir jetzt Zeit für mich. Mit dem Teddy auf dem Schoß begann ich, die verschiedenen Stimmen in meiner Seele unterscheiden zu lernen.

Ich brauchte professionelle Unterstützung, um Schritt für Schritt zu lernen, die Geschehnisse von außen, aus der Distanz meines Erwachsenen-Ich, zu betrachten und die unterschiedlichen Kind-Stimmen in mir kennenzulernen: mein verstecktes, verstummtes, weinendes, wütendes, schlagendes, unverstandenes, trauriges Kind-Ich. Ebenso dauerte es, bis ich die unterschiedlichen Eltern-Ich-Stimmen unterscheiden konnte: die verständnisvolle, liebende, unterstützende, die strenge, erwartungsvolle, verurteilende, strafende, enttäuschte, traurige.

Sich selbst beeltern: Wie geht das?

Mir ging es wie so vielen Menschen in den 40ern: Endlich wollte ich lernen, wirklich zu mir zu stehen! Was hieß das aber genau, mich selbst zu beeltern? Fragen über Fragen führen zur Herzebene unseres Erwachsenen-Ich: Wo liegt konkret die Aufgabe der Selbstverantwortung? Welche Bedürfnisse des Kind-Ich sprechen sich konkret in der Vielfalt meiner Emotionen in der jeweiligen Situation aus? Sind die Ratschläge aus meinem Eltern-Ich der Situation angemessen oder einseitig streng und verurteilend? Wann schiebe ich, wie gewohnt, die Bedürfnisse meines Kind-Ich auf die Seite? Wie lerne ich in meinem Erwachsenen-Ich mein Kind-Ich zu verstehen, es zu trösten, es zu integrieren, ihm eine Stimme zu geben, aber eben auch nur eine? Wie passe ich auf, dass es mir die Zügel nicht aus der Hand nimmt? Wie schaffe ich es, dass ich die Versprechen, die ich ihm mache, auch halte? Nehme ich mir zum Beispiel heute Abend wirklich Zeit für mich selbst und steige in die Badewanne, so wie ich es mir heute Nachmittag, als ich länger als geplant arbeiten musste, versprochen habe? Oder will ich meine Bedürfnisse wieder wegrationalisieren, indem ich mir sage, dass meine Pflichten wichtiger sind? Dann brauche ich mich nicht zu wundern, wenn mein Inneres Kind in der nächsten ähnlichen Situation die Handbremse zieht und mir einen kleinen Migräneanfall oder sonstige Beschwerden schickt. Denn das Innere Kind hat einen ganz engen Zusammenhang zu unserem Körper, zu unserer Körperlichkeit.

Der Schriftsteller Ulrich Schaffer hat in diesem Sinne einen kleinen Dialog geschrieben, in dem die Seele zum Körper sagt, er solle vorgehen, vielleicht hört der Mensch auf sie. Und der Körper antwortet, dass er krank werden wird, dann wird der Mensch endlich Zeit für seine Seele aufbringen.

Irgendwann im Leben sollten wir lernen, auch bei sozialen Missverständnissen und Streitigkeiten zu unterscheiden, wann unsere Reaktionen einseitig und übertrieben sind, wann wir unser erwachsenes Ich verlieren und die Emotionen des Kind-Ich ungebremst das Ruder übernehmen. In aller Regel sind in Auseinandersetzungen mit Menschen immer alle am Problem mit beteiligt. Bei 2 erwachsenen Menschen hat meist jeder seine 50 Prozent.

Um die Emotionen, die aus dem Kind-Ich wellenartig und unangemessen die Wirklichkeit überspülen, zu klären, zu lösen und zu verabschieden, können wir mit den PEP®-Techniken arbeiten. An dieser Stelle ist es mir wichtig zu wiederholen, dass es Verletzungen und Kränkungen gibt, die zu schwerwiegend sind, um sie aus dem Keller zu holen und auszupacken. Solche »Pakete« kann man gut verpackt mit deutlicher Beschriftung in ein Kellerregal stellen. Doch möchte ich Ihnen Mut machen: Mit PEP® kann man, am besten unterstützt von einem vertrauenswürdigen, kompetenten Therapeuten, auch schwerwiegende Traumata auflösen. Es braucht dazu den eigenen Wunsch, eine gute Therapeutenbeziehung und die Leichtigkeit des Humors. Michael Bohne sagt dazu: »Aus meiner Sicht sind Klienten oft geradezu dankbar, wenn man trotz der teils schlimmen und belastenden Vergangenheit, die sie erlebt haben, einer gewissen Leichtigkeit und einem wertschätzenden Humor in der Behandlung Raum gibt.«[15] Denn dann kommt Bewegung in den Prozess und Verwandlung, Verkleinerung, Auflösung, Integration, Heilung kann eintreten. Mit der Biografiearbeit kommt es zu einem tieferen Verstehen, das Sinnhaftigkeit vermittelt und damit den Prozess vereinfacht und oftmals auch erst anstößt.

Aus spiritueller Betrachtung sind wir in der Arbeit mit dem Inneren Kind im Bereich des tiefen Lebenslernens, des Karmalernens. Denn aus Sicht der Reinkarnationsidee halten uns die Muster aus unserer Kindheit, die wir möglicherweise von weither mitgebracht haben, fest in unserer Vergangenheit. Wir können dieses Festgehaltensein in Gedankenkreisen, in Gefühlsschwankungen, in unangemessenem Tatendrang oder Erstarrung sehr gut an uns bemerken. Wir müssen uns dadurch ganz lebenspraktisch immer wieder mit diesen alten Themen auseinandersetzen. Damit hindern wir uns selbst an der Gestaltung unseres eigentlichen, jetzigen Lebens in der Gegenwart, das aus der Zukunft inspiriert ist.

Im Inneren Dialog: Ich mit mir

»Ab jetzt entscheide ich, wer hier mit wem spricht.«

Die Stimmen aus dem Kopf sprechen mit ihrer Klugheit, ihrem Pflichtbewusstsein von oben herab mit uns. Sie haben die wichtige Aufgabe, unserem Leben Sinn und Ordnung zu geben. Doch woher haben diese Kopfstimmen ihre Vorstellungen vom Leben? Meist sind es die Stimmen der Eltern, Lehrer, der Gesellschaft, der Normen unserer Zeit und Umgebung, die von uns ungeprüft übernommen wurden. Wir nennen diese Stimme den inneren Kritiker. Unser Eltern-Ich spricht mit uns genauso liebevoll, verständnisvoll, annehmend oder lieblos, ohne Verständnis und ablehnend, wie wir es als Kinder gehört haben. Jetzt gilt es, mit unserem Erwachsenen-Ich genau hinzuhören und Punkt für Punkt selbst zu entscheiden, ob wir heute weiter so mit uns sprechen wollen. Würden wir so mit unserer besten Freundin, unserem besten Freund reden? Entspricht der Tonfall unserer Lebensgegenwart? Nein? Dann sollten wir jetzt diese Stimmanteile unseres Eltern-Ich in Freundlichkeit und Wertschätzung entlassen.

Unser Erwachsenen-Ich vermittelt auf der Herzebene. Es hört die Stimme unseres Eltern-Ich und kann untersuchen: Wann spricht aus ihr unberechtigte Kritik, zu großer Ehrgeiz, lieblose Strenge? Wann ist eine Ermahnung, Aufmunterung, Erinnerung berechtigt? Unser Erwachsenen-Ich versucht auch die Körpersprache und die Stimme unseres Kind-Ich zu verstehen, in seinem berechtigten Bedürfnis nach Rückzug, Erholung, Freiraum oder Kreativität. Wann gilt es, Raum für Kreativität einzurichten, wann gilt es, aufzumuntern oder auch einmal zu begrenzen? Sind wir mit diesen Fragen wach, entsteht ein immer selbstverständlicherer Kontakt zwischen Kopf, Herz und Bauch in uns.

Jetzt können wir uns dem Ruf

unseres Zukunfts-Ich öffnen, das sich über unsere persönlichen Ideale und Zukunftsvisionen Gehör verschaffen möchte. Wir entwirren das Knäuel unseres Lebensfadens aus der Vergangenheit und bekommen so den Blick frei für das 2. Ende unseres roten Lebensfadens, das uns aus der Zukunft entgegenragt. Allmählich vermögen wir es mit unseren Händen zu fassen. In Verbundenheit mit unserem Lebensziel wächst uns jetzt für die Pflichten und Aufgaben neue Kraft zu.

Bedeutsames: Wie unsere Eltern uns geprägt haben

Stellen Sie sich ein kleines Kind vor, das sich auf das versprochene Vanilleeis freut. Beim Eismann angekommen sagt dieser: »Leider habe ich heute keine Vanille, sondern nur Schokolade.« Jetzt ist der Kummer groß! Vielleicht finden die Eltern das richtige Maß an liebevollem Verständnis verbunden mit der liebenden Klarheit einer ablenkenden Idee: »Es ist wirklich traurig, dass Vanille alle ist! Komm mal zu mir in den Arm«, und dann nach einer Weile: »Weißt du was, wir laufen einfach nach Hause und machen selbst Vanilleeis!« Oder sie zeigen sich hart und verständnislos: »Hab dich doch nicht so!«, oder sie zerfließen mit in dem endlosen Schmerz und versinken mit dem Kind im Kummer: »Wie soll das Leben ohne Vanilleeis je weitergehen?«

Jeden Tag erleben wir als Erwachsene Momente, in denen es im übertragenen Sinn »kein Vanilleeis gibt«. Für die gesunde, authentische Lebensgestaltung wird viel davon abhängen, ob wir gelernt haben, uns zu trösten und gleichzeitig Zugang zu neuen Lösungen zu finden. Wie viele Erwachsene gehen mit sich selbst entweder lieblos direktiv um oder zeigen ungefiltert ihre Emotionen und versinken im Opfergefühl. Aus beiden polaren Haltungen, der des kritischen, lieblosen Eltern-Ich und der des haltlosen, ungeführten Kind-Ich, finden wir keinen Zugang zu den Ressourcen in uns. Beide Reaktionsweisen können langfristig Erkrankungen wie Burn-out-Syndrom und Depression bewirken. Nur aus der Balance im Herzen können wir mit der Weisheit des liebevollen Eltern-Ich und der Kreativität des liebevoll geführten Kind-Ich die passenden Lösungen für die Probleme des Lebens finden. Quasi im Kreuzungspunkt der liegenden Acht, dem Zeichen der Unendlichkeit.

Wann öffnet sich der Wäscheschacht?

Wie lernen wir zu bemerken, dass wir in unserem Inneren Kind stecken bleiben? In einer alltäglichen Situation gibt es manchmal einen Punkt, der unsere alte Verletzung triggert. Damit klappt ein Schalter um und je nach Konstitution, Charakter und Erlebnis schwappt eine Welle von Emotionen über uns und droht uns zu verschlucken. Die 3 Zustände, die uns zeigen, dass es sich aller Wahrscheinlichkeit nach um ein Tsunamierlebnis aus Kindertagen handelt, sind: Hilflosigkeit, Ohnmacht und das Gefühl, ein Opfer zu sein. Wir verallgemeinern, gehen davon aus, dass sich »nie« etwas ändern wird und dass uns immer »unrecht« getan wird. Aus der Evolution sind in uns 3 archaische Handlungsmuster tief verankert: Wir fliehen, wir greifen an oder wir stellen uns tot. Immer wenn einer dieser Handlungsimpulse übermächtig in uns auftaucht, wissen wir ab jetzt: Wir sind gerade im Wäscheschacht auf dem direkten dunklen Weg nach unten in den Keller unterwegs.

Nun gilt es diese Themen, die uns triggern, immer früher zu erkennen, damit wir ein inneres Ampelsystem entwickeln können, das uns bei »Hellorange« warnt, also zu einem Zeitpunkt, an dem wir noch handlungsfähig sind. Oft hilft es dann schon, sich bewusst zu werden, wie alt man sich gerade fühlt. Ich rutsche in meiner Geschichte immer runter auf 1 bis 3 Jahre, dem Alter meiner Traumatisierung. In diesem gefühlten Alter habe ich keinen Zugriff auf die später 54 Jahre meiner Lebenserfahrung und meiner Kompetenz! Dass ich mich dann hilflos und ohnmächtig fühle, braucht mich nicht zu wundern. Doch wir können lernen, diesem inneren Schrumpfen durch ein bewusstes inneres Wachsen entgegenzuwirken. Letztlich hat jeder von uns nur wenige Themen, die ihm immer wieder die Klappe zum Wäscheschacht öffnen.

In einer Partnerschaft vereinfacht sich das Zusammenleben enorm, wenn beiden die Themen und Triggerpunkte bewusst werden. Denn bedenken Sie, nicht nur wir öffnen unseren Wäscheschacht bei bestimmten Themen, sondern auch unser Partner. Immer wenn er verstummt am Tisch sitzt, innerlich abtaucht, abhaut oder anfängt, um sich zu schlagen, wissen wir jetzt, dass er vermutlich nicht mehr »bei sich« in seinem Alter und seiner Kompetenz ist, sondern vielleicht gerade 10 Jahre alt. Vielleicht haben sich die Eltern zu dem Zeitpunkt getrennt? Dann begehrt er heute über das Maß auf, wenn er einen ähnlichen Schmerz befürchtet. Oder strengt sich weit über das Maß an, um nicht wieder so etwas Schlimmes erleben zu müssen.

Wenn Sie bei Ihrem Partner bemerken, dass er gerade in seinen alten Film rutscht, dann nehmen Sie das, was er jetzt sagt, nicht persönlich, denn Sie sind nicht gemeint. Versuchen Sie die Situation zu deeskalieren und zu beruhigen. Später können Sie dann miteinander beratschlagen, wie Sie in Zukunft so ein altes Drama früher erkennen können. Was sind die ersten Anzeichen?

Als persönliche Sofortmaßnahme können Sie versuchen immer dann, wenn sich Ihr Wäscheschacht öffnet, »einfach« genau das Gegenteil von dem tun, was Sie meinen, tun zu müssen:

Erste Hilfe: Das Gegenteil machen

- Beim Totstellenwollen in einer Gesprächsrunde bringen Sie sich das nächste Mal bewusst mit einer Bemerkung ein und reden weiter mit.
- Beim Fliehenwollen setzen Sie sich zu Ihrer Frau aufs Sofa, nehmen bewusst ihre Hand und geben ihr ein verabredetes Zeichen.
- Beim Angreifenwollen spüren Sie rechtzeitig diesen großen Kraftschub und setzen ihn friedlich

nach außen um, im Garten, mit dem Fahrrad oder Teig knetend, zu lauter Musik tanzend oder mit einem Boxsack.

Schwierig wird es, wenn beide Partner zur gleichen Zeit ihr Alter verlieren und in einem alten Thema untertauchen. Es ist dann schon viel, wenn einer bemerkt, dass da etwas nicht stimmt. Jetzt gilt es vor allem, die Situation zu deeskalieren! In einem guten Gespräch vielleicht in einer Paarberatung können beide Partner lernen, die Muster des anderen zu verstehen, und versuchen, einen gemeinsamen Lösungsansatz zu finden.

Persönlich erlebt

Sebastian ist 62 und sagt: »Ich vergesse mich selbst gern. Ich gebe mich immer voll rein in Beziehungen. Ich mache das gern und mit Herzblut. Aber ich verliere mich im Strom des anderen. Ich habe zum Inneren-Kind-Seminar meinen Teddybären immer wieder vergessen, als würde ich meine eigenen Bedürfnisse boykottieren. Für jemand anderen da sein, das ist mir viel wichtiger in meinem Leben. Doch wenn ich mich dann einmal meiner Lebensgefährtin mit meinen Nöten öffne, dann sagt sie, sie sei nicht meine Therapeutin. Ich fühle mich oft im Regen stehen gelassen. Ich gebe ihr schließlich alles.«

In dieser Geschichte finden wir das Kind im 1. Jahrsiebt. Es gibt alles, es ist mit seiner ganzen Existenz ausgebreitet im Strom des Lebens. Mit dieser seelischen Weite des kleinen Kindes ist immer ein Gefühl von Omnipotenz, also Allmacht, und zugleich von zu früher und zu großer Verantwortlichkeit verbunden. Das kleine Kind bestimmt mit seinen Bedürfnissen die ganze Familie. Ein wichtiger Bestandteil von Erziehung lautet, dem Kind deutlich zu zeigen: Du bestimmst nicht alles und bist damit auch nicht für alles verantwortlich. Dieser Zusammenhang wird nämlich im tiefen Unbewussten des Kindes hergestellt und kann dann im Erwachsenenalter zum bekannten Helfersyndrom, zur Harmoniesucht, aber auch zu Größenwahn führen.

Wenn ein kleines Kind die Ermächtigung bekommt, die Familie

zu regieren, dann gibt man ihm damit auch das ganze Paket der Verantwortung. Zunächst ist es für das Kind ein tolles Gefühl, wenn es erlebt: Aha, ich kann hier also alle glücklich machen. Dabei ist es doch das Vorrecht des kleinen Kindes, von seinen Eltern gesättigt, geliebt und geschützt zu werden. Geschieht dies nicht ausreichend oder sind die Vorzeichen verdreht, kann das Folgen haben. Werden in unserem späteren Leben diese Bezüge in uns getriggert, passiert es häufig und vor allem unbemerkt, dass wir im Alter hinunterrutschen in unsere Kindsituation. Dann möchten wir so gern, dass alles gut ist. Und dafür geben wir alles. Das ganze Herzblut. Wir vergessen uns selbst. Es gehört zum kleinen Kind, dass es sich vergisst, dass es ganz eintaucht in seine Umgebung. Das sind tiefe Qualitäten und große Kompetenzen. Erziehung in den ersten Jahren besteht darin, dass die Eltern dem Kind vermitteln: Du bist nicht verantwortlich, sondern wir. Bei Sebastian ist genau das Gegenteil passiert. Er war der Diplomat der Familie, er war verantwortlich. Den Phänomenen des Helfersyndroms – zu viel Verantwortung – oder auch der Selbstüberschätzung – das Gefühl der Allmacht – liegt demnach häufig ein inneres Schrumpfen in einen kindlichen Bewusstseinszustand im 1. Jahrsiebt zugrunde. Das erklärt die Ohnmacht, Hilflosigkeit und manchmal die Beratungsresistenz, in der diese Menschen sich zugleich gefangen fühlen.

Persönlich erlebt

Als Sebastian begriff, dass ihm in diesen Situationen seines Lebens mal eben 57 Jahre soziale, emotionale und fachliche Kompetenz fehlen, klärte sich für ihn in einem Moment ganz viel. Die Qualitäten aus einer Kindheit voller Verantwortlichkeit bilden oft die Grundlage für Kompetenzen in sozialen und therapeutischen Berufen. Man hat schließlich früh angefangen zu üben! Sebastian hat diese Ausstrahlung.

Ich sage zu ihm: »Man braucht nur bei dir zu sein und man fühlt sich wohl, aufgehoben und verstanden.« Sebastian lächelt: »Ja, das ist oft so, das stimmt!«

»Das bringst du mit und trägst es in dir. Jetzt, wo dir diese Zusammenhänge deutlich werden, kannst du selbst die Verantwortung übernehmen: Wann handelt es sich um Kompetenzen, aus denen du schöpfen möchtest. Wann fühlst du dich überfordert, hilflos und ohnmächtig? Dann kannst du merken: Aha, jetzt bin ich wieder 5 Jahre alt.«

Seine Affirmation für die nächste Zeit lautet: »Immer wenn ich in diese Situation komme, mache ich mir ab jetzt klar, dass ich ein 62-jähriger, lebenserfahrener, kompetenter Mann bin.«

Eigenarbeit

Fragen zum Inneren Kind

– Wenn Sie in eine Situation kommen, in der Sie sich unwohl oder hilflos fühlen: Wie alt sind Sie dann auf der emotionalen Ebene?
– Wie reagieren Sie, wenn Sie sich bedrängt fühlen?

Stärkungssätze zum Inneren Kind

- »Ab jetzt entscheide ich selbst, wie alt ich sein will.«
- »Ich genieße meine Regression in der Badewanne in vollen Zügen – im sonstigen Leben bleibe ich ab jetzt erwachsen und in meiner ganzen Kompetenz.«
- »Es ist nie zu spät für eine glückliche Kindheit.«
- »Auch wenn es kein Vanilleeis gibt, bleibe ich ab jetzt konstruktiv – vielleicht probiere ich mal Pistazie?«
- »Mit dir, mein Inneres Kind, bring ich die Welt zum Leuchten!«
- »Gemeinsam gehen wir bis zum grünen Ende der Welt.«
- »Du und ich ein Feuerwerk aus Kraft und Fröhlichkeit!«
- »Ab jetzt nutze ich die Kraft und die Weisheit meines Monsters für mich!«

Selbstannahmesätze zu lieblosen Eltern-Ich-Anteilen

- »Auch wenn ihr entwertenden Anteile meines Eltern-Ich mich nicht mit Absicht so schlecht behandelt habt, ist es jetzt Zeit, euch zu entlassen, euch in den Vorruhestand zu schicken und mich selbst zu lieben und zu akzeptieren, wie ich bin.«

- »Auch wenn ihr vielleicht nicht gemerkt habt, wie ihr mich runtergezogen habt, entlasse ich euch heute fristlos und ohne Aufschub und stehe zu mir.«

Stärkungssätze

- »Ab jetzt bestimme nur noch ich, wie ich mit mir spreche!«
- »Schluss mit der Selbstentwertung! Es reicht!«
- »Ich entwickle mich am besten in einer Umgebung voller Wertschätzung und Liebe.«

Eine Stärkungsgeschichte für das Erwachsenen-Ich

Es ist immer wieder gut, sich bewusst zu machen, dass wir unseren Fokus selbst bestimmen und damit unsere Welt kreieren. Dazu gibt es eine schöne Geschichte. Ein alter Indianer erzählte darin seinem Enkel: »In meinem Herzen leben zwei Wölfe. Der eine Wolf ist der Wolf der Dunkelheit, der Ängste, des Misstrauens und der Verzweiflung. Der andere Wolf ist der Wolf des Lichts, der Lust, der Hoffnung, der Lebensfreude und der Liebe. Beide Wölfe kämpfen oft miteinander.«

»Welcher Wolf gewinnt?«, fragte der Enkel.

»Der, den ich füttere.«

Der Dachausbau zum Atelier der Selbstverwirklichung

Ab jetzt liegt es an uns, ob unser Lebenshaus ein konventionelles Haus bleibt oder ob wir ein originelles Gebilde daraus gestalten. Wollen wir ein schöpferischer Architekt sein, ein Bildhauer des eigenen Lebens – oder sind wir zufrieden in den altbekannten Formen und Regeln, einem Mieter im eigenen Haus zu gleichen?

Nach den ersten 21 Jahren des leiblichen Aufbaus, den zweiten 21 Jahren der seelischen Entfaltung liegen jetzt 21 Jahre der Selbstverwirklichung vor uns. Es geht um den Dachausbau unseres Lebens. Um unsere Dachluke aufzustoßen, mussten wir zuerst mit der Leuchte des Verstehenwollens in den Keller gehen. Wir konnten unsere Projektionen auf andere als unsere eigenen Kellerthemen erkennen. Nach der Grundsanierung des Kellers und des Erdgeschosses sind wir jetzt bereit, uns im Dachgeschoss kreativ selbst zu verwirklichen.

7. Jahrsiebt von 42 bis 49: Mitsommerzeit
Authentizität leben

Thema

Der Feier des 40. Geburtstags ähnelt dem Mitsommerfest. Eine Veränderung tritt ein, deren weitreichende Konsequenz wir erst in den nächsten Jahren verstehen werden. Wir treten aus dem beständigen Zeitverlauf der 30er heraus, wir stehen in unserem Zenit und wenden, wie auf einem Berggipfel, den Blick zurück auf unseren Weg. Plötzlich erleben wir uns in unserem Älterwerden. Passend dazu flattert eine Einladung in unseren Briefkasten: Klassentreffen! Nach 20 oder noch mehr Jahren! Für einen Moment fühlen wir uns wie aus der Zeit gefallen. Der Sommer hat gerade erst begonnen, und jetzt sollen die Nächte schon wieder kürzer werden? Wir haben doch gerade erst angefangen, die langen, warmen Abende zu genießen.

Eine 4 vorn im Alter, na und! Wir stehen in der Mitte unseres Lebens. Wir wissen, was wir können, wir strotzen vor Kraft. Die wenigen grauen Haare an den Schläfen sieht man kaum. Wir können wegschauen und weghören, uns auf unser jugendliches Aussehen berufen und möglichst unbemerkt weiterleben wie bisher.

Wir können aber auch innehalten und die Fragen, die im Mitsommer des Lebens auftauchen, vernehmen: »Wer bin ich eigentlich? Was ist der Sinn in meinem Leben?« Dazu wenden wir den Blick bewusst zurück in unsere Vergangenheit. »Wer bin ich geworden? Bin ich mir meiner Anlagen, meiner Fähigkeiten, meiner Schwächen bewusst? Habe ich mich mit meiner Vergangenheit auseinandergesetzt, habe ich mich mit meinem Inneren Kind versöhnt? Wir leben im Spannungsbogen aus Vergangenheit, Gegenwart und Zukunft. Unser Ich aus der Vergangenheit begegnet in Momenten der Authentizität unserem Ich der Zukunft.

In unserem Lebenshaus liegt der Raum der Kindheit nicht zufällig unter dem Raum der 40er. Als Kinder waren wir den Bedingungen und Erlebnissen unseres kleinen Lebens ausgeliefert, wir konnten sie nicht ändern. Jetzt mit dem Schwellenübertritt in unser Dachatelier, in die Zeit der geistigen Entwicklung, werden wir uns in unserem Ich unserer Reife bewusst. Mit zunehmender Lebenserfahrung fällt uns auf, dass Erwachsensein kein Zustand ist, der mit der Volljährigkeit eintritt, sondern ein Prozess, dem wir uns Tag für Tag aufs Neue stellen können. So hat Erwachsensein mit reif sein zu tun, mit bereit sein. Wollen wir wirklich für uns selbst die Verantwortung übernehmen?

Neue Fragen ohne Antworten

Es sollte zur Allgemeinbildung gehören, dass sich in einer ganzheitlichen Betrachtung des Menschen in der Lebensmitte die Vorzeichen des Lebens umkehren. Bis hierher haben wir aus den Impulsen, dem Wissen, den Erfahrungen unserer Vergangenheit gelebt und gehandelt. Wir haben unseren Platz im Leben gesucht und gefunden. Wir haben viele Antworten gesammelt. Mit der Lebensmittekrise rückten dann ganz neue Zweifel und Fragen in den Mittelpunkt unserer Existenz. Sie sehen, das Stockwerk der geistigen Entwicklung beginnt mit Fragen ohne Antworten. Das hat man sich doch anders vorgestellt, oder? Und gleichzeitig gilt es, weiter zu funktionieren, den beruflichen und privaten Pflichten nachzukommen.

Überraschenderweise schenkt schon das Zulassen dieser unliebsamen Fragen neuen Raum. In uns meldet sich eine Stimme, die sich der Zukunft, dem Werden öffnet. Sie tut dies mit den Fragen: »Wozu bin ich auf dieser Welt? Was habe ich zu geben?« Sie werden wir ab jetzt unser Zukunfts-Ich nennen. An dieser Stelle hört das Wissen, das aus der Vergangenheit kommt, auf, und der Glaube an die Zukunft beginnt. Und wenn wir uns in dieses Lebenskonzept energisch hineinleben, dann werden uns Erlebnisse entgegenkommen, die uns bestärken. Wir verlassen den Tellerrand des Wissens und betreten Neuland ganz im Sinne von Hilde Domin: »Ich setzte meinen Fuß in die Luft und sie trug.« An unser Zukunfts-Ich zu glauben kann zum Nordstern eines konkreten, modernen spirituellen Lebenskonzepts werden.

»Was ist wesentlich?« Die Frage des Zukunfts-Ich

»Mensch, werde wesentlich! Denn wenn die Welt vergeht, so fällt der Zufall weg: das Wesen, das besteht«, schrieb Angelus Silesius. Was unterscheidet das Wichtige, das Zufällige vom Wesentlichen? Das Wesentliche verbindet uns mit dem Wesen in den Dingen, also mit dem, was bleibt und bleiben wird. Aber eben auch mit dem, was werden möchte. Verbinden wir uns mit dem Wesentlichen, impulsieren wir das Zukünftige.

Was ist heute wesentlich? Was ist in diesem Jahr wesentlich? Was wird in den nächsten 10 Jahren für uns wesentlich sein? Im Umgehen mit diesen Fragen verbinden Sie sich bewusst mit einem Motiv, das Sie trägt – durch den Tag, durch die Woche, durch den Monat, durch das Jahr, durch Ihr Leben. Wenn Sie spielerisch mit diesen Fragen leben, kommen Sie mit der Zeit immer besser in Kontakt zu der Stimme Ihres Gewissens, und damit beantwortet sich die Frage nach Ihrem Lebensmotiv immer konkreter bis ins Alltägliche hinein.

Die inneren Ohren zu spitzen im Lauschen auf die Stimme unseres Gewissens, die aus unserem Herzen spricht, sorgt für den Windhauch des Zukünftigen in Ihrem Leben. Je besser Sie wissen, was gerade wirklich wesentlich ist, umso besser können Sie den kleinen und größeren Widrigkeiten des Lebens begegnen. Sie werden aber auch hellhörig für die Frage, ob Sie sich noch auf der Spur sind oder ob Sie die Verbindung zu sich vielleicht verloren haben. Sie bekommen die Grundlage, um eventuell den Kurs zu wechseln, neu zu entscheiden, Ihr Leben zu verändern. Mit der einfachen Frage nach dem Wesentlichen bringen Sie sich in Kontakt mit Ihrem Zukunfts-Ich.

Diese Frage ist allerdings auch mit Schmerz, Traurigkeit und Enttäuschung verbunden. Sie kann uns mit der Notwendigkeit konfrontieren, etwas zu verändern. Jetzt verstehen Sie auch besser, warum sich viele Menschen diese Frage nicht stellen, sondern sich im Gegenteil mit viel Kraft auf die unwesentlichen Fragen und Ereignisse ihres Lebens zu stürzen scheinen.

Wollen wir diesen zukünftigen Teil unseres Wesens ernst nehmen, sollten wir mit der Paradoxität des Lebens umgehen lernen. Einerseits bleibt es klug, sich auf die eigene Lebenserfahrung und sein Wissen abzustützen, andererseits gilt es anzuerkennen, dass sich das kreative Neue gerade aus dem Noch-nicht-Wissen speist. Einerseits bleibt es wichtig, die Wege der alten Lebensnavigations-CD gut zu kennen, andererseits gilt es ab jetzt auszuhalten, dass neue Wege keine Fortsetzung der alten Wege sein können. Der moderne Mensch, der den Mut zu Neuem in sich findet und es wagen möchte, gleicht Christopher Kolumbus, der über den Rand der bislang bekannten Welt hinaussegelte.

Christopher Kolumbus und der neue Lebenskompass
Vor einigen Jahren stand ich im Sommerurlaub im stürmischen Wind an der Klippe der Südwestspitze von Europa – am Cabo de Sao Vicente, dem früheren »Ende der Welt«. Der Himmel war blau und der Horizont klar, und ich fragte mich plötzlich: Woher nahmen die Seefahrer nur den Mut, in die Neue Welt aufzubrechen?

Denken wir an Christopher Kolumbus: Mit einer ihn begeisternden Vision, mit viel Wagemut ist er aufgebrochen. Und dann kam die Weite des Meeres – mit diesen Dimensionen hatte auch er nicht rechnen können. Es kam die zermürbende Windstille, die gleißende Sonne, die jeden Traum zu einem Nichts verbrannte. Der Hunger und der Durst gaben Selbstzweifeln Raum, die sich jetzt vermehrten wie die Ratten im Bug des Schiffes, die noch die letzten Vorräte an Energie und Zuversicht auffraßen. Es kam die Meuterei von innen und von außen. Das kenne ich gut, dachte ich bei mir. Nichts gelingt mehr. Uns holen Stimmen und Kräfte ein, die wir bis dahin nicht kannten. Was tun in so einer unbekannten Weite des Lebens? Kein Wunder, wenn jetzt die Kraft des Zweifels überwiegt. Wer haben wir denn geglaubt zu sein, als wir uns auf diesen Weg gemacht haben? Wer sind wir überhaupt?

Vielen von uns brechen an dieser Stelle des Lebens die Zukunftsflügel. Kolumbus hat den Glauben an seine Mission nicht verloren. Er ist immer wieder neu aufgebrochen. Er ist Meile um Meile weitergesegelt, durch alles hindurch, einfach weiter. Das ist auch der Glaube einer modernen Spiritualität. Es ist das Lebenskonzept des modernen Menschseins, der darin liegt, dass das Leben am Ende Sinn macht. Dass wir am Ende der Reise bei uns selbst ankommen. Es geht darum, durch allen Nebel, durch alle Windstille, alle Donnerwetter und Gewitter hindurch diesen Glauben an den großen kleinen Sinn des eigenen Lebens zu behalten. Das wird uns zum neuen Lebenskompass, dessen Nordpol wir mit dem spirituellen Zukunftsanteil unseres eigenen Wesens selbst sind. Langfristig wird unsere innere Zufriedenheit davon abhängen, ob wir uns den Glauben an uns, an unsere Zukunft bewahren können. Ob es uns gelingt, diesen Glauben zu pflegen, ihn als zweiten Motor neben dem Alltagsgetriebe anzuerkennen und regelmäßig zu betanken. Der Sprit kommt – wie beim Perpetuum mobile – aus uns selbst. Es braucht den Windhauch in unserem Herzen, um dieses ureigene Mobile in Bewegung zu setzen.

Heute kann ich Menschen, die in diesen Krisen und Flauten stecken, die ich so gut kenne, selbst erlebt habe und weiterhin erlebe, zurufen: Glauben Sie an sich und Ihre ureigene Mission! Gehen Sie gleichzeitig durch die Pflichten Ihres Alltags. Erkennen Sie die Pflichten und Alltäglichkeiten als die Ihren an und sagen Sie jeden Tag Ja zu ihnen. In der lebendigen Balance dieser beiden Kräfte das unbekannte Ureigene nicht aus den Augen zu verlieren und gleichzeitig die Lebenspflichten zu bejahen – das ist die Basis dafür, gute Entscheidungen zu treffen und neue Fähigkeiten zu erlernen. Im Hinfallen und Aufstehen gewinnen Sie zunehmend eine innere Sicherheit, wie das kleine Kind im Laufenlernen, für Ihren Weg ins Ungewisse. Sie werden selbst erleben, dass der Weg im Gehen entsteht. Und dann werden Sie in den Fünfzigern sehen: »Wow, das Ganze macht Sinn! Ich fange an, die Früchte meines Lebens zu ernten. Ich werde zwar alt, doch ich bleibe jung, weil sich mein ureigenes Leben erfüllt!« Das gibt Ihnen dann erneut die Kraft, Ihr Perpetuum mobile weiter in Bewegung zu halten. Der holländische Arzt Bernard Lievegoed sagt dazu: »Der Mensch steht in seiner geistigen Entwicklung Anfang der 40er-Jahre vor einem Scheideweg. Entweder nimmt sie mit den biologischen Funktionen ab oder sie steigt zu völlig neuen Bereichen empor, wo ganz andere, schöpferische Kräfte geweckt werden, die einen 2. Höhepunkt der menschlichen Schaffenskraft ermöglichen. Diese Steigerung liegt in der 2. Hälfte der 50er-Jahre und hält in manchen Fällen bis weit in die 70er-Jahre hinein an.«[16]

Ein Stein fällt immer nach unten!

Woher kommen die depressiven Momente, die uns jetzt immer wieder nach unten ziehen? Woher die Resignation, die in uns aufsteigt? Gerade ich bin immer ein grundsätzlich optimistischer, zuversichtlicher Mensch gewesen. Doch jetzt? Was passierte mit mir? Es dauerte einige

Zeit, bis mir die Zusammenhänge klar wurden: Mit dem Älterwerden lösen sich die Lebenskräfte aus ihrer bis dahin selbstverständlichen Verbindung mit dem Körper. Damit bleibt unser Körper stärker allein, sich selbst überlassen. Damit verbunden ist ein Wirksamwerden der Schwerkraft. Ein Stein fällt immer nach unten. Dies spüren wir entsprechend körperlich schmerzhaft jeden Morgen, wenn wir aus dem Bett aufstehen und es einige Schritte und einiges Strecken braucht, bis wir uns bewusst mit unserem Körper verbunden haben. Seelisch erleben wir diese Schwerkraft in der Schwermut, den depressiven Verstimmungen, die uns ohne besonderen Anlass ereilen. Gute Laune wird immer seltener selbstverständlich. Es braucht jeden Tag neu die Entscheidung, die bewusste Führung unseres Ich, mit dem wir die Gedanken und Gefühle unserer Seele lenkend beeinflussen können.

Das klingt einfacher, als es sich umsetzen lässt, denn zunächst fällt uns jetzt im Rückblick schmerzhaft auf, dass wir in unserem Leben viel weniger erreicht haben, als wir einmal gedacht haben. Vor allem für ambitionierte Menschen wie mich, die in den 20ern ihre Angel weit hinausgeworfen haben, die dachten, dass sie richtig viel verändern und erreichen können, ist es überaus schwer, den Erkenntnissen und Konsequenzen ihrer Lebensmittekrise ins Gesicht zu schauen. Die Diskrepanz zwischen dem einmal Vorgenommenen und der Realität erscheint zu schmerzhaft. Doch authentisch ist der Mensch als ganzer Mensch. Alle Unvollkommenheit, alle Fehler, alles Scheitern gehören zu uns genauso wie unser Vermögen, unser Gelingen, unsere Fähigkeiten. Licht und Schatten ergeben erst das ganze Bild. Diese Ganzheit zeigt sich in der Ausstrahlung eines authentischen Menschen, bei dem das Lichte gut geerdet bleibt.

Irrwege

Sicher haben Sie im Sommer wieder beobachtet, wie dumm Fliegen doch sind. Sie stoßen sich immer wieder an dem geschlossenen Teil des Fensters, auch wenn wir das Fenster daneben weit geöffnet haben.

Doch haben Sie auch schon bemerkt, dass wir Menschen uns oft genauso verhalten?

Persönlich erlebt

Ich wusste, dass meine Freundin Hanne ein unpünktlicher Mensch ist. Für mich selbst hat Pünktlichkeit bis heute einen hohen Wert und einen direkten Zusammenhang zur zwischenmenschlichen Wertschätzung. Hanne war in vielen Bereichen eine wirklich wertschätzende Freundin. Doch immer wieder stieß ich mich an ihrer Unpünktlichkeit, immer wieder nahm ich diese persönlich und fühlte mich abgewertet.

An diesem Beispiel erkennen wir schnell den Zusammenhang zum Thema Erwartungshaltung. Hanne brachte mich sowohl mit meiner unrealistischen inneren Erwartungshaltung als auch ganz konkret mit ihrer Verspätung immer wieder zum Warten und damit in die Passivität, die schnell zu Hilflosigkeit, Ohnmacht und innerem Schrumpfen führte. So warten wir wie die Fliegen, dass sich das geschlossene Fenster öffnen möge, und bringen uns damit in eine selbst hervorgerufene Abhängigkeit. Wie sagt Michael Bohne so schön: »Wenn ich an einen anderen Menschen eine Erwartungshaltung habe (so berechtigt sie auch sein mag), so mache ich mich dadurch von ihm anhängig, denn ich selbst habe ja keinerlei Möglichkeit, diese Erwartung zu erfüllen. … Ich kreise dann passiv in einer nimmer endenden Warteschleife.«[17] So sehen wir die vielen offenen Fenster nicht, sondern schlagen uns immer wieder an dem verschlossenen den Kopf an. Außerdem verengt sich unser Blick und wir konzentrieren uns nur noch auf die Fehler anderer Menschen und nicht mehr auf ihre schönen Seiten. Wir sehen dann nur noch, was nicht geht, warum etwas nicht klappt.

Die heutige Welt birgt die Gefahr, dass wir uns im äußerlichen Jungbleiben-Wollen verlieren. Auch wird die leise innere Sehnsucht nach dem »Wer bin ich?« oft vom Alltag verschüttet, der einfach funktionieren muss. Die innere Kraft wird dann häufig zur einseitigen egoistischen Machtausübung verwendet. Statt den Schritt in das unbekannte Gelände des Ich zu wagen, halten wir uns an unserem Ego fest und blasen unsere Persönlichkeit auf. So vergrößern sich ein unreifer Selbstwert und innere Unehrlichkeit. Anstatt ein Coach für die Jüngeren zu werden, halten wir mit Absicht unser Wissen und unsere Informationen zurück und lassen die jungen Kollegen auflaufen. Wollen wir den Balken im eigenen Auge nicht sehen, kann das in der Partnerschaft unterschiedliche Folgen haben: Die eigene Frau wird für den Mann durch die Projektionen zur »Hexe«, junge Frauen versprechen die Erfüllung, die er eigentlich in sich selbst suchen sollte. Die Frau degradiert den Ehemann zum Geldverdiener oder Bewahrer des Funktionsalltags und verspricht sich im jungen Freund neues Verständnis und Lebensfreude. Gern und leicht verlieben wir uns in diesen Jahren. Damit lassen wir uns von außen in den Gefühlen unserer Empfindungsseele ansprechen, anstatt uns aus unserem Gefühlsbereich selbst von innen zu beleben. Ähnlich können wir uns durch eine übergroße Sorge um die Kinder oder um die Eltern ablenken und damit die innere Leere übertönen. Suchtmittel, allen voran der Alkohol halten uns im bekannten Alten und verschließen die Tür zu den Zukunftsräumen.

Die typischen Entwicklungsthemen

Wem geben wir das Mikrofon?

Wie oft rutscht uns unser Selbstwert unter den Füßen weg, ohne dass wir es bemerken. Wir fühlen nur den akuten Energieverlust, so als hätte jemand den Stöpsel aus unserer Lebenskräfte-Badewanne gezogen. Ähnlich einem Schauspieler können wir lernen, durch einen aktiven inneren Dialog auf unserer Lebensbühne und in unserer Lebensgegenwart möglichst präsent zu agieren. Und ähnlich einem Regisseur nehmen wir unser Leben selbst in die Hand.

Persönlich erlebt

Herr B., ein 41-jähriger Mann, der gerade seine berufsbegleitende Ausbildung zum Waldorferzieher beendet hat und vor der Entscheidung steht, ergänzend den staatlichen Abschluss anzuschließen, kommt zu mir in die Praxis mit der Frage: »Was habe ich eigentlich zur Meisterschaft gebracht?« Er bemerkt selbst, dass da sofort der innere Kritiker mit der entwertenden Version dieser Fragestellung auftaucht: »Ja, was hast du denn schon zur Meisterschaft gebracht?«

Die Supervisorin an der Ausbildungseinrichtung hatte Herrn B. unbedingt zum staatlichen Abschluss geraten, da er sich dann bessere Chancen auf dem Stellenmarkt versprechen könne. Warum verunsicherte Herrn B. diese Aussage? Im Gespräch erarbeiteten wir ein Bild unserer Lebensbühne, das ich Ihnen im Folgenden weitergeben möchte.

Die Akteure auf unserer Lebensbühne

Da gibt es uns in unserem Ego. Sein Rollentext ist bis hierher immer klar und deutlich gewesen. Die Regieanweisungen folgten kausal der Spur unserer Erziehung, der Tradition, der gesellschaftlichen Norm und Konvention. Es bewohnt bevorzugt die Räume unserer Empfindungs- und Verstandesseele. Dann gibt es viele kleine Stimmen, die auch zu unserer Seele gehören: Sie drücken alle Emotionen und Gedanken, Sorgen und auch Zukunftsängste aus. Außerdem taucht aus dem Untergrund der Zweifler auf, der fragt: »Was wollte ich eigentlich wirklich mit meinem Leben machen? Bin ich mir noch auf der Spur?« Verstärkt wird dieser Zweifler vom Inneren Kind (mehr dazu im »Einschub: Unser Inneres Kind«), das entweder scheu und still in der Ecke kauert und leise fragt: »Hast du mich denn vergessen?«, das laut schreit: »Jetzt bin endlich ich dran!« Oder das uns mahnend erinnert: »Dieser Schmerz, den du gerade spürst, ist ein alter Schmerz. Erinnere dich daran, dass du denselben Schmerz schon einmal mit mir erlebt hast. Tu heute das, was du und ich damals nicht konnten, weil wir klein waren. Nimm mich endlich an die Hand und sorge für mich, das wird uns beiden guttun.« Wir spüren in unserem Ich deutlich, dass wir jetzt gefragt sind, die Führung, die Regie zu übernehmen.

Aber unser Ego weiß alles besser, es möchte die Hauptrolle und die Regie in unserem Lebensspiel behalten. Es erinnert uns an unsere Verpflichtungen, macht uns Angst vor der Zukunft, möchte uns im sicheren, alten, herkömmlichen Text seiner Rolle festhalten.

Doch auf einmal richtet sich ein sanfter, heller Strahler wie die Morgensonne auf die andere Seite der Bühne. Eine unsichtbare Lichtgestalt erscheint. Erwartungsvoll schauen wir in ihr Textbuch, doch es ist weiß und leer. Die Lichtgestalt raunt: »Wage den ersten Schritt ins Unsichere, höre auf mich, ich bin dein Zukunfts-Ich. Noch erscheint mein Rollenbuch leer, aber Schritt für Schritt wird es sich – einer geheimen Zauberschrift gleich – für dich, nur für dich entschlüsseln!« Bei diesem Bild leuchten die Augen von Herrn B., er spürt eine warme neue Kraft und Sicherheit in sich.

Lösungen

Unser Zukunfts-Ich bekommt die Hauptrolle

Jetzt haben wir die Basis, um auf die Qualität des neuen Raumes ab 42 zu schauen: Üben wir den Dialog mit dieser leisen Stimme in uns, die wir sind und die uns aus unserer eigenen Zukunft entgegenruft? Jetzt ergeht es uns wie in Kindertagen, als wir Zitrone auf ein weißes Blatt Papier träufelten und damit die Zauberschrift lesbar wurde. Erinnern Sie sich, wie wir erstaunt strahlten? Ahnten wir damals, dass es eine Verheißung war für den heutigen Moment fast 40 Jahre später?

Es gehört zur Zukunft als immanenter Qualität, dass wir sie nicht kennen. Dies erfüllt uns mit Unsicherheit und Angst. Deswegen möchte unser Ego die Zweifel und Fragen mit dem Rollentext aus der Vergangenheit beantworten und damit unsere noch leere Lichtgestalt von der Bühne schieben. Doch was gleicht heute der entschlüsselnden Kraft der Zitrone aus den Kindertagen? Das Licht der inneren Aufmerksamkeit, die Wärme der echten inneren Selbstannahme und die Offenheit für das, was auf uns zukommen will. Da die Stimme des Zukunfts-Ich so leise ist, braucht es die Kraft des Lauschens nach innen und in die Welt hinein. Auf das Bühnenbild übertragen gilt es, die Lichtgestalt zu erleuchten und ihr ein Mikrofon mit Verstärker in die Hand zu geben, damit ihre zarte Stimme im Rauschen der anderen Stimmen besser und deutlicher gehört werden kann. Es braucht auch viel innere Fantasie, denn stellen Sie sich vor: Für diese zarte Stimme ist ab 42 die Hauptrolle vorgesehen! Also haben wir Mut und geben wir unseren Zukunftsvisionen viel Licht und Raum. Malen wir ein großes, weites Bild von unserer Zukunft und denken wir den eigenen Lebensplan ganz konkret mindestens 10 Jahre in die Zukunft.

Persönlich erlebt

Zurück zu Herrn B. Mit dem Bild vom Zukunfts-Ich schauen wir erneut auf die Frage der staatlichen Anerkennung. Wir malten für Herrn B. die Vision, dass er als männlicher Erzieher eine für die Zukunft wichtige Erweiterung des bisher von Frauen dominierten Berufsbildes prägen wird. Später könnte er seine individuellen Erfahrungen und spezifischen Fähigkeiten in der Ausbildung von hoffentlich vielen weiteren männlichen Erziehern weitergeben. Um als Ausbilder breite Akzeptanz zu bekommen, ist es sicherlich hilfreich, den herkömmlichen, staatlichen Abschluss zu besitzen. Aus dieser großen Zukunftsvision erschien Herrn B. der Weg zur staatlichen Anerkennung auf einmal attraktiv und einleuchtend.

Wie in einem Stück mit 4 Akten bekommen die Überwindung der Lebensmittekrise und der Neuanfang nach 42 im Bild der Lebensbühne einen neuen Sinn. Da gibt es den sicheren 1. Akt mit den auswendig gelernten Rollenvorgaben unserer Vergangenheit. Dann die Lebensmittekrise im 2. Akt im Raum der Bewusstseinsseele, in dem die Stimme des inneren Zweiflers und zugleich die Stimme des Inneren Kindes auf der Bühne erscheinen. Im 3. Akt betritt die Lichtgestalt des Zukunfts-Ich die Bühne von der anderen Seite. Ihr Rollenbuch ist weiß und leer. Jetzt ruft eine innere Stimme in uns als neuer Regisseur: »Licht an, Mikro auf laut!« Mit dieser Anweisung dreht sich die Bühne zum nächsten, zum 4. Akt. In ihm wird unser Zukunfts-Ich immer sicherer die Hauptrolle unseres ureigenen Lebens spielen.

Selbstverständlich stellt sich unser eigenes Lebensspiel in Wirklichkeit viel komplizierter und verwirrender dar. Auch können wir unseren inneren Zukunftsruf schon in früheren Lebensräumen hören. In den

40ern findet aber oft eine innere Verdichtung statt, die die Umkehrung der inneren Lebensorientierung der 50er vorbereitet.

Ein Stärkungssatz für diese Zeit könnte lauten: »Ich bin offen für meine innere Stimme und lerne, die Geheimschrift in meinem leeren Rollenbuch immer besser zu lesen!«

Das Werkzeug für den Dachausbau

Welche besonderen Entwicklungsimpulse bilden das Werkzeug, mit dem wir unseren Speicher in ein lichtes Atelier, in einen Ort der Geistesgegenwart verwandeln können? Sie werden überrascht sein: Unser Handwerkskasten ist reich bestückt.

Ich stehe zu mir!

In den Jahren der seelischen Entwicklung bleiben wir abhängig von der Reaktion unserer Umgebung. Was werden sie denken, wie werden sie unsere Entscheidung aufnehmen? Eines Morgens ging ich ungeschminkt im Trainingsanzug zum Bäcker und es war mir egal, wen ich dort treffen würde! Ich war 40 geworden und seitdem hatte ich keine Angst mehr, mein Gesicht zu verlieren.

Einen spirituellen Wirklichkeitssinn entwickeln

Das neue spirituelle Selbstverständnis ist eben gerade nicht esoterisch abgehoben, sondern bezieht sich immer auf die Realität, in der wir leben. Denn unsere Wirklichkeit, wie sie ist, stellt das reale Abbild unserer geistigen Impulse dar. Wollen wir etwas verändern, besteht der 1. Schritt darin, unsere jetzige Wirklichkeit zu sehen und anzunehmen, wie sie ist. In ihr finden wir uns und unsere Persönlichkeit abgebildet. Davon ausgehend können wir den nächsten möglichen Schritt und die notwendige Veränderung planen.

Im blinden Fleck liegt das Potenzial!

Diese Erkenntnis tröstet mich immer wieder neu. Wir können die Leichen in unserem Keller in Ressourcen verwandeln. In den Kränkungen und Verletzungen unseres Lebens verbergen sich die Fähigkeiten, die uns ausmachen. Hier entdecken wir unser Alleinstellungsmerkmal, hier liegt oft das Leitmotiv unseres Lebens. Dafür lohnt es sich, die Kellertür zu öffnen, hinzuschauen, zu verstehen, zu integrieren. Um das Potenzial unseres blinden Flecks zu nutzen, müssen wir diesen dunklen Flecken, den wir so lange versteckt haben, den wir so lange gern einfach weggehabt hätten, annehmen und lieben lernen. Dann erwächst uns aus ihm eine neue Kreativität und Kraft.

Eine neue Fehlerfreundlichkeit

Schon Wilhelm Busch wusste: »Aus Fehlern wird man klug, darum ist einer nicht genug.« Hier treffen wir auf das Erfolgsgeheimnis des japanischen Autoherstellers Toyota. Die Mitarbeiter werden darin unterstützt, ihre Fehler herauszufinden und aufzudecken, denn je mehr Fehler gefunden werden, umso größer ist die Verbesserungsquote. Ein humorvoller, kreativer Umgang mit Fehlern schafft eine Atmosphäre, in der Wachstum und Innovation möglich werden. Wir dürfen Fehler machen. Menschen sind nicht perfekt, sonst wären sie Maschinen. Wir dürfen immer wieder hinter uns zurückbleiben und gleichzeitig immer besser lernen, uns einzuschätzen und unser Potenzial auszuschöpfen.

Wir dürfen verzeihen und wir dürfen neu anfangen

Es lohnt sich, dass wir uns die besondere Verzeihenskultur des christlichen Abendlandes bewusst machen. Im Verzeihen liegt die Grundlage für den Neuanfang. Damit treten wir heraus aus dem karmischen Lebensrad. Wir können zwar Fehler nicht ungeschehen machen, doch durch das Verstehen und Verzeihen können wir aus ihnen lernen und damit anders weiterleben. Die erlernte Fähigkeit wirkt dann zurück auf den Fehler in der Vergangenheit und stellt den Gesamtkontext in ein neues Licht.

Wir dürfen immer wieder neu anfangen. Unsere lebenslange Lernfähigkeit unterscheidet uns von den Tieren. Aus der Neurophysiologie wissen wir, dass unser Gehirn die permanente Dehnung aus der Komfortzone des Bekannten heraus braucht, um fit zu bleiben und den Vernetzungsgrad der Neuronen aufrechtzuerhalten und weiter auszubauen.

Jeder hat das Recht auf ein Privatleben

In meiner Praxis schaffe ich einen Raum für die Menschen, die zu mir kommen, in dem Verstehen, Integration, Lösungsfindung und liebevoller Humor ihren festen Platz haben. Für mich war es in den 40ern ein wichtiger Schritt, mir einen Privatraum zuzugestehen, in dem ich mir erlaube, hinter meinen professionellen Fähigkeiten zurückzubleiben. Ja, auch eine Therapeutin darf zu Hause Frau und Mensch sein. Wenn ich die Praxis verlasse, gestatte ich mir, meinen imaginären weißen Kittel an den Haken zu hängen. Ich gestehe mir dieselben menschlichen Nöte und Schwächen zu wie allen anderen Familienmitgliedern auch. Dem widerspricht nicht, dass ich mich auf dem Weg zu einem authentischen, reifen und ehrlichen Menschsein befinde.

Die innere Haltung der »Possibilität«

Je älter und lebenserfahrener wir werden, desto leichter ist es für unser Ego, mit schnellem Blick zu erkennen, wo ein Fehler liegt und warum eine Initiative nicht klappen wird. Besonders in der Erziehung Jugendlicher genießt es der resignierte Anteil unserer Seele förmlich, wenn er wie mit einer spitzen Nadel in die bunten Seifenblasen der jugendlichen Ideen und Ideale stechen kann. Vielleicht noch mit einer Bemerkung: »Warte ab, bis du selbst täglich zur Arbeit gehen musst, um Geld zu verdienen, dann kannst du dir solche verklärten idealistischen Positionen auch nicht mehr leisten.« In solchen Situationen hat sich der Erwachsene in seine Egoität eingemauert und damit selbst den Zugang zu den Werdekräften seines Ich verloren.

Die Werdekraft unseres Zukunfts-Ich hat immer das Mögliche im Blick. Mit Hermann Hesse wissen wir: »Es muss immer wieder das Unmögliche versucht werden, damit das Mögliche geschehen kann.« Mit diesem Wissen ausgerüstet, können wir von jetzt an den vergangenheitsorientierten Ego-Menschen, der schnell einen Einwand parat hat, von dem zukunftsoffenen Ich-Menschen, der sich am Möglichen orientiert, unterscheiden.

Gesellen Sie sich auch gern zu Menschen, die offen geblieben sind für das unkompliziert Mögliche, mit denen es gelingt, im Fahren das Rad zu wechseln? In den 40ern haben wir die mentale Kraft, unser Ideal, unser Leitmotiv kraftvoll in der Welt zu verwirklichen. Eine 10 Jahre ältere Freundin sagte damals zu mir: »Lass diese Kraft nicht ungenutzt an dir vorüberziehen!«

Im inneren Dialog mit uns selbst

Im Dialog mit mir sein heißt für mich, in Kontakt mit den unterschiedlichen Stimmen in mir sein. Der Kommunikationsforscher Friedemann Schulz von Thun rät, auf sich selbst als ein »inneres Team« zu schauen, als das die unterschiedlichen Haltungen, Gefühle und Ideen miteinander auf der Lebensbühne stehen. Manchmal ist unser Ich, der Regisseur in uns, müde, hungrig oder hat einen Tag Pause und sein Platz bleibt leer. Das kann vorkommen. Doch am nächsten Tag können wir uns erneut unserem eigentlichen Drehbuch verpflichten. In diesem spielerischen Lebensstil lernen wir uns gegenseitig anzunehmen und schenken uns damit Raum für Entwicklung.

Ressourcen aus der Mitsommerzeit

Wir können jeden Tag die Regie in unserem Lebensstück übernehmen. In standhafter Bescheidenheit entscheiden wir uns immer wieder für das, was uns und unserer Umgebung möglich ist. Wir dürfen darauf vertrauen, dass wir auch im Neuen kompetent sein werden. Übernehmen wir die Verantwortung für uns, sind wir auch bereit für eine Führungsposition. Wir entwickeln in unterschiedlichen Aufgabenfeldern schnell den Blick für Zusammenhänge und für Veränderung. Der Sinn für das Mögliche im sozialen wie auch fachlichen Kontext bereichert privat und führt zu neuem beruflichem Erfolg.

Eigenarbeit

Selbstannahmesätze aus der Mitsommerzeit

- »Auch wenn ich wohl mein Leben lang Charakterzüge haben werde, die mir nicht gefallen, liebe und akzeptiere ich mich so, wie ich bin.«
- »Auch wenn ich mein Leben lang die Neigung haben werde, andere zu entwerten, um selbst besser dazustehen, sage ich Ja zu mir.«

Stärkungssätze aus der Mitsommerzeit

- »Professionell einfach saugut, erlaube ich es mir privat, einfach Frau zu sein.«
- »Ab jetzt gebe ich dir, liebes Zukunfts-Ich, den Raum und das Wort auf meiner Lebensbühne!«
- »Mein Lebensmotto: Versuche das zu tun, was dir und deiner Umgebung möglich ist.«
- »Ab jetzt übernehme ich in meinem Lebensfilm die Regie.«

Fragen zur Zeit von 42 bis 49 Jahren

1. Wo haben Sie einen klaren Blick auf die Wirklichkeit und wo biegen Sie sich Ihre Wirklichkeit zurecht?
2. Haben Sie den Mut, Ihren blinden Fleck zu entlarven und die Fähigkeit dahinter zu entdecken?
3. Sehen Sie immer gleich das Unmögliche oder entwickeln Sie einen neuen Sinn für das Mögliche in Ihrem Lebensalltag?
4. Hat sich Ihre Partnerschaft verändert? Können Sie miteinander einen spielerischen Lebensstil entdecken? Oder haben Sie sich noch mal neu verliebt?
5. Konkurrieren Sie mit Ihren Kindern oder jüngeren Arbeitskollegen oder werden Sie von Ihnen als Gesprächspartner geschätzt?

Malaufgabe

Malen Sie einen Moment in Ihrem Leben, in dem Sie sich glücklich und authentisch gefühlt haben. So fühlen wir uns dann, wenn unser Denken, Fühlen und Handeln in Einklang sind. Das geschieht oft in den kleinen unbemerkten Momenten des Lebens, manchmal aber auch in den großen.

8. Jahrsiebt von 49 bis 56: Reifezeit
Mit klarer Weitsicht

Thema

Unser Atelier ist ausgebaut. Werden wir die Dachluke zu einer bequemen Tür umbauen, sodass wir auf direktem Wege aus den anderen Räumen hierherkommen können, um uns immer wieder auf uns und unser Lebensmotiv zu besinnen? Werden wir unser Atelier mit wenig Mobiliar ausstatten, sodass ein offener Freiraum für die Weite des Himmels und das Licht der Jahreszeiten entsteht? Oder werden wir auch diesen Bereich zustellen mit Regalen voller Bücher, mit Sammlerstücken und Geschenken der letzten Jahrzehnte? Werden die Erinnerungen an die verschiedenen Stationen unseres Familien- und Berufslebens den Raum ausfüllen? Werden wir über das wiederholte Erzählen der sentimentalen oder lehrreichen Geschichten unseres vergangenen Lebens vergessen, dass dieses Atelier ein kreativer Ort sein möchte? Ein freier Raum, der offen den Blick nach draußen schweifen lässt? Wo können wir unsere Fähigkeiten der Welt zur Verfügung stellen? Wo können wir uns helfend einbringen? Wo können wir in der Weite und Fülle des Lebens den Ruf unseres Zukunfts-Ich hören?

Das Neue finden

Der 50. Geburtstag wird gerne groß gefeiert. Wir stehen auf dem Höhepunkt unseres gesellschaftlichen Lebens. Wir selbst werden in den nächsten Jahren mitbestimmen, ob sich aus ihm eine weite langandauernde Hochebene mit Weitsicht und Weisheit entwickeln wird. Unser Alltagsblick ist geprägt von Wissen und Lebenserfahrung. Im

Findenwollen schweift unser Blick in den Umkreis. Es braucht Offenheit, um im Bekannten etwas wirklich Neues zu finden.

Die selbstverständliche physische Kraft beginnt nachzulassen. Wir wissen heute, dass wir mit unserem Denken und Handeln unsere gesundheitliche Konstitution bis in die Genetik hinein beeinflussen können. Bis hierher standen wir mit unserem Ego auf dem sicheren Boden unserer Kraft. Ab jetzt braucht es eine qualitative Horizonterweiterung, eine moderne spirituelle Weltsicht. Wie können wir das alte statische, materielle Weltbild mit einem dynamischen, auf Zukunft und Weiterentwicklung ausgerichteten Weltbild verbinden und damit dem Leben einen neuen Sinn, eine echte Perspektive geben? Der Freiheitsraum, der mit dem Älterwerden entsteht, wird zunächst als innere Leere empfunden und verursacht Angst. Diese Angst und die vergangenheitsorientierte Sentimentalität der Erinnerungen stellen das Nadelöhr dar, in dem viele stecken bleiben. Schaffen wir es, unsere Kräfte zu bündeln und zu konzentrieren, um zum Hochplateau unseres Lebens aufzusteigen?

Wir entwickeln Schicksalssinn

Das Erleben der Resonanz und die geistige Vertiefung, die in dieser Zeit eintritt, führen dazu, dass wir die Gesetze des Lebens konkret verstehen lernen. Es ist, als würden uns die Augen geöffnet. Wir sehen in der Familie, bei Freunden, im Beruf die Zusammenhänge der Familienthemen zwischen den Generationen. Wir sehen genauso klar, was es bräuchte, um die Verstrickungen zu lösen. Wir erleben uns schmerzlich als Zuschauer, wenn von lieben Menschen Schritte nicht gegangen werden können und sich zunehmend die Konsequenzen daraus einstellen. Auch früher haben wir natürlich Zusammenhänge erkannt – aber das war aus heutiger Sicht mehr kognitiv, wie von außen. Jetzt stehen wir mittendrin im Erleben!

Persönlich erlebt

An guten Tagen spüre ich die Kraft des Zeitenstroms, in dem ich sicher und ruhig schwimme. Dann erlebe ich eine geistige Vertiefung, die mich mein Älterwerden vergessen lässt. Überhaupt bemerke ich eine deutliche Diskrepanz zwischen meiner äußeren Erscheinung, meinem biologischen Alter und meinem freien und frohen Lebensgefühl. Ich erlebe eine größere emotionale Distanz, ich nehme vieles nicht mehr persönlich, ein Gefühl der inneren Souveränität und Gelassenheit breitet sich aus. Mir fallen viele alte Sprichwörter meiner Großmutter ein, gegen die ich in jungen Jahren eine große innere Abneigung hatte. Heute verstehe ich die alten Bauernregeln in ihrer schlichten Wahrhaftigkeit. »So wie man in den Wald hineinruft, so schallt es heraus! So wie man sich bettet, so liegt man.«

Ein Ausspruch meiner Kollegin Michaela Glöckler hat mich hilfreich unterstützt: »Geistige Freiheit errungen hat der, der weiß, wie man sich respektvoll in den Grenzen bewegen lernt, die das eine Schicksal vom anderen trennt.«

Mit dem Umstülpen der Lebenskräfte zu neuem Lebensschwung

Stellen Sie sich vor, Sie stülpen einen Handschuh von rechts nach links, die Fingerspitzen bleiben bis ganz zum Ende mit den Fingern verbunden. Folgerichtig schaut jetzt die umgedrehte Öffnung in die andere Richtung. So können wir uns das Freiwerden der Lebenskräfte aus ihrer leibbezogenen Tätigkeit im Altern vorstellen. Jetzt gilt es, diese umgestülpte Öffnung im Kosmos mit unserem Stern, unserem Höheren Selbst, unserem Zukunfts-Ich zu verankern. Unser Arm bleibt mit unserem irdischen Sein, der Erde, verbunden – und unsere leibfreien Lebenskräfte, der umgestülpte Handschuh, verbinden wir mit unserem himmlischen Wesenskern. Gelingt dies, strömt uns aus dieser neuen Quelle aus dem Urgrund des Seins neue sprudelnde Kraft entgegen. Der Durchbruch zu unserem Zukunftswesen ist gelungen. Verbinden wir uns in unseren Lebensmotiven konsequent mit ihm und pflegen in täglichen Ritualen von Meditation oder Gebet die Verbindung, dann beginnen wir dort oben hinein Wurzeln zu schlagen und werden ab jetzt inspiriert von den verjüngenden Geistkräften.

Dieses neue Wechselspiel zwischen physischer Altersempfindung und geistiger Verjüngung braucht immer wieder unseren echten Enthusiasmus, eine Aktualisierung unseres Selbstbildes und einen klaren Fokus auf das, was möglich ist. Hannah Arendt beschreibt diesen neuen Lebensschwung im Umgang mit den Kräften der Resonanz als ein »Denken ohne Geländer«. Aus einem zunehmend faltigen Gesicht strahlt aus den Augen eine seelisch bewegliche, geistig inspirierte Kraft.

Krisen

Die Wechseljahre – Übergang zu einem neuen Menschsein?

Wir Frauen durchleben in diesem Jahrsiebt unsere Wechseljahre, bei den Männern kommen sie etwa 5 Jahre später. Wir können die Wechseljahre als eine 2. Pubertät verstehen, nur mit umgekehrten Vorzeichen. Die Krise der Pubertät hat mit unserer Geschlechtsreife und der Steigerung der Geschlechtshormone begonnen, die uns hineingeführt hat in die Möglichkeit der Fortpflanzung und Familiengründung. Die Krise der Wechseljahre führt uns verbunden mit einer Abnahme der Geschlechtshormone aus diesem Lebensbereich wieder hinaus. Auf der Naturebene haben wir den Sinn unseres Lebens erfüllt.

Beide Pubertätskrisen sind neben den individuell ausgeprägten körperlichen Symptomen mit heftigen Gefühlsschwankungen verbunden, bei der ersten durch die Reife des Ich im Seelenbereich, bei der zweiten durch die Reife des Ich im Geistbereich wieder ihren gesunden Rahmen bekommen. Nehmen Sie sich genügend Zeit für diesen Wechsel. Nicht umsonst spricht man von Wechseljahren. So dauert es meiner Erfahrung nach eben wirklich Jahre, bis sich ein neues Leib-Seele-Geist-Gleichgewicht eingestellt hat.

Körperlich verlieren durch den Wechsel beide etwas von ihrer Anmut als Frau und Mann. Sie entdeckt einen neuen Ring um die Taille, ihm wächst unmerklich ein spitzer Bauch. Es gilt, eine neue Schönheit und Attraktivität zu entdecken, die von innen aus der Persönlichkeit heraus strahlt und nicht mehr an die Geschlechtlichkeit gebunden ist.

Für Mann und Frau wäre es jetzt ein guter Zeitpunkt, die Biografiearbeit mit folgenden Fragen zu vertiefen:

- »Wer bin ich jetzt?«
- »Worin unterscheidet sich mein neues Selbstbild vom alten, wo ist es gleich geblieben?«
- »Wo soll's hingehen mit den neuen Kräften bei mir als Frau, mit den neuen Gefühlen bei mir als Mann?«
- »Wo liegen die nächsten Schritte zur Selbstverwirklichung?«

In der Partnerschaft kehren sich die Pole um: Die Frau sucht jetzt mehr ihren Auftritt in der äußeren Welt. Der Mann möchte auf einmal zu Hause auf dem Sofa sitzen, sich mit den Kindern unterhalten oder sich gemütlich in ein Buch vertiefen. Wieder einmal braucht es ein verständnisvolles Aufeinander-Zugehen. Beide können jetzt miteinander als weiblicher und männlicher Mensch ihre Partnerschaft in eine neue Lebendigkeit führen.

Zeit, die Beziehungen zu prüfen

Warum schneidet der Gärtner im Vorfrühling in den Obstbäumen die morschen und toten Äste? Da die Lebenskraft eines Baumes in seinen Säften von den Wurzeln direkt in die Spitzen der Äste fließt, wird mit dem Auslichten die Kraft des Baumes gesammelt und konzentriert. Ähnlich ist es auch bei uns und speziell in unseren Beziehungen, die immer wieder aufs Wesentliche gebracht werden wollen. Dazu können wir uns fragen:

- »Wie steht es um meine Freundschaften und Beziehungen?«
- »Wo fließt meine Kraft ins Leere?«
- »Wo werden meine Begegnungen nur mit sentimentalen Erinnerungen gefüllt?«
- »Wo entstehen dagegen wertvolle Gespräche, die anregen und inspirieren?«
- »Wo leben Wahrheit und Lebendigkeit?«
- »Wie sehe und erlebe ich meine Mitmenschen?«
- »Wie wirke ich selbst?«
- »Finde ich in meinen Beziehungen zu einer neuen Ehrlichkeit und Tiefe, ohne die Leichtigkeit und den Humor zu verlieren?«

Spiele ich mich als Moralapostel auf oder verliere mich in Besserwisserei, brauche ich mich nicht zu wundern, wenn Generationenkonflikte aufflammen und die jungen Leute mir aus dem Weg gehen. Besonders das Leben in Patchworkfamilien stellt eine Herausforderung dar, in den Beziehungen großzügig, aufrichtig, höflich und realistisch zu sein und immer wieder zu verzeihen. Dann können ehrliche, freie Bindungen entstehen. Es ist jetzt an der Zeit, unsere Beziehungen zu aktualisieren. Dazu gehören sowohl der Schmerz von Abschied und Trennung als auch der Impuls von echter Erneuerung.

Wenn unsere Kinder noch klein sind, sollten wir der Gefahr widerstehen, sie zum Sinn unseres Lebens zu machen. Unsere großen, erwachsenen »Kinder« wollen aus der Kinderrolle entlassen werden. Finden wir ein Verhältnis unter Erwachsenen auf Augenhöhe? Pflegen wir ein freies Verhältnis zu unseren Eltern und Geschwistern?

Und in der Partnerschaft? Finden wir einen angemessenen Abstand oder streiten wir unentwegt über Alltäglichkeiten, können uns aber auch nicht trennen? Oft kann man bei Paaren dieses Alters ein »Nicht mit ihm/ihr, aber auch nicht ohne ihn/sie« miterleben.

Gelingt es uns, Gegensätze zu akzeptieren, aufrichtig und in ehrlichem Interesse füreinander zu bleiben, uns für unsere je eigenen Wege freizulassen und uns gleichzeitig zu unterstützen, kann sich unsere Partnerschaft zu einer neuen Liebesbeziehung vertiefen.

Persönlich erlebt

Ich bekam die Einladung, in Kuala Lumpur, Malaysia, einen Biografie-Workshop auf Englisch zu geben. Mit dieser Einladung begann die Zeit, in der ich Farbe bekennen musste, nämlich selbst so zu handeln, wie ich es in meinen Vorträgen seit 20 Jahren beschrieben habe: In den 50ern des Lebens gilt es, konkret offen zu sein für unser Umkreis-Ich, und das zeigt sich in den Fragen, die uns gestellt werden. Also sagte ich tollkühn zu! Ich nahm gezielt Englischunterricht, mein Jan kaufte mir einen Reiserucksack mit Karabinern und ich flog los – meine erste weite Reise in den Osten ganz allein – der Mond als Reiseziel wäre nicht fremder gewesen!

Ich habe damals mutig eine persönliche Schallgrenze durchbrochen.

Im Widerspruch dazu wuchs in mir eine mir bis dahin unbekannte sentimentale Kraft: Ich dachte viel an die Familienjahre mit meinen vier Söhnen, ich vermisste sie körperlich, ich fühlte mich nutzlos und alt. Meine Kinder waren erwachsen geworden, hatte ich nicht alles getan – eigentlich könnte ich auch abtreten! So rutschte ich in tiefe, depressive Phasen.

Als ich dann erfuhr, dass meine Schwiegertochter schwanger war und schließlich einen wundervollen kleinen Theo zur Welt brachte, sprang in mir ein altbekannter Motor mit Turbogang an. Ich wusste doch alles und konnte es nun an meinen Sohn und meine Schwiegertochter weitergeben, natürlich in völliger Freiheit! Aber ein wärmeres Unterhemd könnten sie Theo doch wirklich anziehen, oder? Und dass er einen Schnuller hatte, gefiel mir auch nicht. Schließlich hatte ich mich damals nach vielen, vielen Gedanken gegen Kautschuk im Mund entschieden. Das galt doch alles immer noch, oder? Und dann erklärte mir meine Schwiegertochter sehr freundlich: »Weißt du, Susanne, du hattest 4 Mal die Möglichkeit, deine ganz eigenen Erziehungsvorstellungen zu leben. Du verstehst doch sicher, dass ich das jetzt auch möchte.« Das saß! Wie recht sie hat, dachte ich im 3. Moment, und wie gut, dass sie mir das so offen gesagt hat. Erzählte ich nicht meinen Zuhörern, wie wichtig es ist, mit der Zeit zu gehen, die Zukunft rufen zu hören und nicht die bekannte Vergangenheit zu reinszenieren?

»Weisheit entsteht nur über den Schmerz«, sagt meine Kollegin Michaela Glöckler. So schmerzt mein Herz immer mal wieder und möchte an den »alten Tagen« festhalten. Doch wenn es mir gelingt, mich loszureißen und mutig über die Schwelle in den nächsten neuen und unbekannten Raum zu gehen, dann höre ich das Raunen meines Zukunfts-Ich: Nimm dein Wissen und deine Erfahrungen mit und erweitere deinen Horizont!

Der Einladung nach Malaysia zu folgen hat mich geöffnet für den Ruf meines Lebens. Typischerweise entspricht dieser Ruf unseres Zukunfts-Ich nicht unseren Vorstellungen. So brauchte ich Mut, ins Ungewisse zu springen, um dann in wundervollen menschlichen Begegnungen ganz unerwartete Zukunftsperspektiven zu erfahren.

Der 3. Mondknoten: »Durchbruch zu mir«
Der 3. Mondknoten kommt mit 55 Jahren und 10 Monaten einem Mahner gleich, um uns – wenn nötig mit einem lauten Gong – an den anstehenden Durchbruch zu uns selbst zu erinnern. Da sich unsere Gesellschaft auf den spirituellen Teil unserer Biografie noch nicht eingelassen hat und es dazu kein allgemeines Wissensgut gibt, auf das wir zurückgreifen könnten, ist jeder von uns an diesem Lebensabschnitt auf sich selbst gestellt. Die kreative Lebensperiode des 8. Jahrsiebts geht zu Ende. Die Menschen sind oft erschöpft. Krankheiten bis zur Lebensbedrohlichkeit gehen dem Mondknoten manchmal voraus. Gerade der 3. Mondnoten im 56. Lebensjahr hat bei vielen Menschen den Charakter eines Abgrunds, bewirkt dann aber auch oft eine stärkere Geistorientierung. Der Mensch ist dabei weniger Handelnder, wie in der Lebensmitte, sondern vielmehr Erleidender. Wir müssen bereit sein, Dinge loszulassen, an denen wir hängen. Einer Veränderung geht gewöhnlich ein Verlust voraus. Aber häufig wird aus der Beharrungskraft des Unverwandelten gelebt.

Wie intensiv sich diese Zeiten des Mondknotens zeigen, hängt stark davon ab, inwieweit der bisherige Lebenslauf mit unserem Geburtsimpuls im Einklang steht. So kann der Mondknoten auch gar nicht zur Geltung kommen, weil er überflüssig ist. In Karrieren bahnen sich jetzt oft neue Entwicklungen an. Neue Kompetenzen und Fähigkeiten dürfen sich zeigen.

Persönlich erlebt

Ich betrat das Frauenmünster in Zürich, ging auf den Altar zu und stand vor den wunderbaren Farben der hohen Chagall-Fenster. Der Anblick ergriff mich stark, er richtete mich innerlich auf und die Frage erklang in mir: »Wenn du an die Schwelle treten wirst, was antwortest du auf die Frage: Wofür standst du? Was steht heute auf deiner Flagge?« Es war ein unvergesslicher Moment, der mich ermahnte, meine Kräfte zu bündeln und mich auf das zu konzentrieren, was wirklich meine jetzige Aufgabe im Leben ist. Zu Hause rechnete ich im Kalender nach und stellte fest: Es war genau am Tag meines 3. Mondknotens gewesen. Immer wieder kann mich die geheime Choreografie im Leben überraschen.

Irrwege

Womit wir nicht gerechnet haben!

In einem ehrlichen Moment sehen wir das Geröll, das wir selbst an den Rand unseres Lebensflusses gespült haben. Ich wusste immer, dass ich mit den Folgen meines bewegten Lebens umgehen muss. Doch wie lange verschließen wir die Augen und Ohren davor, welche Steine wir in den Rucksack unserer Kinder gelegt haben. Finden wir in uns den Mut, uns dieser Erkenntnis zu stellen? Ich habe meine Jungs ungefragt in die Bereicherung, aber auch in die Zumutungen des Patchwork-Familienlebens hineingezogen. Wie weitreichend die Folgen und Gesichtspunkte solcher Entscheidungen sind, überrascht mich immer wieder neu. Diesen Lebensschmerz des eigenen Handelns, der eigenen Schuld und des Versagens auszuhalten und damit umzugehen, ist Aufgabe dieses Jahrsiebts.

Wir können wegschauen und die Themen unter den Teppich kehren. Doch dieses Wegschauen, Verdrängen, Vergessenwollen kann zum Beginn einer Demenzerkrankung werden. So beschreibt Tilman Jens, der Sohn von Walter Jens, einen Zusammenhang zwischen der Demenz seines Vaters und seiner Verleumdung der Nazivergangenheit, die nicht in sein Selbstbild passte.[18]

Wir können in der Schuld versinken und stecken bleiben. Wir können uns aber auch unserer Vergangenheit und damit uns selbst stellen und das Gespräch mit unseren Kindern suchen. Für mich brauchte es die tiefe Einsicht, dass ich meine Söhne mit meinen hartnäckigen Selbstvorwürfen an ihrer eigenen Weiterentwicklung hemmte. Ich fand den richtigen Moment, mit jedem einzeln über alles zu sprechen. Dann habe ich mich bei ihm entschuldigt und dabei versichert, dass ich immer versucht habe, mein Mögliches zu geben. Dann erst erlaubte ich mir, meine Schuld loszulassen und mit PEP® meine Selbstvorwürfe anzugehen.

Nach so einer gründlichen Würdigung ist es wichtig, dass wir unseren Kindern die Tür öffnen weiterzugehen. Hier kann uns mal wieder der Humor große Dienste leisten. An dieser Stelle sagte ich zu meinen Söhnen augenzwinkernd: »Ihr hättet es auch noch viel schlimmer treffen können als mit mir!« Dann malten wir uns gemeinsam mit viel Lachen und Fantasie das Bild einer »unmöglichen« Mutter in allen Farben aus.

Das Älterwerden weder verleugnen noch überziehen

Vielleicht verdrängen wir schon geraume Zeit, dass der Höhepunkt unseres Arbeitslebens bereits hinter uns liegt? Mit wem könnten wir dann beratschlagen, wie und wo wir einen Schritt kürzertreten. Wo ist es an der Zeit, den Platz für Jüngere freizugeben und nicht in einen Machtkampf mit ihnen zu treten, den wir schon verloren haben? Wenn es uns gelingt zu lehren, ohne zu belehren, findet sich vielleicht ein Platz im beruflichen Kontext oder im Freizeitbereich, an dem wir unsere Fähigkeiten und unsere Lebenserfahrung weitergeben können. Dann werden wir auf einmal eine tiefe Freude dabei empfinden, die jungen Menschen in der expansiven Phase ihres Lebens zu unterstützen. Aus einer solchen Haltung kann man den jungen Menschen mit Rat und Tat zur Seite stehen und wird von ihnen auch akzeptiert.

Finden wir keine an die Verhältnisse angepasste Perspektive, steigern wir uns schnell in einen Generationskonflikt hinein und idealisieren die Vergangenheit. Viele 50er blähen ihre Persönlichkeit auf, setzen ihre Macht zum eigenen Vorteil ein, um mit aller Kraft an ihrem erreichten Status festzuhalten.

Wenn wir verpassen, uns intensiv für diese neue schwierige und unbekannte Verknüpfung mit unseren geistigen Zukunftswesen zu engagieren, dann erliegen wir zunehmend dem physischen Alterungsprozess und vertrocknen im biologischen und numerischen Altern. Kennen Sie auch Sportler, die sich mit eiserner Disziplin jung halten wollen und dabei innerlich steif und hart werden? Oder wir halten uns an unserem Status fest, werden für unsere Umgebung zum »Klotz am Bein«, resignieren an der Gegenwart und verherrlichen die Vergangenheit.

Persönlich erlebt

Barbara meinte: »Das Ego nimmt überhand, wenn man die Verbindung zu seinem Stern nicht pflegt. Dann bläht es sich auf oder verhärtet. Man kann sich ins Licht oder in den Schatten der Kräfte stellen.«

Gelangen wir auf den Höhepunkt unserer beruflichen Karriere und werden für unsere beruflichen Erfolge gefeiert, besteht das Risiko, dass uns der Erfolg zu Kopfe steigt. Wir verlieren das Maß und verfallen womöglich dem Größenwahn. Gegen den Hochmut hilft das Üben der Demut. Wir können uns an einen Brauch im alten Rom erinnern: Der siegreiche Feldherr fuhr mit einem Wagen, den 4 Pferde nebeneinander zogen, vor dem Senat und dem jubelnden Volk durch den Triumphbogen. Hinter ihm stand ein Berater, der ihm genau jetzt zuflüsterte: »Bedenke, dass du sterblich bist!«

So ist es gut, dass auch wir uns erinnern, dass unser Leben auf der Erde endlich ist und dass am Ende wohl allein die geistige Essenz unserer Erfolge, nicht Geld, Besitz und Macht gewogen werden.

Die typischen Entwicklungsthemen

Wenn wir es nicht schaffen, die sentimentalen, vergangenheitsorientierten Gefühle zu verschmerzen, bietet unsere Gesellschaft viele Betäubungsmittel an. Sucht und Abhängigkeit bleiben ein Risiko. Genuss, der zur Völlerei wird, schlägt sich auf unsere Gesundheit nieder. Eigentlich wäre in diesem Jahrsiebt Maßhalten angesagt. Auch der Erfolg kann uns aufblähen und hochmütig werden lassen. In unseren Beziehungen rutschen wir schnell, um unsere Ruhe zu behalten, in eine Unehrlichkeit. Gleichzeitig werden wir unserer Partnerschaften überdrüssig, wenn sie sich oberflächlich oder sentimental im Kreis drehen. Es gelingt keine Vertiefung und Erneuerung. Wir finden keine Nähe mehr, können uns aber auch nicht trennen. Im Umgang mit Jüngeren werden wir belehrend und besserwisserisch, wir berufen uns auf alte Rechte und geraten so in einen Generationskonflikt.

Lösungen

Frei werden von den Verstrickungen der Vergangenheit

Wie oft sind wir in den 40ern unserem verletzten Inneren Kind begegnet? Immer wieder in neuen Variationen haben uns unsere Themen eingeholt, bis wir sie wirklich kennengelernt hatten. Zunehmend haben wir es satt, unsere Lebenskraft in unseren Verstrickungen versacken zu lassen. Wir spüren eine innere Kraft, die ruft: »Es reicht!« Mir erschien auf einmal das Bild einer gesättigten Lösung: Mehr Salz verträgt sie nicht! Sind es die Früchte unserer Arbeit oder ist es die Schwelle, über die wir mit 49 in den nächsten Raum getreten sind – vermutlich führt beides dazu, dass wir im Hier und Jetzt unseres Lebens ankommen. Wir wollen unsere verbleibende Lebenskraft entweder in Lebensfreude und Leichtigkeit oder für die Welt und unsere Lebensmotive einsetzen.

Persönlich erlebt

Ich wurde von mir selbst überrascht. Ich stand mitten im Vortrag und wollte mal wieder an passender Stelle meine persönliche Geschichte erzählen. Da schoss es durch mich hindurch: So stimmt das nicht mehr! Ich hielt innerlich inne – vor mir saßen 50 Menschen und hörten mir gespannt zu. Durch mich ratterte es wie wild: Was tun? Mit tiefer, unnachgiebiger Sicherheit spürte ich, lügen – also etwas erzählen, was nicht mehr stimmte – durfte ich auf keinen Fall. Zum Glück kam die rettende Idee! Ich fuhr fort: »Ich kannte einmal eine Frau, der passierte Folgendes …«, und erzählte meine alte verstrickte Geschichte. Ich endete mit der abschließenden Erklärung: »Und diese Frau war ich.«

Führung auf der Basis der Kooperation

Die folgende Geschichte ist die von Herrn S.: Ein neuer Mitarbeiter, der ihm in seiner Abteilung unterstellt ist und über dessen Kompliziertheit ihm schon einige Beschwerden zugetragen wurden, meint, er wisse durch seine lange Berufserfahrung, wie die Prozesse zu laufen haben. Herr S. antwortete ihm freundlich, dass er diese Abteilung schon viele

Jahre leite, dabei seine Erfahrungen gesammelt habe und ihm jetzt einfach gern einmal zeigen möchte, wie er die Aufgaben dieser Abteilung strukturiere und umsetze. Er zeigte und erklärte ihm seine Vorgehensweise. Sie verabschiedeten sich, ohne dass er ihm sagte, er solle es in Zukunft genauso machen. Bis heute hat er nicht überprüft, ob der andere seine Arbeitsweise übernommen hat. Ihm sei aber zu Ohren gekommen, dass alles besser läuft. Er selbst habe sich entschieden, trotz der neuen Konzernführung in der Firma zu bleiben. Nach wie vor sei er mit vielem nicht einverstanden und vielleicht sei er auch zu unflexibel für einen Wechsel, doch könne er inzwischen auch erleben, dass sein Arbeitsstil geschätzt wird.

Im Arbeitsleben wird es für jeden von uns wichtig, ob wir regelmäßig unsere Fähigkeiten und Möglichkeiten in einer realistischen Selbsteinschätzung prüfen. Liegt unser persönlicher Höhepunkt hinter uns, haben wir die Hochebene erreicht oder stehen wir überhaupt erst am Anfang unserer Potenzialentfaltung? Bernard Lievegoed beschreibt es so: »Für den, der die Krise der 40er-Jahre überwunden hat, sind die 50er-Jahre eine Art Befreiung. ... Ein Mensch, der sich kontinuierlich entwickelt, erreicht Mitte 50 einen 2. schöpferischen Höhepunkt. Er kann seine Erfahrungen überschauen und einordnen, und er ist noch vital genug, sie in seine Arbeit einzubringen. Dies ist das Alter der eminent leaders, der großen Führungspersönlichkeiten.«[19]

Das Leben rollt den roten Teppich aus

Die Zeit der Ernte ist gekommen: In den folgenden Lebensabschnitten mit ausgebautem Dachatelier und freiem Austausch mit der Welt werden wir bereit, weisheitsvoll in kleineren oder größeren Aufgaben unserer Gesellschaft zu dienen.

Wie Stefan sagt: »Alle haben mich unterstützt und die Möglichkeiten für das geschaffen, was ich heute geben kann. Wir haben in den letzten 20 Jahren beständig unsere Ziele verfolgt. Jetzt kommen uns die Dinge entgegen, die Feier des Lebens beginnt! Und wir haben die Verantwortung, es zu tun. Wenn wir es jetzt nicht tun, machen wir uns schuldig. Es geht ums Weitergehen, immer weiter, nicht stehen bleiben.«

Ressourcen aus der Reifezeit

Wir können aus einer angemessenen Distanz strategisch denken. Diplomatisch argumentieren wir zwischen den Zeilen, vermeiden wenn möglich die direkte Konfrontation, sodass niemand sein Gesicht verlieren muss, und suchen nach einer gemeinsamen sach- und werteorientierten Lösung. Wir ahnen vielleicht »größere« Aufgaben auf uns zukommen. Mit neuer Sachlichkeit können auch schwere Entscheidungen getroffen werden. Als Menschen sind wir von neuer echter Toleranz getragen. Es ist eine ethisch-moralische Zeit. Die Weisheit der vertieften Einsichten in das Leben verbindet sich mit einer neuen Demut dem Schicksal gegenüber.

Eigenarbeit

Stärkungssätze aus der Reifezeit

- »Aus der Prinzessin ist eine Königin geworden.«
- »Meine Schönheit als reife Frau strahlt von innen – endlich stehe ich zu mir, wie ich bin, und das bewirkt eine ungeahnte Attraktivität.«
- »Konkurrenz und Karriere gehören zu meinem Gestern – heute stehe ich auf Tiefe und Lebensfreude!«
- »Den Enttäuschungen in meinem Leben verdanke ich, dass ich Schritt für Schritt meinen eigenen Weg gehe, und das bedeutet mir sehr viel. Es macht mich zufrieden und gibt mir Halt in mir.«
- »Ich bin reif für meinen eigenen Weg!«
- Marc Twain sagt: »Die zwei bedeutendsten Tage in deinem Leben sind der Tag, an dem du geboren wurdest, und der, an dem du herausfindest, warum!«
- Aus der Bibel: »Du stellst meine Zukunft in weiten Raum.« (Psalm 31) und »In Deiner Hand liegt meine Zukunft.« (Psalm 16)

Fragen zur Zeit von 49 bis 56 Jahren

1. Haben Sie Ihren Höhepunkt erreicht?
2. Wie sind Ihre Zukunftspläne? Sammeln Sie Ihre Kräfte, um sich auf eine Hochebene vorzubereiten, oder steht es an, den Kraft- und Energiemangel wahrzunehmen und einen Gang herunterzuschalten?
3. Haben Sie innegehalten, um die vergangenen Erfolge wertzuschätzen und eine Aktualisierung Ihres Selbstbildes vorzunehmen?
4. Finden Sie einen neuen Lebensrhythmus?
5. Gelingt es Ihnen, sich von schlechten Gewohnheiten zu trennen und neue Wege einzuschlagen?
6. Versuchen Sie, die Sprache Ihres Körpers zu verstehen? Bemühen Sie sich um eine neue Gesundheitsbalance?

Malaufgabe

Malen Sie einen Moment in Ihrem Leben, als Sie die Stimme Ihres Zukunfts-Ich vernommen haben, einen Moment, in dem das Leben den roten Teppich für Sie ausgerollt hat.

9. Jahrsiebt von 56 bis 63: Erntezeit
Bereit werden für Neues

Thema

Mit Beginn dieses Lebensabschnittes verspüren viele Menschen, dass es aufzuräumen gilt, um den Blick für die Erntezeit freizubekommen. Nehmen wir an, Sie haben in der Lebensmitte Ihr Lebenshaus zukunftsoffen renoviert. Sie haben geputzt, entrümpelt, die Möbel, die bleiben dürfen, neu gestellt und sich neu eingerichtet. Dann werden Sie jetzt vielleicht bemerken, dass Sie seither, in den Jahren des äußeren Wohlstands, wieder eine unglaubliche Menge an Zeug angesammelt haben. Wohin damit? In dieser Phase lernen wir uns noch einmal ganz neu kennen. Ein

Freund stellte einfach einen großen Container vors Haus und warf alles unbesehen hinein. Eine Freundin lebt mit der Einstellung: »Alles, was ich im letzten Jahr nicht in der Hand oder angezogen habe, gehört nicht mehr wirklich zu mir und kann weg.« Ein anderer erinnert sich, liest die Briefe und betrachtet die Fotos. Sieht er sich als einen Verwalter der Familienvergangenheiten, dann beginnt er jetzt, einen Familienstammbaum zu erstellen. Oder er nimmt alles noch einmal bewusst in die Hand nehmen, um es dann loszulassen.

Erfüllt von tiefer Dankbarkeit

Gleichgültig ob wir noch voll im Berufsleben stehen oder schon einen neuen Lebensrhythmus gefunden haben, gilt es in diesem Jahrsiebt, den letzten großen, den 4. Lebensabschnitt vorzubereiten. Hier kann uns die Beschäftigung mit den biografischen Gesetzmäßigkeiten helfen zu prüfen, wo wir in Einklang mit unserem Leben sind und welche Fragen noch offen sind. Denn erst der Blick in den Rückspiegel gibt die Fahrt nach vorn frei!

Nachdem die Lebensmittekrise überwunden war, haben wir in den 40ern mit Klarheit kraftvoll unsere Lebensziele verfolgt. Die 50er brachten uns eine Weisheit und Gelassenheit, mit der wir uns zunehmend auf das Wesentliche konzentriert haben. Jetzt in der Mitte der 50er findet ein Umschwung statt. Wir ahnen, dass eine schwere Zeit vor uns liegt.

Krisen

Lernen, Abschied zu nehmen

Eine neue, uns unbekannte Wehmut kann uns ergreifen, denn wir ahnen: Es wird keine leichte Zeit werden. Alles liegt im Ungewissen. Und gleichzeitig ist es sehr gewiss, dass wir in den nächsten Jahren unsere Eltern auf ihrem Schritt über die letzte Schwelle des Lebens begleiten werden. Wird es uns gelingen, ihnen einerseits zur Seite zu stehen auf ihrem ureigenen Weg und andererseits unseren Lebensweg, der sich vielleicht gerade frei auszubreiten beginnt, weiterzugehen? In diesem Zwiespalt der Kräfte und Bedürfnisse angemessen zu entscheiden, wird nicht einfach werden.

Warum fällt es oft so schwer, mit den Eltern offen über den Tod zu sprechen. Dabei möchten wir sehr gern wissen, was für sie auf der letzten Etappe ihres Weges wichtig ist. Und gleichzeitig wünschen wir, dass diese letzte Etappe noch lange nicht kommen wird. Manche von uns wollen einfach weiter Kind bleiben. Manche von uns bleiben in den alten Vorwürfen hängen. Manche haben Angst davor, dass sie mit dem Tod der Eltern in die »1. Reihe« treten. Einige von uns ahnen, dass sich für sie dann ganz neue Räume und Wege öffnen werden. Wir schätzen jetzt jedes unbeschwerte Miteinander mehr als früher, weiß doch keiner, wie lang die Eltern noch in ihrer geistigen Präsenz sein werden.

Meine Eltern sind Unternehmer bis in die Haarspitzen und ich bewundere, wie sie mit ihrem Altwerden umgehen. Sie nehmen jede Lebenseinschränkung sehr schnell an, schauen nicht lange zurück, sondern konzentrieren sich auf das, was ihnen miteinander noch möglich ist. Eltern von Freunden sind oft schon gestorben, sind krank und gebrechlich, allein oder haben sich schon in das weite Nebelland der Demenz zurückgezogen. Waren früher die Kinder das Hauptthema, so kreisen jetzt viele unserer Gespräche um die Eltern. Wieder liegt ein unbekanntes Land vor uns, das sich nicht planen lässt und eine neue Geistesgegenwart erfordern wird.

Wir können wegschauen oder hinschauen, das »Stirb und werde« gehört zum großen Spiel des Lebens. Mit ihrem Abtreten machen die Eltern uns den Weg frei. Bleiben wir in einem guten Kontakt zu ihrem ewigen Wesenskern, können wir spüren, dass sie hinter uns stehen und uns mit guten Kräften versorgen.

Wir selbst treten gleichzeitig aus dem biologischen, naturgebundenen Zyklus der Familienzeit heraus, unsere Kinder sind groß geworden und wollen ihren eigenen Weg finden. Richten wir also unseren Blick fest in die Zukunft. Schließlich stehen da noch 20 bis 30 Jahre vor uns. Es gilt, den Abschiedsschmerz mit innerer Entwicklungsfreude willkommen zu heißen! Die Lebenserfahrung zeigt, dass wir den Schmerz brauchen, um die Notwendigkeit zu verspüren, etwas zu verändern.

Persönlich erlebt

Jutta, 63 Jahre, meint: »Ich gebe jetzt meinen Naturkostladen ab. Was danach kommt, sind viele Fragezeichen. Ich möchte die Weichen neu stellen. Ich möchte die Kurve kriegen. Es ist wichtig, dass man sich entscheidet. Ich lege nicht so viel Wert auf das Materielle. Aber Nichtstun ist Rückschritt. Ich will den Faden ins Geistige aufnehmen. Wichtig ist doch, dass der Samen aufgeht.«

Irrwege

Haben wir unseren Frieden gemacht?

Haben wir uns mit unserer Vergangenheit versöhnt? Auch wenn wir nicht in allem einen Sinn sehen können, auch wenn wir manches nie verstehen oder verzeihen werden? Ist es uns gelungen, die wichtigen Themen mit unseren Eltern zu klären? Konnten wir unsere Vorwürfe loslassen? Haben wir uns von den eigenen Erwartungen verabschiedet, dass die Eltern sich noch einmal ändern könnten? Vielleicht hilft die Affirmation: »Liebe Eltern, ihr dürft bleiben, wie ihr seid – ich darf meinen Weg gehen, und wir können in Liebe verbunden bleiben!«

Unsere Eltern sind inzwischen sehr alt geworden und leben oft rückwärtsgewandt, sodass wir uns von ihnen – schwups – wieder in die alte Kindrolle ziehen lassen. Vielleicht werfen sie uns vor, dass wir nicht so geworden sind wie erwünscht. Oder dass wir sie zu wenig besuchen und so egoistisch sind wie früher. Wir sind dann schnell persönlich gekränkt, tun wir doch alles, was in unserer Möglichkeit liegt. Besuchen wir die Eltern, hören wir: »Bleib doch bitte länger. Du kommst viel zu selten.« Am Telefon heißt es: »Wann kommst du wieder? Wann rufst du das nächste Mal an?« Die Besuchszeit sinnvoll miteinander zu verbringen wird auch immer schwieriger. Schwer und schmerzlich ist es, wenn die Eltern durch eine Demenz nicht mehr ansprechbar sind und uns vielleicht gar nicht mehr erkennen. Und dann gibt es die Eltern, die immer noch offen und zugewandt sind. Und wir haben vielleicht ein schlechtes Gewissen, weil wir so weit weg wohnen und sie nur so selten sehen. Viele erleben eine große Einsamkeit, oft verstehen sie auch die Welt nicht mehr.

Für jede Situation gilt, dass die Eltern in den letzten Raum ihres Lebens eingetreten sind. Alte Ängste und die Angst vor dem Sterben können übermächtig auftauchen. Sind viele Medikamente nötig, dann verändert sich das Wesen der geliebten Menschen zusätzlich.

Immer wenn wir uns in die alte Kinderrolle ziehen lassen, ist es wichtig, bewusst wieder auszusteigen. Es gilt, eine neue Beziehung zu den Eltern aufzubauen. In manchen Fällen müssen wir uns eingestehen, dass die alte liebende Verbundenheit, besonders wenn sie garstig oder nicht ansprechbar sind, versiegt scheint. Mit einem schlechten Gewissen schauen wir auf unsere Eltern und finden das alte, nahe Verhältnis nicht wieder. Jetzt sind wir in unserem ganzen Erwachsensein gefragt. Können wir Dankbarkeit dafür empfinden, dass die Eltern wirklich immer getan haben, was in ihrer Macht lag? Es ist notwendig, dass wir von nun an in die sorgende, begleitende Elternrolle treten und unseren Eltern zugestehen, die zu umsorgende, abhängige Kinderrolle einzunehmen. Gelingt es, einen professionellen Standpunkt einzunehmen, können wir, jenseits der familiären Verflechtungen, eine fürsorgliche, liebevolle Haltung leben. Vielleicht können wir nachtodlich eine neue Nähe von Ich zu Ich pflegen, wenn Seele und Körper mit ihren Beschwerlichkeiten nicht mehr zwischen uns stehen.

Können wir auf der anderen Seite unsere Kinder in ihr eigenes Leben entlassen? Haben wir uns auch von unseren Erwartungen an sie verabschiedet. Ist uns bewusst, dass sie, wie wir damals, ein Recht auf ihren eigenen Weg haben? Zeigen wir unseren Kindern, dass wir sie nicht brauchen, dass wir ohne sie zurechtkommen, ja uns freuen auf unsere neue Zeit? Sind wir auf der anderen Seite für sie da, um sie auf ihrem Weg zu unterstützen, wo es uns möglich ist?

Stärkungssätze für diese Zeit

- »Indem ich loslasse, traue ich der nächsten Generation ihr Leben zu.«
- »Ich spüre neue Lust und Lebendigkeit auf mein ureigenes Leben ohne Eltern und ohne Kinder.«

Zu beiden Themenkomplexen, mit unseren Eltern als auch mit den Kindern, lohnt es sich, gründlich die Methode von PEP® anzuwenden.

Wofür stehen wir am Morgen auf?
Es gilt, gut vorauszuplanen. Denn in den nächsten Jahren werden wir mit unserer Berufstätigkeit auch unsere alten Ziele verlieren. Das naheliegende Motiv, wofür wir morgens aufgestanden sind, wird es nicht mehr geben. Wir werden auch unsere Stellung in der Gesellschaft, unseren Status verlieren. Ein Teil unserer äußeren Identität wird damit verschwinden. Planen wir unseren Vorruhestand, verringern wir unsere Stundenzahl? Sehen wir es als Ehrensache an, bis zum regulären Rentenalter zu arbeiten? Gelingt es uns, ein altersgemäß passendes Arbeitsumfeld zu gestalten? Mancher erreicht jetzt den Höhepunkt seines Schaffens und hat noch große Ziele vor sich. Andere dagegen sind stolz darauf, nach Jahrzehnten der Arbeit frei als Pensionär in den Tag hineinzuleben.

Das Ringen mit der Umgebung
In diese Zeit fällt oft der sogenannte Senior Moment. Damit ist ein Augenblick im Leben gemeint, der uns mit unserem Altwerden auf negative Weise verbindet. So meinte ein 62-jähriger Mann: »Gestern hat mir eine junge Frau die Tür aufgehalten, das hat mir wehgetan!« So ein Ereignis kann der Anlass zu einer wertschätzenden Prüfung und Aktualisierung Ihres Selbstbildes sein: »Wer bin ich heute, und wie alt *fühle* ich mich?« Albert Einstein sagt: »Das Leben ist wie ein Fahrrad. Man muss sich vorwärtsbewegen, um das Gleichgewicht nicht zu verlieren.«

Die typischen Entwicklungsthemen

Es besteht die große Neigung und Gefahr, zu sehr im Vergangenen hängen zu bleiben. Das Loslösen der Lebenskräfte aus dem Nerven-Sinnes-Bereich bewirkt oft unbemerkt eine Verengung des Blickes. Dem gilt es, mit einer bewussten Sinnespflege und Interesse an der Welt entgegenzuarbeiten. Bleibt der alt werdende Mensch nur dem Materiellen verhaftet, so versteift sein Denken, da ihm der Jungbrunnen der geistigen Welt fehlt. Er geht stur seinen Gewohnheiten nach und wird zunehmend engstirnig und starrsinnig. Er wird zum Prinzipienreiter und verweigert sich jeder Erneuerung. Er verpasst dann beruflich, rechtzeitig für Nachwuchs und Übernahme zu sorgen. Mit der inneren Einstellung »Das war immer der richtige Weg. Ich weiß nicht, warum sich das jetzt ändern sollte« wurde schon manches Unternehmen von seinem Begründer an die Wand gefahren. Solche zerstörerischen Kräfte verbauen dann Chancen für die Zukunft der nächsten Generation.

Rudolf Steiner meinte dazu: »Die Menschen haben verlernt wirklich alt zu werden, … In einer neuen Weise müssen wir lernen alt zu werden, und das können wir nur durch spirituelle Vertiefung.«[20]

Bedeutsames: Gesundheitsregeln für die 2. Lebenshälfte

In den 40ern lösen sich die Lebenskräfte aus dem Stoffwechsel-Gliedmaßen-Bereich. Wir bemerken, dass der Stoffwechsel träger wird. Wir verbrauchen weniger Kalorien, die Produktion der Verdauungssäfte lässt nach. Spaghetti nach 22 Uhr sind jetzt keine gute Idee mehr. Unsere Figur verändert sich, wir bekommen um die Taille herum die bekannten kleinen Pölsterchen. Ebenso verlangsamt sich das Wachstum unserer Muskeln. Mein Mann bemerkte in dieser Zeit, dass seine Muskeln nicht mehr, wie in jungen Jahren, »allein vom Schuhezubinden größer wurden«. Wir merken, dass sowohl Essen und Verdauung als auch Bewegung und Beweglichkeit eine bewusste Gestaltung brauchen.

Dafür stehen diese Lebenskräfte jetzt dem tatkräftigen Verfolgen unserer Lebensziele zur Verfügung. Wir sind in diesen Jahren oft selbst von unserem klaren Fokus und der durchtragenden Stringenz überrascht. Wir sind bereit, unsere geradlinige Überzeugungskraft und unser konfrontationsbereites Durchsetzungsvermögen voll einzusetzen. Es wird sich auf unsere weitere Charakterbildung auswirken, ob das Verfolgen persönlicher Ziele und unser Einsatz für das Fortkommen der Gemeinschaft ein gutes Gleichgewicht finden.

In den 50ern lösen sich die Lebenskräfte aus dem rhythmischen Herzbereich des Menschen. Bis dahin hat unser Herz weisheitsvoll mit seinem ausgleichenden Rhythmus alle Dysbalance des Lebens reguliert. Ab jetzt liegt es an uns, diese Aufgabe selbst zu übernehmen. Wir bemerken deutlich, dass unsere Kraft nachlässt, dass wir nicht mehr so gut mit Stress umgehen können. Es gilt, unser Arbeitspensum zu hinterfragen, unsere Gewohnheiten zu prüfen, unserem Tag eine rhythmische Struktur mit Erholungsphasen zu geben. Sind wir nicht bereit, einen neuen Lebensrhythmus zu finden und zu pflegen, dann stellen sich Erkrankungen des Herz-Kreislauf-Systems ein. Den Stress durch das unregelmäßige Arbeitsleben, die Zeitverschiebungen durch die Flüge rund um die Welt haben Manager in den 40ern noch wegstecken können. Doch in den 50ern kommt es statistisch zu den meisten Herzinfarkten.

Für unsere Gesundheit ist es in der 2. Lebenshälfte nötig, konsequent einen Lebensstil einzurichten, der Leib, Seele und Geist miteinbezieht. Finden und pflegen wir keinen uns gemäßen Lebensalltag, dann stellen sich in der 2. Hälfte der 50er die ersten chronischen Erkrankungen ein. Diabetes, Bluthochdruck, Gelenkbeschwerden könnten uns ein deutlicher Hinweis sein, dass eine gezielte Lebensänderung ansteht. Stattdessen ziehen wir oft die medikamentöse Therapie vor. Neigen wir doch beim kranken Menschen zu einem Reparaturverständnis, als handle es sich um ein kaputtes Auto. Dabei ruft jeder kranke Körper in seiner ganz eigenen Sprache nach einer ganzheitlichen individuellen Therapie. Die frei gewordenen Lebenskräfte des rhythmischen Bereichs erweitern unser fokussiertes Zentrums-Ich zu einem lauschenden Umkreisbewusstsein. Dies ist die Quelle für die umfassende Weisheit, die uns mit übergreifenden Kompetenzen zum Höhepunkt unseres Lebens führen kann.

Von 56 bis 63 löst sich ein weiterer Teil unserer Lebenskräfte, diesmal aus unserem Kopfbereich, dem Sinnes- und Gedanken-Bereich. Haben wir in den Jahren zuvor zu einer uns angemessenen täglichen, ganzheitlichen Gesundheitsbalance gefunden, so sind wir für diesen Prozess gut vorbereitet. Ansonsten könnten wir bemerken, dass die Sinne, über das altersgemäße Tragen einer Lesebrille hinaus, nachlassen. Ein Star, Schwerhörigkeit, beginnende Vergesslichkeit und Sturheit können auftreten. Die Knochen demineralisieren, Arthrose und Morgensteifigkeit können die Folge sein. Betroffen sind die Menschen, die sich jetzt auch alt fühlen, deren Interessen sich verengen, deren Gesprächsthemen sich beschränken. Solange sie zufrieden in sich ruhen, sind sie liebenswerte Omis und Opas; doch wenn sie hadern, zetern und die Jugend verdammen, werden sie schnell zu vereinsamten isolierten Alten.

Dabei könnten die frei werdenden Kräfte zu einem neuen, geistgetragenen Schauen, Lauschen und Verstehen der Menschen führen. Denjenigen, die inzwischen die sichere Verbindung zu ihrem Zukunfts-Ich gefunden haben, ist der Boden bereitet für die Verwirklichung von kleinen oder größeren Visionen. Sie bleiben mit wachen Sinnen interessiert am Weltgeschehen um sie herum und versuchen, wo sie können, freilassend mit ihren Ideen und Impulsen Geistbegleiter auf dem Weg zu sein.

Die 21 Jahre von 42 bis 63 dienen einerseits der Selbstverwirklichung, aber andererseits sollen sie den 4. Lebensabschnitt nach 63 vorbereiten. Dies wird oft zu wenig berücksichtigt und dann werden die Menschen vom Alter überrascht, anstatt, soweit es ihnen ihre Gesundheit erlaubt, ihr Alter souverän zu gestalten.

Welche Visionen und Träume haben wir noch?

Wo liegen unsere Träume für die ferne Zukunft? Diese Frage kraftvoll und bilderreich ins Dunkel hinein zu stellen, gibt den Lebenskräften einen neuen Anker. Wozu nutzen wir die neue Freiheit? Wir werden in jedem Fall die Folgen unserer Wahl deutlich spüren. Ein Stillstand ist nicht möglich – es heißt vor oder zurück. Doch woher die Kraft nehmen? Gleichzeitig wird uns immer deutlicher, wie kostbar das Leben und unsere Gesundheit sind, dass wir darauf aber nur bedingt Einfluss haben, sondern ganz in Gottes Hand liegen.

Manchmal sage ich zu Müttern: »Erinnern Sie sich, als Ihre Kinder klein waren, sind Ihnen da nicht auch aus dem Nichts unermessliche Kräfte zugewachsen? Haben Sie sich nicht manchmal gefragt, woher Sie in der völligen Erschöpfung immer wieder die Kraft genommen haben, um nachts aufzustehen und tagsüber trotzdem weiter für die Bedürfnisse Ihres Kindes zu sorgen?« Dieser klare Fokus aus der Kinderzeit kann uns ein Beispiel sein für die neue Fokussierung auf unseren eigenen »Werde-Impuls«, der auf uns wartet und der mit Entschiedenheit gesucht werden möchte.

Dabei geht es nicht um Größe oder Bedeutsamkeit einer Vision, sondern allein um den Fokus und die Verwirklichung im Hier und Jetzt. Dann wird ein neues Kind, ein geistiges Kind geboren.

Persönlich erlebt

Herr P., 61 Jahre, sagt: »Ich möchte lernen, den Dingen ihren Lauf zu lassen. Es wird dann kommen, was kommen muss: Dankbarkeit und Staunen über das, was wir geschafft haben im Leben. Ich muss vor meinen Gefühlen nicht mehr davonlaufen. Vieles geht nicht mehr und ist nicht mehr machbar. Doch ich erzähle meiner Frau jeden Tag von meinem Traum, mit ihr im Wohnmobil durch England zu reisen.« Seine Augen leuchten, als er meint: »Wir müssen in diesem Jahr wieder nach England reisen, denn da sind die Rosen viel günstiger als hier in Deutschland. Für unseren Garten brauchen wir noch 4 schöne Rosenstöcke.« Augenzwin-

kernd rechnet er mir vor, dass sie pro Rose mindestens 15 Euro sparen werden und sich damit die Reise unbedingt rentiert!

Neue Gemeinschaften bilden

Wir können unsere reichen Lebenserfahrungen im Rückblick zu Erkenntnissen konzentrieren, um zum Wesenhaften durchzudringen. Wir können im Herbst unseres Lebens wie ein Weizenkorn zum Samen für die Zukunft werden – zum wichtigen Ratgeber für die Umgebung.

Wir bekommen einen neuen Zugang zu unseren Mitmenschen. Uns wachsen neue Liebeskräfte zu, die zu einem tiefen Verstehen der anderen führen. Diese fühlen sich dadurch angenommen und in ihrem Wesen gesehen. Die neue zeitlose Gegenwärtigkeit und der tiefe innere Frieden, den wir ausstrahlen, lässt uns zu einem beliebten und wertvollen Gegenüber besonders für die junge Generation werden. Das innere Bemühen um das Wesentliche im anderen Menschen und in der Welt lässt unsere Seele und unsere Augen leuchten.

Manche Menschen werden in diesem Alter offen für Kräfte der Weite und der Zukunft. Sie sind in der Lage, die Interessen von Menschengruppen, die ein gemeinsames Motiv verbindet, zu bündeln und zusammenzufügen. Sie wollen, ohne persönliches, subjektives Interesse, einem Zukunftskeim zur Geburt verhelfen. So eine Gründungspersönlichkeit von einem Kindergarten, einer Schule ist offen für den Zeitgeist und den richtigen Moment, sodass sich die Kräfte »wie von selbst« bis ins Konkrete hinein zusammenschließen. Dann rollt die Welt den roten Teppich aus: Die Elterngemeinschaft ist offen und kompromissbereit, man bekommt auf dem kurzen Dienstweg die nötigen Genehmigungen, Übergangsräume werden gefunden, ein Baugrundstück steht auch schon zur Verfügung, begeisterte Lehrer freuen sich auf den ersten Schultag. Im persönlichen Zurücknehmen verbunden mit wacher Geistesgegenwart wird so ein Raum geschaffen, in dem andere Menschen ihren Boden finden. Damit wird die Basis für eine Gemeinschaftsbildung aus einem gemeinsamen, tragenden Motiv heraus gelegt.

Unser Familienrad rundet sich

Mit der Feier des 60. Geburtstags können wir bemerken, dass sich unser Familienrad abrundet. Dankbar und im Frieden können wir beginnen zu lernen, das Zepter an die nächste Generation abzugeben. Mit Gelassenheit und Geduld haben wir ein Gefühl für den rechten Zeitpunkt entwickelt. Jetzt können wir unsere Wunschliste schreiben. Haben wir unser Herzensthema schon gefunden? Soweit es unsere Gesundheit, unser persönliches Umfeld und unsere Entwicklungsbereitschaft zulassen, stehen wir mit Enthusiasmus und Neugierde frei an unserem Tellerrand – bereit zu einem weiteren Anfang.

Ihr Wunschbuch

Legen Sie sich ein schönes Heft an, in dem Sie Ihre Träume und Wünsche aufschreiben, die kleinen und die großen!

Ressourcen aus der Erntezeit

Jetzt fallen manche Menschen wegen ihrer großen geistigen Präsenz auf. In Gesprächen hören sie sehr interessiert und offen zu und sagen wenig. Als Gesprächspartner bekommt man den Eindruck, dass die eigenen neuen Einsichten in diesem »Lauschraum« entstanden sind. Mit einer inneren Unbefangenheit bleiben solche Menschen trotz all ihrer Lebenserfahrung offen für das wirklich Neue. Sie betrachten das Leben mit Güte und Dankbarkeit und vermitteln uns, dass gerade die schweren Passagen als sinnhaft und fruchtbar erlebt werden können. Die subjektive, persönliche Liebe verändert sich hin zu einer ausgebreiteten Menschheitsliebe. Von diesen Kräften getragene Persönlichkeiten brauchen wir an den wichtigen Führungsposten in Politik und Gesellschaft für die Fragen und Aufgaben unserer globalen Welt.

Eigenarbeit

Selbstannahmesätze zur Erntezeit

- »Auch wenn mich meine Eltern mit ihren Vorwürfen kränken und ich gleichzeitig weiß, dass sie es nicht persönlich meinen, liebe und akzeptiere ich mich so, wie ich bin.«
- »Auch wenn meine Kinder anders sind, als ich es mir vorgestellt habe, nehme ich mich an, so wie ich bin.«

Kraftsätze zur Erntezeit

- »Jetzt wird es Zeit für mich selbst.«
- »Ich stehe zu meinem Ernst, denn er gibt meiner Fröhlichkeit Tiefe und Bewusstheit.«
- »Liebe Mama, lieber Papa, ich behalte euch mit eurem ganzen Reichtum in meinem Herzen.«
- »Immer wenn ihr mich in die Kinderrolle zurückziehen wollt, bleibe ich erwachsen und sorge für mich und für euch.«
- »Kurz vor dem Tellerrand des Lebens – dem Ende meiner Berufstätigkeit – freue ich mich schon auf den Absprung!«
- »Ab jetzt stehe ich zu mir und lebe meine Ehrlichkeit.«

Fragen zur Zeit von 56 bis 63 Jahren

1. Haben Sie Frieden mit Ihrer Vergangenheit gemacht oder sind da noch Fragen offen?
2. Wie beurteilen Sie das Leben Ihrer Kinder? Messen Sie sie an Ihrem eigenen Erfolgsrezept? Gibt es Selbstvorwürfe oder Vorwürfe in Bezug auf Ihre Kinder?
3. Pflegen Sie täglich geistige oder religiöse Rituale?
4. Wie ist Ihre Verbindung zu den Verstorbenen?
5. Was steht auf Ihrer Wunschliste?

Malaufgabe

Welches Erlebnis aus dieser Zeit erzählt vom Wesentlichen Ihres Lebens? Bringen Sie es aufs Papier.

Einschub: Eine Vision für die Zukunftsgestaltung

Vorwort

Die Zukunft ist unsere Aufgabe als Mensch, besonders als alter Mensch. Für mich ging im Alter von 56 Jahren die Welt auf. Meine Frau Elfriede und ich hatten vereinbart, dass wir in unserem gemeinsamen Leben auf jeden Fall eine gemeinsame soziale Aufgabe ergreifen wollen. Diese Schicksalsfrage kam uns während einer Ägyptenreise 1981 entgegen. »Ich wusste, dass ihr kommt«, rief uns mit erhobenen Armen Ibrahim Abouleish zu, der in diesen Jahren Sekem, eine ägyptische Entwicklungsinitiative, gegründet hat. Dazu wurden in der Nähe von Kairo 70 Hektar Wüstengebiet mit der Methode der biologisch-dynamischen Landwirtschaft erschlossen. Sekem wurde zu einer meiner Lebensaufgaben.

»Unser Leben währet 70 Jahre…«, wird uns schon in der Bibel zugerufen, und doch geht das Leben weiter und viele Menschen können sich nach dem Eintritt ins Rentenalter die Frage stellen: »Habe ich noch Kräfte? Habe ich noch Aufgaben?« Ich entschloss mich damals, alle meine während des Lebens gewachsenen Aufgaben abzuschließen und mich nur noch der Aufgabe in Sekem zu widmen. Auf jeden Fall kann der alte Mensch so noch manches Neue stiften oder auch schon Begonnenes weiter fördern. Dazu braucht es allerdings einen eigenen Ich-Willen.

Als anthroposophische Ärzte leben wir mit dem Gedanken, dass der Lebenskräfteleib im Gegensatz zu unserem physischen Leib, den wir immer »alternd« erleben, jüngert, dass er Früchte tragen kann, die der Mensch dann im nachtodlichen Leben zukunftsstiftend verwenden kann. Dieses Geheimnis gilt es ernst zu nehmen. Als Arzt habe ich mich bemüht, Krankheitsdispositionen beim Patienten zu erkennen und das Krankheitsphantom, das seiner Erkrankung zugrunde liegt, zu verstehen. Dann habe ich mich im wahrnehmenden Austausch mit dem Patienten dafür offen gemacht, ein inneres Bild des dazugehörigen Heilphantoms zu schaffen. Daraus versuchten wir dann gemeinsam, eine konkrete Vision für die Zukunftsgestaltung zu finden. Dieses Prinzip erkenne ich auch in deiner biografischen Arbeit, liebe Susanne, die in einen individuellen Weg mündet, der in die ureigene Zukunft weist.

Aber eines hat mich das Alter gelehrt: Bei allem Bemühen ist es uns in unserem jetzigen Entwicklungszustand noch nicht gegeben, vollkommen zu sein. Doch wir dürfen es wagen anzufangen, Schritte gehen zu wollen, müssen aber auch damit rechnen, dass vieles in diesem einen Leben nicht – noch nicht – gelingt. Ein Begonnenes aber kann in der Zukunft fortgeführt werden.

Du sprichst aus, was heute Allgemeinwissen sein müsste: Im Altwerden tritt eine innere Verjüngung, ein »Jüngern« ein. Um an diese Lebensquelle anzuknüpfen, braucht es allerdings eine Zukunftsvision, die wir mit unserem ganzen Willen verfolgen müssen. Dann können uns immer wieder neue Kräfte bis ins hohe Alter zuwachsen.

Ich bin sicher, viele Leser deines Buches werden sich von deinem Kapitel über das Alter inspirieren lassen. Wenn vieles auch nur angedeutet werden kann, so sprichst du doch den Menschen in seinen Möglichkeiten an, und das kann dem Leser diesen Raum öffnen.

Gerade vor einigen Wochen hatte ich die Gelegenheit, eine Gruppe von Abiturienten bei mir zum Gespräch zu haben. Sie hatten sich vorgenommen, verschiedene Initiativen kennenzulernen, um ihren eigenen individuellen Zukunftsweg zu finden. Dabei habe ich erlebt, wie das mir als altem Menschen die Möglichkeit gab, der Zukunft in der Gegenwart Raum zu geben. Zugleich aber hat mich tief berührt, wie die geballten Jugendkräfte Altershoffnung stiften können.

Hans Werner

(Dr. med. Hans Werner, geboren 1925, Arzt, Mitgründer des Carl-Gustav-Carus-Institut zur ganzheitlichen Erforschung und Behandlung der Krebserkrankung und der Klinik Öschelbronn; Mitarbeiter der Sekem-Initiative in Ägypten und seit 1981 beteiligt am Aufbau des Medizinischen Zentrums; Initiator der anthroposophischen Medizin in Russland)

Mein Ausflug zum Monte Pelmo

Als ich in diesem Sommer bei einer Bergwanderung am Monte Pelmo in den Dolomiten die Baumgrenze erreiche, schießt es mir durch den Kopf: »Finde ich vielleicht hier ein Bild für das Altwerden, wie ich es verstehe?« Vor mir baut sich das großartige, majestätische graue Bergmassiv des Monte Pelmo auf, das silber-golden im Sonnenlicht glüht. In den Schatten der tiefen Felsspalten im gähnenden Abgrund glänzt je nach Sonneneinfall weiß glitzernd bis tief blauschwarz das ewige Eis. Mit gewaltiger Kraft schiebt sich der Berg nach oben, als sei es seine Aufgabe, die Erde mit dem Himmel zu verbinden. Nah am Wohnsitz Gottes erzählt er in seiner zeitlosen, ruhigen Präsenz von der Vergänglichkeit des Lebens und der Ewigkeit des Geistes. Ist das ein Bild für die Weisheit, die im Älterwerden möglich ist? Es wird gesagt: »Der weise Alte geht nach oben zum Gipfel, den er mit den Steinböcken und Adlern teilt, bekommt das Licht und bringt es zurück auf die Erde.« Ist das vielleicht der eigentliche Sinn des Altwerdens? Werden wir deswegen immer älter, damit wir offen werden für das Licht der Intuition, die Kraft der Vision, den Glauben an die Ideale? Das könnte der Anfang einer neuen Alterskultur sein! Und gleichzeitig wird mir bewusst, dass sich die hohen Berge schon morgen hinter Nebelschleiern verbergen können und wir ihre Anwesenheit nicht einmal ahnen. Allein wir wissen noch um sie – ähnlich wie um die tiefe innere Sicherheit, die im Glauben liegt und nur in wenigen oft schweren, schmerzlichen Momenten des Lebens ans helle Sonnenlicht der Gewissheit reicht.

Ich wandere auf einem schmalen Pfad an der Grenze der Granitfelsen entlang. Mir wird bewusst, dass für einen Aufstieg zum Gipfel und auch für ein bewussteres Altwerden eine ganz andere Vorbereitung nötig wäre. So setze ich mich auf einen Felsen in die Sonne und halte Rast. Unter mir das lebendige grüne Tal, Bild der aktiven Familien- und Berufszeit. Über mir das Grau des Berges, dessen Silhouette mit scharfen Kanten in den stahlblauen Himmel schneidet, mein Bild für das Alter. Ist es ein Adler, der da oben seine Kreise zieht? In diesem Moment verstehe ich das Potenzial des Altwerdens neu. Es wird mir aber auch deutlich, dass ab dieser Grenze andere Gesetze gelten. Liegt für das Alter die Quelle einer neuen Lebenskraft in der inneren Verbindung mit einem Urbild im Gebet oder in der Meditation, also sozusagen in klarer Verbindung zum Blau des Himmels? Gleichzeitig braucht es weiterhin die nährende Verbindung zum Puls des Lebens im Tal. Sicher scheint mir, dass diese neue Balance aus »Höhenluft« und »Erdengrün« ein sehr individuelles, bewegliches, veränderliches Gesicht haben wird, das sich im Lauf des gesunden Alterns immer mehr in Richtung »Höhenluft« neigt. Die Verbindung zurück zum Leben schaffen die vielen Höhenwege in ihren flauschigen Grüntönen der Moose. Hier werden unsere Intuitionen zu lebensvollen Idealen. So wie das Edelweiß, der Enzian und die Silberdistel erblühen und dem Bergwanderer, der sie in achtsamer Aufmerksamkeit entdeckt, das Herz erwärmen. Diese zeitlose Kraft der Liebe und Begeisterung strahlt dann aus den Augen mitten im faltigen Gesicht und erzählt von der neuen Jugend des Geistes. Diesen Alten merkt man an, dass sie ihrem Zukunfts-Ich auf ihrer einsamen Höhenwanderung immer wieder neu begegnen. Irgendwann werden sie oben bei ihm bleiben. Dann beginnt die Feier des Todes, die ein neuer Anfang werden wird. Dann erreichen sie das Gipfelkreuz, an dem ihr Engel schon wartet, die Hand reicht und sie über die Schwelle in eine neue Dimension von Leben geleitet.

So wie an vielen Tagen im Jahr die Berge vom Nebel verschluckt werden, gibt es alte Menschen, bei denen sich das Bewusstsein für eine kurze oder eine lange Zeit eintrübt. So zieht es sich im Krankheitsbild der Demenz immer mehr zurück in eine andere Welt. Und doch können wir in ihrer Umgebung die Anwesenheit ihres Geistes spüren, die um uns sein kann, so wie wir die Berge, die im Nebel liegen, auch spüren und ahnen können. In dem wunderbaren Film »Kirschblüten – Hanami« von Doris Dörrie steht der Protagonist, ein alter Mann, der seine verstorbene Frau im Leben nicht wirklich gekannt hat und nun versucht, sie in Japan am Fuße des heiligen Berges Fuji zu verstehen, am Fenster seines Hotelzimmers. Jeden Morgen öffnet er den Vorhang und sieht nur grauen Nebel, sieht also nichts. Und dann am x-ten Tag öffnet er wieder den Vorhang und vor ihm baut sich bei strahlendem Sonnenschein und blauem Himmel das Bergmassiv mit seinem schneebedeckten Gipfel auf. Wie oft stehen wir selbst am Fenster unseres Lebens und halten den Nebel für die Wirklichkeit? Eine wunderbare Episode, die auf einfache Weise ausdrückt, dass die Frage nach der Wirklichkeit vielschichtig ist.

Aus unserem Erleben erscheint uns eine letzte Wanderung im eingetrübten Bewusstseinsnebel, der wochen-, monate-, ja jahrelang dauern kann, schier unerträglich. Doch frage ich mich, hier an der Grenze des Lebens auf meinem Stein in der Sonne sitzend, jenseits von Zeit und Raum, ob dann nicht vielleicht ganz andere Gesetze gelten. Ähnlich wie bei einem Schlafwandler, der seinen Weg auch mit geschlossenen Augen findet. Traurig und einsam ist es für die Familie, weil der verbindende Austausch des Gesprächs fehlt. Manchmal gelingt es, über die Berührung eine andere Sprache zu finden, und dann können wir eine Verbindung spüren, die in ihrer neuen Nähe ebenfalls Zeit und Raum verlässt.

Warum dürfen manche Menschen – Louis Trenker gleich – zwar immer älter und schwächer werden, aber bis zuletzt, gestählt von eiserner täglicher Disziplin, das Leben erleben, die Auf- und Abstiege wagen, das Licht vom Berggipfel zurück auf die Erde tragen, bis sie eines Tages über den Gipfel hinauswandern? Warum verengt sich bei anderen der Blick und ihr Denken beschränkt sich auf wenige Themen, wie Gesundheit, Krankheit und die Vergangenheit, während sie unter der immer stärkeren und schmerzvolleren Einschränkung des Körpers in die Knie gehen? Warum trübt sich bei einigen das Bewusstsein viel zu früh und anhaltend ein? Warum driften manche weg in die dunkle Welt des Unverarbeiteten, in der sich die Schattenwesen gern breitmachen?

Heute auf meinem Stein verstehe ich, dass hier etwas ähnlich Unvorhersehbares vorliegt wie beim Wetterwechsel in den Bergen, der seinen eigenen Gesetzen folgt zwischen strahlender Sonne, Nebel, Gewitter, Regen, Schnee und Sturm. Zum Glück lebe ich mit dem Konzept, dass oben am Gipfelkreuz jeder von uns von seinem Engel zum rechten Zeitpunkt erwartet und in das ewige Licht einer zeitlosen Sonne geführt werden wird.

Zufrieden und irgendwie erleichtert packe ich mein Brotpapier weg, trinke noch einen Schluck vom kühlen Quellwasser und frage mich, noch ganz in diesem Bild vom Alter versunken, wie denn wohl die Verbindung aussehen könnte von meinem biografischen Lebenshaus der Jahrsiebte zum Hinauf und Hinunter der Höhenwanderung des Altwerdens.

Wieder zu Hause stehe ich in meiner Küche und blicke hinüber zu der Baustelle bei den Nachbarn gegenüber. Ich erinnere mich an die Worte meiner Nachbarin: »Alle Kinder sind aus dem Haus, mein Mann ist schon pensioniert. Ich habe noch ein paar Jahre und wir bemerken, dass wir zunehmend Sehnsucht haben nach einem weiten, offenen Blick. Die Gaube im Dachstuhl mit den Fenstern rundherum ermöglicht uns einen ganz neuen Ausblick über die umliegenden Häuser hinweg. Wir sind dem Himmel näher.« Die große Dachgaube, individuell nach den eigenen Träumen und Visionen eingerichtet, wird zum Basislager der persönlichen Bergwanderung des Alters. Ich bin den Nachbarn dankbar, denn jetzt ist das Bild rund geworden. Demnächst möchte ich rübergehen, den freien Blick erleben und unbedingt fragen, welche Träume und Visionen die beiden von ihrer freien Zukunft haben und wie sie sich darauf vorbereiten!

Der Anbau der Dachgaube gibt der Zukunft Raum

In den 60ern beginnt ein neuer Lebensabschnitt: Das Ende des staatlich und gesellschaftlich vorgesehenen Berufslebens erwartet uns. Diese große Schwelle ist in ihrer Tragweite vergleichbar mit der Einschulung. Wie damals freuen sich die einen und fiebern der Pensionierung entgegen, während die anderen eher zögerlich und zaudernd diesem Lebenswechsel entgegensehen.

Am Ende gilt es für uns alle – mit oder ohne Feierlichkeit, Ehrung und Würdigung – Abschied zu nehmen: von Arbeit, Status, Verbindungen, oft auch von finanziellen Möglichkeiten. Die große Frage, die uns auf der Stirn steht und über die viel zu wenig offen gesprochen wird, lautet: »Was bedeutet Altern für mich und für meine Umgebung?« Schon allein über dem Wort »Alter« liegt ein Schleier. Wann haben Sie ihn erlebt, den sogenannten Senior Moment, der Sie mit Ihrem Altwerden konfrontiert hat? Eine Frau mit 66 erzählt, wie sie in der Straßenbahn von einem jungen Mann vorgelassen wird, der zu seinen Freunden sagt: »Lasst mal die alte Dame vor!« Warum konnte sie sich darüber nicht freuen?

Wir schauen vor dem Altwerden weg und freuen uns über jedes Kompliment, das uns vermittelt, wir sähen viel jünger aus, als wir sind. Der Jugendwahn mit seinem sehr materialistischen Fokus auf einen möglichst jung gebliebenen Körper untermauert diese Strategie des Wegschauens. Die Gegenwelle der Verherrlichung der »silberblonden Junggebliebenen« bleibt zumeist auch sehr oberflächlich in ihrer Betrachtung und wird vor allem von der Werbung benutzt, die die enorme Kaufkraft der neuen Alten erkannt hat. Überhaupt wird ihr Einfluss in der Zukunft groß sein. Welchen Blick auf das Alter und seinen Sinn braucht es, damit wir uns in ein positives Verhältnis zu ihm bringen?

Fest steht, wir werden immer älter. Und gleichzeitig fühlen wir uns immer jünger. Wie gehen wir mit diesem Widerspruch um? Es wird für die Zukunft unserer Gesellschaft immer wichtiger werden, sich der wirklichen Früchte des reifen Alters bewusst zu werden und sie nicht wie bisher zu unterschätzen. Ja, es stimmt: In der digitalen und globalisierten Welt mitzuhalten fällt vielen schwer. Aber wussten Sie eigentlich, dass 66 Prozent der größten Taten der Menschheit von Menschen über 60 vollbracht wurden?[21] Wir gelangen jetzt auf den Gipfel unserer schöpferischen Möglichkeiten, sind für diese Höhe aber nicht vorbereitet.

10. Jahrsiebt von 63 bis 70: Sonnenraum

Altwerden will vorbereitet werden

Thema

Bevor wir an den Anbau einer Dachgaube an unser Lebenshaus denken können, ist es wie vor jeder architektonischen Aufgabe nötig, sich ein Bild des Baubestandes zu machen: In den Jahren von 42 bis 49 haben wir unser Dachgeschoss ausgebaut. Dazu war es notwendig, die bauliche Substanz des ganzen Hauses zu prüfen und auch die dunklen Kellerräume miteinzubeziehen. Alte Themen poppten in diesen Jahren auf den Tisch und wollten von unserem erwachsen gewordenen Ich in eigener Verantwortung verstanden, verziehen, gelöst, geheilt und vor allem aber ins Ganze des Lebens integriert werden. Die Frage nach der Vergangenheit »Wer bin ich geworden?« wollte beantwortet werden – dies machte manche Renovierungsarbeit notwendig. Und dann galt es, die Frage an die Zukunft »Wer will ich werden?« couragiert zu verfolgen und wenn möglich umzusetzen. Wir spürten die Kraft unseres Ich, jeden Tag neu haben wir uns abgestoßen und zunehmend Sicherheit in unserer Selbsteinschätzung und unserem Selbstwert erlangt.

Von 49 bis 56 durften wir die warme Sonne unserer persönlichen

Hochebene genießen. Haben wir das rechte Maß für den Genuss gefunden? Haben wir unsere Gewohnheiten geprüft und manche gewechselt? Wie lautete die Frage unseres Ich am 3. Mondknoten mit 56 an uns? Haben wir sie verstanden? Haben wir den Durchbruch zu unserem authentischen Selbst vollzogen? Haben wir gelernt, zu delegieren, Verantwortung zu teilen und abzugeben? Haben wir unser Potenzial ausgeschöpft, dabei aber auch ein Nachlassen unserer Kräfte miteinbezogen? Von 56 bis 63 galt es, die Mondknotenfrage zu realisieren. Was will von uns noch umgesetzt werden? Denken Sie dabei an Robert Redford, der in »Jenseits von Afrika« sagt: »Ich will nicht am Ende meines Lebens stehen und erkennen müssen, dass ich das Leben eines anderen geführt habe.« Sind wir großmütig und großzügig mit uns und unserer Umgebung geworden? Haben wir Dankbarkeit gelernt, gerade in den schwierigen Fragen und Themen? Haben wir Frieden geschlossen mit uns und unserem Leben? Denn auch wir haben doch immer unser Mögliches gegeben! Haben wir uns die Liebe und Freude am Leben, trotz aller schweren Entscheidungen, aller zwischenmenschlichen Enttäuschungen, bewahrt? Haben wir den inneren mentalen Raum geöffnet für Träume und Visionen nach der Berufszeit?

Oft tauchen in den beginnenden 60ern Ängste aus Kindertagen stark und körperlich in uns auf. Sie irritieren uns so lange, bis wir den tieferen Zusammenhang erkennen.

Persönlich erlebt

Carla ist 63 Jahre alt und eine gebildete Frau, die mit beiden Beinen im Leben steht. Und doch leidet sie seit einigen Wochen unter schlaflosen Nächten, in denen sie von den Ängsten ihrer Kindheit eingeholt wird. Warum hat der Vater damals die Familie verlassen? Sie war doch mit ihren 5 Jahren noch viel zu klein, um schuld daran gewesen zu sein, oder? Beide Eltern sind schon vor Jahren gestorben. Nachts wirft sie sich vor, dass sie den Vater nie gefragt hat, warum er damals wirklich weggegangen ist.

Im Gespräch versetzen wir uns nochmals in das kleine Mädchen hinein und versuchen, die Ängste mit dem wachen Tagesbewusstsein zu spüren und nachzuvollziehen. Wir integrieren die Selbstvorwürfe und Carla erlernt die Technik der emotionalen Selbstregulation mit PEP®. Gleichzeitig überlegen wir, wie Carla die Verbindung zu den verstorbenen Eltern neu pflegen könnte. Dabei wird deutlich, wie ähnlich sie ihrem Vater ist. Besonders ihre soziale Aufmerksamkeit – Carla kümmert sich um ihre alte, gebrechliche Nachbarin – hat sie von ihm. Diese Erkenntnis berührt sie sehr. »Immer wenn ich mich um Frau Schneider kümmere, bist du, mein Vater, mit dabei«, lautet die Affirmation, die sie die nächsten Wochen begleitet.

Die Einrichtung der Dachgaube als Basislager

Stellen Sie sich vor, Sie richten Ihre Dachgaube ein, die Ihnen für die bevorstehende Bergwanderung als Basislager dienen soll. Welche Möbel, Bücher, Kleidung, Musik, Werkzeuge, welche Ausrüstung gehört hinein? Was brauchen Sie für Ihren ganz persönlichen Aufstieg? Ingmar Bergmann soll gesagt haben: »Mit dem Altwerden ist es wie mit Auf-einen-Berg-Steigen: Je höher man steigt, desto mehr schwinden die Kräfte – aber umso weiter sieht man.«

Nach den biografischen Gesetzmäßigkeiten ist es Zeit, mit 63 unsere Familienthemen abzurunden und abzuschließen. Erkennen wir aus der Distanz der Jahre, dass gerade die schwierigen Begegnungen unseren Charakter geschliffen haben und wie bei einem Diamanten für unser ganz eigenes Leuchten gesorgt haben? Dann können wir erleben, dass alles seinen Sinn hatte und gut war, wie es eben war. Dann erscheint uns unser Leben im Rückblick immer mehr wie eine kunstvolle Choreografie, aus der wir jetzt in die Freiheit entlassen werden. Dieser Abschied schmerzt, ist es doch unser bekanntes Leben, sind es doch unsere Geschichten, an denen ein Teil von uns sentimental festhalten möchte. Die bevorstehende Freiheit kann Angst machen! So hören wir Nathalie in dem Film »Alles was kommt« sagen: »Wenn ich so überlege, meine Kinder sind weg, mein Mann hat mich verlassen, meine Mutter ist tot, ich bin wieder frei. Die totale Freiheit, zum ersten Mal. Das ist überwältigend.«

Der Mensch tritt mit dem Erreichen des Ruhestandes in seine freieste Lebensperiode. »Dann schreitet er entweder auf dem Lebensweg fort, die Umstände und die neuen Möglichkeiten ganz ausschöpfend, oder er schreckt vor den Herausforderungen zurück und begibt sich auf einen regressiven Weg; ein Stillstehen ist nicht möglich.«[22]

Der Lebensabschnitt von 63 bis 70 wird oft als ein Übergang erlebt. So endet das Berufsleben heute in vielen Fällen nicht auf einen Schlag, sondern wird in einem freieren Rahmen mit geringerer Stundenzahl fortgesetzt, ehe es dann um die 70 herum ganz ausläuft. Dieser sanfte Übergang ist natürlich zu befürworten – doch lässt er uns die Zeit und vor allem den inneren Raum, uns auf eine echte Zukunftsvision einzulassen? Für die einen steht jetzt die Familie, das Pflegen der Freundschaften, Reisen, Golf spielen, die Eisenbahn im Hobbyraum, Tanzen oder ein Studium im Vordergrund. Die anderen widmen sich darüber hinaus noch den Fragen unserer Zeit. Als freier Geist können wir uns Aufgaben zuwenden, die das Leben der ganzen Menschheit betreffen.

Die Ressourcen aus dem Erdgeschoss neu nutzen

Gelingt der innere Umschwung, dann öffnen sich in unserer Dachgaube Geheimgänge zu den Räumen im Erdgeschoss der leiblichen Entwicklung. Den Zugang zu den Ressourcen aus der Kindheit können wir für den anstehenden Neuanfang gut nutzen: wie ein Kind unsere Umgebung spielerisch zu betrachten, zu staunen über das bisher nicht Gesehene und zukunftsoffen, jenseits der althergebrachten Urteile, Neues zu lernen. Mit diesem bewusst gepflegten Interesse an unserer Umgebung können wir dem Nachlassen der Sinne, der Kraft des Sehens oder Hörens, entgegenwirken.

Durch die Verbindung zum Raum der Schulzeit werden neue Lebenskräfte aktiviert: »Aus der tiefgreifenden Freude über das Alter entsteht häufig ein neues Interesse am Lernen.«[23] Viele besuchen nochmals eine Schule, einen Studiengang oder eine Fortbildung in einem bekannten oder auch ganz neuen Gebiet.

Aus dem Raum der Jugend strömt die Energie für ein neues Freiheitsgefühl. Der »alte Jugendliche« kann in seiner durchwärmten Weisheit in neu erwachter Rebellion gegen die Verkrustungen sozialer oder kultureller Zustände die Menschen seiner Umgebung mit neuen Ideen aufrütteln, die er aus dem ihm nun nahen Engelreich holt. Blitzartige Einfälle und neue verblüffende Kombinationen sind jetzt möglich und radikale Veränderungen können ins Haus stehen. Diese inspirierende Jugendkraft können wir gut brauchen in der Ideenfindung für die freie Zeit, die jetzt vor uns liegt.

Bevor Sie 70 werden

Aktualisieren Sie Ihr Selbstbild
Bei unserem Navigationscomputer im Auto ist es für uns selbstverständlich, alle 2 Jahre die Aktualisierungs-CD einzulegen. Es ist uns klar, dass wir mit dem alten Programm das ganze Potenzial der ausgebauten oder neuen Straßenführung nicht zur Verfügung hätten, um unser Ziel zu erreichen. Im Leben fehlt uns häufig dieses Selbstverständnis. Nehmen Sie Ihr Leben in die Hand und aktualisieren Sie Ihr Selbstbild an den biografischen Schwellen und Übergängen. Mit 63 Jahren gehört es schon dazu, manches sich schließende Fenster zu akzeptieren.

Persönlich erlebt
Nachdem ich meine künstliche Hüfte bekommen hatte, habe ich mich entschieden, mit dem alpinen Skifahren aufzuhören. Am liebsten hätte ich in den nächsten 2 Jahren den Winter aus meinem Leben gestrichen. Ich haderte mit meinem Schicksal und war neidisch auf jeden in meinem Umkreis, der von seinem Skiurlaub erzählte. Wie eine dicke schwarze Fliege flog ich immer wieder gegen die Scheibe. Dass gleich daneben das Fenster in eine neue Winterwelt weit offen stand, wollte ich nicht sehen. Ja, ein Teil von mir wollte sich sogar trotzig in dem Gram einrichten. Auch ich brauche meine Zeit.

Aber dann im 3. Winter konnte ich mich endlich dem Neuen öffnen:

Meine neue Winterwelt ist leicht und frei! Ich brauche keine Ski zu schleppen, keine schweren Skischuhe zu tragen, ich muss an keinem Lift anstehen. Ich kann einfach loslaufen in die Winterwelt! Ob mit oder ohne Schnee entdecke ich die Berge ganz neu. Früher hörte ich das Rattern der Lifte, das Knirschen und Kratzen der Kufen im Hang. Jetzt ist es so still um mich und in mir, dass ich anfange, die Berge sprechen zu hören! Das Schließen des nächsten Fensters wird wieder wehtun und traurig sein. Doch jetzt weiß ich, wie ich mich und mein Selbstbild aktualisieren kann.

Beobachten Sie doch einmal bewusst, mit welcher Ausdauer und Hartnäckigkeit eine Fliege immer wieder gegen das verschlossene Fenster fliegt. Immer wieder der dumpfe Aufprall. Man möchte beim Zuschauen verzweifeln. Ohne unsere Hilfe findet sie meist nicht den Weg durch das geöffnete Fenster direkt daneben.

Und die eigenen Fliegen im Kopf? Es lohnt sich, regelmäßig bei einem Lebenscoach die eigene Entwicklung zu reflektieren. Doch dies geschieht nur, wenn wir es wollen – unser Ego möchte gern in den alten Lebensbezügen stehen bleiben. Manches Ego möchte sogar lieber krank sein und sich bemitleiden lassen. Es ist unser Ich, dieser Teil von uns, der sich seit den 30ern, als die geschenkte Entwicklung aufhörte, immer wieder besinnt, aufsteht und weitergeht. Vor dem Flug durchs offene Fenster könnte ein Selbstwerttraining auch nicht schaden, oder? So können wir unsere Kraft nutzen für das Neue!

Eigenarbeit

Erkenntnissätze des Sonnenraums

- »Es gehört zum Leben, dass sich Fenster schließen und Fenster öffnen. Ich habe es in der Hand, mich immer wieder auf die offenen Fenster zu fokussieren. Alles hat seine Zeit.«
- »Ich freue mich über die offenen Fenster! Ab jetzt sage ich Ja zu der Veränderung in meinem Leben!«

Aktualisieren Sie Ihr Selbstbild

Schauen Sie mit liebevoller Neugier in den Spiegel. Was sehen Sie? Können Sie lieben, was Sie sehen? Es sind Sie selbst im Hier und Jetzt. Fragen Sie sich:

- »Habe ich ein gutes Gefühl für meine jetzigen Schwächen und Stärken?«
- »Wie sieht meine aktuelle körperliche Gesundheit und seelische Spannkraft aus? Was kann ich zu ihrer Verbesserung beitragen?«
- »Führe ich einen adäquaten Lebensstil?«
- »Lebe ich in Einklang und Frieden mit mir?«
- »Bin ich mir meiner neuen Möglichkeiten bewusst?«

Klopfen mit PEP®

Wenn Sie bemerken, dass da noch Themen und Fragen offen sind – wunderbar! Machen Sie sich sogleich eine Anmerkung. Und dann blättern Sie zur praktischen Integrationsarbeit und Selbstwertstärkung mit PEP®. Außerdem ermuntert Sie vielleicht ein Stärkungssatz, den Sie wieder 2 Mal täglich über 4 Wochen laut aussprechen.

- »Ich kann zufrieden sein mit meinem Leben!«
- »Ja, es ist mein Leben!«
- »Auch alle Hindernisse gehören zu mir.«
- »Ich bin neugierig auf und offen für das, was jetzt noch kommt.«
- »Ich gestehe meinen Kindern ihr ureigenes Leben zu, so wie ich das für mich auch einmal eingefordert habe.«
- »Ich genieße die Zeit mit meinen Enkeln aus vollem Herzen.«
- »Dankbar schaue ich zurück – frei nach vorn.«

Fragen zur Zeit von 63 bis 70 Jahren

1. Wie war das Ende Ihres Berufslebens?
2. Haben Sie sich von unnötigem Ballast befreit oder neigen Sie zu einem musealen Lebensstil?
3. Haben Sie neue Lebensräume für sich entdecken können?
4. Sind Sie im Einklang damit, wie Sie Ihre Eltern auf ihrer letzten Reise begleitet und unterstützt haben?

5. Haben Sie Erwartungen an Ihre Kinder oder können Sie sie mit Interesse und Zuversicht auf ihrem Weg aus der Ferne im Auge haben?

Weitere Fragen im Alter

Nehmen Sie sich ausreichend Zeit, legen Sie eine gründliche Rast ein und schauen Sie zurück auf Ihr Leben:

- Sind Sie mit Ihrem Leben zufrieden?
- Worauf können Sie stolz sein?
- Wo waren Ihre Schwächen, wo sind sie bis heute noch?
- Welche Menschen haben Sie unterstützt?
- Wo sind Sie gerade an schwierigen zwischenmenschlichen Situationen gewachsen?

Malaufgabe

Was nehmen Sie in Ihre Dachgaube mit? Wo steht Ihr Basislager? Was ist Ihr nächstes Reiseziel? Malen Sie es auf.

Malaufgabe 2: Unser Beziehungskosmos im Lebenslauf

Es lohnt sich, in jedem Jahrzehnt einen Beziehungskosmos zu malen. Wir können dann im Bild nachvollziehen, wie sich unsere Beziehungen im Laufe unseres Lebens verändern. So sind uns unsere Eltern, wenn wir 10 Jahre alt sind, sehr wichtig und nah. In den folgenden Jahrzehnten rücken sie in die Ferne, um dann in unseren 50ern wieder näher zu kommen. Eine ähnliche Dynamik erleben wir mit unseren Kindern. Unsere Lebenspartner tauchen plötzlich auf und begleiten uns für die weitere Zukunft. Dann gibt es Menschen, die uns für kurze Zeit ganz nah kommen, wie ein Komet, um sich schnell wieder in die Unendlichkeit zu verabschieden.

Malen Sie sich selbst als Sonne in der Mitte des Bildes. Dann kommen die wichtigen aktuellen Bezugspersonen des jeweiligen Jahrzehnts um Sie herum. Sie geben ihnen eigene Farben und setzen sie durch unterschiedliche Größen und Entfernungen in die stimmige Beziehung zu sich selbst. Beziehen Sie auch Verstorbene mit ein.

Erkenntnisse aus der Psychologie des Alterns

In seinem aufschlussreichen Buch »Die neue Psychologie des Alterns« berichtet Professor Hans-Werner Wahl aus seinen Forschungsergebnissen: Menschen zwischen 60 und 80 Jahren fühlen sich nicht alt. Er ordnet sie dem »jungen Alter« zu und meint, dass die Chancen dieser Zeit heute im Sinne einer qualitativ völlig neuen Lebensphase gedeutet werden müssen. Im sich anschließenden »alten Alter« beginnt eine neue Welt des Älterwerdens: Die biologischen und psychischen Ressourcen stoßen zunehmend an ihre Grenzen. Die Krankheits- und Funktionsverlustrate steigt an. Doch auch das »alte Alter« jenseits des 80. Lebensjahrs ist lang geworden und dauert heute nochmals etwa 5 bis 10 Jahre. Dann erst kommt die »terminale Phase«, die letzten Jahre vor dem Tod.

Was sagt die Forschung über das Altwerden?

Studien zu Längsschnittdaten haben gezeigt, dass die Qualität des Lebensbeginns – die Bildung der Eltern, die ökonomische Situation, traumatische Erlebnisse in der Kindheit – in direkter Beziehung zur Lebenszufriedenheit im Alter steht. Daneben gibt es den Positivitätseffekt des Alters: Ältere Menschen sind generell so gepolt, dass sie am liebsten überall das Positive im Leben sehen.

Die Frage nach dem Sinn und der Bedeutung des Lebens auf der Erde und seiner Beziehung zum Kosmos bleibt im Alter keine philosophische Modefrage, sondern wird für die weitere Zukunft den Unterschied bedeuten. Unser Lebenskonzept hat direkte Folgen für unser Altwerden. Hans-Werner Wahl beschreibt, dass Menschen, die sich jünger fühlen – man könnte im Sinn der Biografiearbeit sagen: Menschen, die sich mit der spirituellen Jugendkraft ihres Zukunfts-Ich in Verbindung setzen –, und Menschen, die ihr eigenes Älterwerden positiv, sinnerfüllt bewerten, eine insgesamt bessere Gesundheit aufweisen. Eine positive

Alterswahrnehmung verlängert die Lebenszeit im Durchschnitt um 7,6 Jahre!

Altern geschieht also nicht einfach, sondern wird von uns interpretiert; und diese Interpretationen haben gewaltige Folgen. So sind die negativen Konsequenzen von negativen Altersstereotypen um ein 3-Faches stärker als die positiven Konsequenzen von positiven Altersbewertungen. Machen Sie sich daher am besten jeden Tag bewusst, dass eine negative Anschauung über Ihr Altwerden die 3-fache Wirkungskraft in die negative Richtung hat. Das heißt: Für jeden schlechten Gedanken braucht es 3 gute, um ihn auszugleichen.

Die Plastizität in unserem Gehirn zeigt unseren Gestaltungsfreiraum. Wir können nicht Gott spielen, aber wir können unseren Alterungsprozess aktiv mitgestalten. Altern beginnt nicht zuletzt in unserem Kopf. Wir haben eine lange und sichere Lebenserwartung: In Deutschland liegt sie für Männer derzeit bei rund 79 Jahren, für Frauen bei rund 83 Jahren.

Dazu kommt: Je älter wir werden, desto weniger sinnvoll und aussagekräftig ist das kalendarische Alter. Da sich Altern sehr individuell abspielt, zählt immer mehr das gefühlte Alter.

Persönlich erlebt

Eine Freundin sagte an ihrem 65. Geburtstag: »Die Zahl interessiert mich immer weniger, sie wird unwichtig, wichtig wird immer mehr, womit ich mein Leben ausfülle.« Gerade im letzten Telefonat erzählte sie mir, dass sie dem Drängen nachgegeben habe und doch in die Ausbildung von Ärzten eingestiegen sei und nun als Dozentin arbeite. »Ich habe viel Freude dabei und bekomme neue Energie, da ich bei den Studenten mit meiner Erfahrung sehr gut ankomme.«

Konkreter Rat, abgeleitet aus der Alternsforschung

- Bewerten Sie Ihr Altwerden positiv! Lehnen Sie jede negative Altersbewertung entschieden ab.
- Überdenken Sie Ihr Lebenskonzept, denn es hat konkrete Auswirkung auf Ihr Altwerden: Sie sind so jung, wie Sie sich fühlen.

- Nutzen und pflegen Sie eine neue positive Sichtweise auf das Leben! Was ist am Rand des Lebens wirklich wesentlich und was können Sie getrost loslassen?
- Verbinden Sie sich bewusst mit Ihren Kindheitsressourcen: Was hat Ihnen immer Spaß gemacht, wo liegen Ihre Stärken, wofür sind Sie Ihren Eltern aus heutiger Sicht dankbar?
- Dank der Entwicklungsfreiheit Ihres Ich und der Flexibilität und Plastizität Ihres Gehirns können Sie die negativen Einflüsse aus Ihrer Kindheit hinter sich lassen.
- Sie können bis ins höchste Alter Neues lernen und sich weiterentwickeln.
- Altern beginnt im Kopf: Der Glaube an ein Leben, das nicht mit dem Tod aufhört, verlängert Ihr Leben ganz konkret.

Als ein Sohn zum 85. Geburtstag in seiner Festrede sagte: »Mama, wir gratulieren dir zu deinem 85. Geburtstag. Jetzt steht es dir zu, eine alte Dame zu sein!«, sackte die Gefeierte, die mental und körperlich fit ihr freies und unabhängiges Leben genoss, in sich zusammen und fühlte sich auf einmal uralt. Das braucht Ihnen nicht zu passieren! Sie haben vielleicht schon Ihr Selbstbild aktualisiert und sich immun gegen solche Selbstwertangriffe gemacht. PEP® hilft Ihnen auch hierbei, wie im entsprechenden Kapitel beschrieben.

Das »junge Alter«: Wanderer jenseits der Baumgrenze

Der Begriff des »jungen Alters« von 60 bis 80 weist schon auf die neuen Möglichkeiten dieser Lebenszeit hin, die aber ohne ein modernes Lebenskonzept, das die spirituelle Welt miteinbezieht, im unkonkreten Nebel bleiben. In der Idee der Biografiearbeit steht es jetzt an, dass der Mensch sich immer mehr in Kontakt zu seinem Urbild, seinem Höheren Selbst bringt. Dass er sich fragt: Was ist der Sinn des Lebens, des Altwerdens?

Persönlich erlebt

Ein Klient schwärmt: »Ich lasse jeden Aufzug links liegen, putze mein Bad mit der linken Hand, meine Zähne ebenfalls. Die Zufriedenheit im Alter kommt nicht aus der Quelle unversehrter Gesundheit. Ich denke, man kann sich mit Gelassenheit in seinem Leben und den Umständen einrichten. Altern bringt Freiheit. Altern ist Verlust und Gewinn zugleich. Diese Erkenntnis schafft Lebensqualität. Ich habe ein wunderbares Verhältnis zu meinen Enkeln. Ich muss keine Alltagsprobleme mehr lösen. Einem Menschen Zeit zu schenken ist der Luxus des Alters. Jeder Tag ist ein Riesengeschenk! Und: Neugierde ist das Salz des Lebens. Neben Bewegung und gutem Essen.«

Wer entscheidet, ob wir mit jedem Jahr gebrechlicher, eingetrübter werden oder ob wir in neu fokussierter Kraft den Blick nach vorn richten und das Licht des Sonnenunterganges klar ins Auge fassen? Hier spätestens merken wir, dass es gilt, demütig zu sein und uns der Gnade immer mehr bewusst zu werden.

Nehmen Sie daher das Geschenk Ihrer eigenen Gesundheit an und wagen Sie eine Vision Ihrer Zukunft. Sie waren noch nie so frei wie jetzt und zwar trotz und mit allen Gebrechen und Zipperlein, die sich vielleicht schon eingestellt haben. Gleichzeitig können Sie bemerken: Nichts macht uns solche Angst wie die Freiheit. Vielleicht haben Sie auch Angst, sich loszulösen aus der gewohnten Gebundenheit an die Gepflogenheiten Ihrer Familie. Überlegen Sie gut, wie viel Rücksicht Sie auf Ihre Familie nehmen. Bedenken Sie, dass es keinen Stillstand gibt. Es gibt nur Weitergehen oder Zurückfallen.

Schnell missachten wir ein Hauptgesetz des Lebens: Wir verharren nicht wegen unserer Erkrankung, sondern wir erkranken, weil wir in unserem gewohnten, scheinbar sicheren Lebensumfeld entgegen unserem Lebensruf verharren. Wenn wir unser Alter positiv gestalten, verlängert das unser Leben im Durchschnitt um 7,6 Jahre.

Persönlich erlebt

»Ich bin 70«, sagte ein Freund. »Bis 35 hatte ich Antworten, danach nahmen die Fragen zu. Ich fühle mich wie eine aufgewühlte Schneekugel. Ich glaube nicht an ein schmerzfreies Leben. Bedrängende Fragen tauchen jetzt auf, die mir Angst machen. Was kann ich noch tun? Im Augenblick erlebe ich mehr Schwere als Leichtigkeit. Alle sagen: Du musst gar nichts mehr tun! Und ich spüre: Das stimmt für mich nicht.«

Sind wir bereit für die Begegnung mit unserem Stern?

Viele erleben die Zeit von 70 bis 72 als krisenhaft. Das große Fest liegt hinter uns – wie kann es jetzt weitergehen? Wie bewegen wir uns, um beweglich zu bleiben? Akzeptieren wir unsere Grenzen im Körperlichen, finden wir einen neuen adäquaten Lebensrhythmus? Pflegen wir auf der anderen Seite unsere seelische Elastizität? Von dieser Spannkraft wird es abhängen, ob wir den Vitalstoß, der mit 72 kommen wird (siehe unten), zum Weitergehen nutzen können. Andernfalls könnte sich seine Kraft kränkend und rückwärtsgewandt im Psychischen oder Körperlichen zeigen.

Der Sonnenraum

Das chronologische Alter wird unwichtig und mit ihm die Gesetze der Zeit. Betrachten wir die Blattmetamorphose einer einjährigen Pflanze von der Wurzel bis zum Kelchblatt, erleben wir ein Abbild des Lebenslaufs in der Zeit. Doch die Blüte in ihrem Duft und ihrer Farbigkeit tritt aus der Zeit heraus in eine neue Qualität der Gleichzeitigkeit des Raumes. Im Hier und Jetzt erstrahlt sie. Anschließend verwelkt, »stirbt« sie für die Samenbildung. Im Samen befindet sich das Konzentrat, das Wesen der ganzen Pflanze. Dies veranlasste Hilde Domin zu sagen: »Es knospt, und das nennen sie Herbst.«

Den Raum von dem Beginn der Blüte hin zum Samen, in dem das chronologische Alter, die Gesetze der Zeit aufhören, nenne ich den Sonnenraum. In der Zeit des »jungen Alters« wird sich zeigen, ob der Mensch seine eigene Blüte, seine Neugeburt im geistigen Sonnenraum finden kann. Ob es Momente des »Blühens« gibt, in denen er eins wird mit seinem Urbild, das ihn in Einklang mit seinem Wesen bringt, wie Gott ihn gemeint hat. Wir finden solche Urbilder in den Mythen und Märchen. Sie zeigen sich, wenn wir an das Wesen, den tieferen Sinn einer Sache herankommen. Auch in einem guten Gespräch gibt es diese geistigen Sonnenraummomente, in denen Zeit und Raum ineinanderfließen und wir der Ewigkeit nahekommen. Friedrich von Schiller beschreibt es so: »Unsere Sache ist es, den Funken des Lichts festzuhalten, der aus dem Leben überall da hervorbricht, wo die Ewigkeit die Zeit berührt.« Und meine Klientin Erika, 79, erzählt, wie sie in den Jahrzehnten ruhen kann: »Herrlich ist dieses Gefühl von Überzeitlichkeit!«

Eine Aufgabe für jeden Tag

Greifen Sie in Ihrem Tagebuch die Frage nach dem Wesentlichen auf. Was unterscheidet das Wesentliche von dem Wichtigen? Wann wird es wesentlich?

Die Sonne gibt unseren Stern frei

Rudolf Steiner beschreibt, dass »ein bestimmter Stern, ein Fixstern, die geistige Heimat des Menschen ist«.[24] Astronomisch wird dieser Stern während unseres Lebens von der Sonne bedeckt, bis nach 72 Lebensjahren die Sonne hinter der verhältnismäßig etwas schnelleren Wanderung unseres Geburtssterns zurückbleibt. Dann tritt er aus dem Schatten der Sonne. Damit endet kosmisch gesehen unser Leben auf der Erde und unser Leben im Sonnenraum unseres Sterns kann beginnen. Wir stehen am Grenzpunkt von Himmel und Erde, von Leben und Tod. Haben wir die Verbindung zu unserem Urbild, »zu der Essenz unseres Lebens, einer Welt der Werte und der Sinngebung, die der Vergänglichkeit nicht mehr unterworfen ist«[25], gefunden, bekommen wir einen Vitalstoß, der uns mit einer neuen schöpferischen, radikalen Kraft ausstattet. Dann sind wir offen und mutig genug zu denken: Nach einer 72 Jahre dauernden Schwangerschaft des Lebens können wir neu geboren werden für die freieste Lebensperiode. Wir stehen am Rand unseres Lebenstellers und wagen uns hinein in den Horizont des Sonnenraumes. Lächelnd und kraftvoll, denn wir wissen: Das Leben endet in jedem Fall tödlich. So hat sich Hans Werner ab 72 Jahren auf die Unterstützung von Sekem konzentriert. Scheuen wir zurück vor dieser letzten großen Freiheit, dem weiten offenen Blick nach Westen, und suchen stattdessen Sicherheit auf der irdischen Seite unseres Lebens, in unserer Vergangenheit, dann verwandelt sich diese Kraft ins Negative. Ein Stehenbleiben wird jetzt zum Rückschritt und dieselbe Kraft lebt sich in Verhärtung und Krankheit im Irdischen aus. Es ist an der Zeit, dass wir offen über diese Wahl sprechen und gleichzeitig wissen: Es braucht dazu die Dankbarkeit für jeden weiteren Tag, die Demut und die Gnade.

In Verbindung mit unserem Stern

Erinnern Sie sich an die Aussage der positiven Psychotherapie zu der Frage, was uns gesund hält? Es ist die Beschäftigung mit den 3 wichtigen Fragen des Lebens: Wer bin ich? Woher komme ich? Wohin gehe ich? Und das Schöne ist, wir brauchen keine Antwort darauf finden. Es reicht, mit ihnen zu leben, um uns in die Verbindung mit unserem Urbild zu bringen.

Wir können uns an die Kraft des Gebetes anbinden. Dabei können wir frei wählen, nur das einmalige Lesen reicht nicht aus. Denn ebenso wie wir jetzt täglich unser Körperübungen machen müssen, um die Muskeln zu erhalten, braucht es die tägliche innere Morgen- und Abendruhe, um in die neue Kraftquelle einzutreten. Hier ein kleines Gedicht zur Anregung dafür:

Seelenruhe

Ein Stern steht über meinem Haupt.
Christus spricht aus dem Stern:
Lasse tragen deine Seele durch MEINE starke Kraft
ICH bin bei dir
ICH bin für dich
ICH bin in dir
ICH bin Dein ICH.

Rudolf Steiner[26]

Der Mensch als Bürger zweier Welten, des Himmels und der Erde

Die anthroposophische Biografiearbeit zeichnet aus, dass sie die kosmischen Bezüge in unserem Leben benennt und miteinbezieht. Für unser Alltagsdenken ist dieses lebendige und prozessorientierte Denken, das den Anfang seiner Denkbewegung aus der Zukunft greift, ungewohnt. Doch gerade diese Denkbewegung macht im Alter den Unterschied, denn jetzt gilt es konkret zu leben, was schon Goethe wusste: »Der Mensch ist ein Bürger zweier Welten, des Himmels und der Erde.« Jetzt zeigt es sich, ob wir uns im Himmel verwurzeln und in der geistigen Welt, also der Welt der Spiritualität oder Religion, der Ideale unsere Kraftquelle finden. Wir empfinden heute als moderne Menschen durchaus, dass wir nicht allein Deutsche sind, sondern Europäer oder gar Weltbürger. Spätestens seit dem digitalen Zeitalter und der Globalisierung ist die Welt klein geworden und unsere Verantwortlichkeit entsprechend groß. Je älter wir werden, umso deutlicher können wir spüren, dass wir im ganzen Kosmos zu Hause sind und unser Leben auf der Erde, dessen Ende immer deutlicher auf uns zukommt, nur ein vorübergehender Aufenthaltsplatz ist.

Beispielhaft für diese starke innere Verbindung mit dem Urbild und damit mit der Zukunft ist der Franzose Stéphane Hessel, der mit 93 Jahren das kleine Büchlein »Empört Euch« geschrieben hat, das in 5 Monaten mehr als 1 Million Mal verkauft wurde. Der Autor ruft die Menschen insbesondere in Bezug auf die Finanzkrise zu einer engagierten, widerständigen Lebenshaltung auf.

Genauso kann es die Großmutter oder der Großvater sein, die sich wirklich Zeit nehmen für ihre Enkel und damit auch ganz konkret der Zukunft Raum geben. Sie unterscheiden sich von den egozentrischen Großeltern, die sich an den Enkeln ergötzen und an der vitalen Lebensenergie partizipieren wollen.

Bedeutsames: Alltagsfragen für das Alter

Da sich die seelisch-geistigen Kräfte im Alter immer mehr vom Körper trennen, sind wir immer mehr unseres Glückes Schmied, und zwar auf allen 3 Ebenen: des Körpers, der Seele und des Geistes. Die Verdauungskraft lässt nach: Welche Ernährung ist so gut verdaulich, dass sie nicht beschwert, sondern Kraft schenkt? Kann ich auf die Genussmittel Kaffee, Schwarztee, Alkohol, Zigaretten verzichten? Das Muskelwachstum lässt nach, die Sehnen verkürzen sich: Sorge ich mindestens 3 Mal pro Woche für ausreichend Bewegung und Dehnung? Im Rhythmus liegt die körperliche Kraftquelle: Pflege ich einen kräftigenden Tagesrhythmus? Mit den Vögeln aufstehen, eine kurze Siesta halten und abends der Schlaf vor Mitternacht? Sorge ich gleichzeitig für Ausnahmen, damit meine Elastizität gewahrt bleibt? Wie steht es mit der seelischen Nahrung? Kenne ich den Unterschied zwischen Steinen und Brot für die Seele? Suche ich regelmäßig Erfrischung und Anregung in Kunst und Kultur? Erlebe ich mit Genuss und Muße die Natur, das Wetter und die Jahreszeiten? Pflege ich eine Hygiene meiner Emotionen und Gefühle? Nehme ich die unvorhergesehenen Schwierigkeiten und Probleme des Lebens an, weil ich durch den Neurobiologen Gerald Hüther weiß, dass der Mensch zum Problemlösen geboren ist? Lege ich gleichzeitig alles, was von mir nicht zu wissen oder zu lösen ist, in die Hände einer höheren Macht? Gehört das Gebet oder die Meditation zu meiner täglichen Stärkung? Und auf der mentalen, geistigen Ebene: Habe ich weiterhin Visionen und Ziele? Bin ich mir der Motive meines Handelns bewusst? Pflege ich meine Ideale? Bin ich mir des Sinns in meinem Leben bewusst? Setze ich mich mit dem Tod und dem Leben nach dem Tod auseinander? Pflege ich den Umgang mit meinen Verstorbenen?

Der 4. Mondknoten: »Heimkehr zu mir«
Von ihrem Mann frisch verlassen sagte eine Seminarteilnehmerin: »Die Zeit nach 70 war die Tragik meines Lebens. Viele Stolpersteine. Wie kriegt man das glatt? Kommt denn noch mal ein Mondknoten? Ich bräuchte wieder mal einen!«

Und tatsächlich: Mit 74 Jahren und 5 Monaten findet sich am Himmel erneut dieselbe Stellung von Sonne und Mond wie zu unserer Geburt. An diesem Punkt unseres Lebens können der Anfang und das Ende, das Alpha und das Omega, zusammenkommen. Wir können uns selbst in unserem geistigen Urbild begegnen und damit zu uns heimkehren. Ein Gefühl von Zufriedenheit und Dankbarkeit kann sich einstellen.

Jetzt kann das Persönliche mit dem Überpersönlichen, dem allgemein Menschlichen verschmelzen. Dies ließ Paulus sagen: »Nicht ich, sondern der Christus in mir!« Nelson Mandela erhielt mit 75 Jahren den Friedensnobelpreis und wurde mit 76 Jahren zum ersten schwarzen Präsidenten Südafrikas gewählt. Verschmolzen mit seinem Urbild ist er für die nächsten 5 Jahre bereit für eine Wirksamkeit von historischer, zukunftsweisender Bedeutung. Er starb ein Jahr nach seinem 5. Mondknoten mit 95 Jahren.

Das »alte Alter«: Nah am Horizont

Eine 78-jährige rüstige Dame mit ausgeprägten Zukunftsängsten meldete sich nach meinem Vortrag über das Altern und sagte: »Was Sie da erzählen, ist ganz nett, aber Sie haben ja keine Ahnung!« Das stimmt. Trotzdem wage ich es, mit Ihnen weiterzugehen.

Bei vielen Menschen fällt ab 80 auf, wie sich ihr Radius langsam verengt. Die unterschiedlichen Aktivitäten, die Begegnungen mit nahen Menschen werden anstrengend. Gleichzeitig werden die Kontakte wichtiger. Die Einsamkeit nimmt zu, viele Bekannte sterben. Der Kreis wird kleiner. Es besteht die Gefahr, in den Erinnerungen zu versinken.

Die Menschen, die weiterhin Anteil daran nehmen, was in der Welt geschieht, die Zeitung lesen, fernsehen und sich über das Gesehene austauschen, halten sich fit.

»Alt werden ist nichts für Feiglinge«, sagte Joachim Fuchsberger. Also lautet die Frage: Welchen Mut braucht es, um alt zu werden? Das biologische Alter stellt sich mit jährlicher Zuverlässigkeit ein. Schützen Sie sich mit Vehemenz vor einem negativen Altersstereotypus aus Ihrer Umgebung. Selbst in sehr hohem Alter arbeitet die sogenannte Neurogenese und es können im Gehirn neue synaptische Verbindungen entstehen. Bestimmte Areale des Gehirns können die Funktionen von anderen, nun weniger leistungsfähigeren hirnorganischen Bereichen übernehmen.

Persönlich erlebt

Helmut meinte: »Ich erlebe und beurteile die Dinge nochmals anders, als ich das mit 60 und mit 70 getan habe. Warum das so ist, weiß ich nicht, aber es ist so. Mit 80 wird alles anders. Jeder Tag kann dich überraschen. Ich verstehe die Welt nicht mehr. In gar nichts. Gleichzeitig will ich meine Enkel verstehen, ich will die Zeit verstehen, in der sie leben, in der ich lebe. Und doch merke ich, dass ich altmodisch bin, von gestern.«

Alte Menschen, die zu sich stehen und in Kontakt mit den jüngeren Menschen bleiben, werden mit ihrer weisheitsvollen Güte und Milde eine Oase in der Gegenwart. Je höher wir steigen und je dünner die Luft wird, desto näher kommt uns die Zukunft und desto wichtiger wird uns der Schutz des Lebens. Dies ist der Grund, warum es den 80-jährigen Großvater so glücklich und erfüllt macht, wenn er in offenen und kontroversen Gesprächen mit seinem Enkel seine Lebenserfahrung teilen kann. Das werden die Momente, für die er lebt und jedem Tag das Leben abringt in den Bedingtheiten des Alters. Hermann Hesse schrieb etwa 10 Jahre vor seinem Tod mit 85: »Mit der Reife wird man immer jünger.«

»Oft markiert ein schwerer physischer Eingriff den Übergang ins ›alte Alter‹, beispielsweise ein Hüftgelenksbruch. Die Kunst besteht im Annehmen, ohne sich total auszuliefern. Dann bleibt offenbar immer noch, obwohl kleiner und in bescheidenerem Maßstab, Raum für das, was einem noch am Herzen liegt.«[27] Was tun, was schaffen und was unterlassen, anderen überlassen? Die Kunst liegt in der Beschränkung auf das Kleine und dadurch kann Quantität in Qualität umschlagen. In diesen wenigen Momenten kann dann das Leben viel intensiver erlebt werden.

Wir wünschen uns, in Frieden zu sterben

Gehören wir zu denen, die ihre Verhältnisse selbst klären wollen, die mit der Familie das Erbe besprechen, die vielleicht sogar ihre Beerdigung planen und ihre Trauerkarten selbst gestalten? Bestimmt wird das Sterben leichter werden, wenn wir uns ausgesöhnt haben mit unserem Leben, uns ausgesprochen, entschuldet und verziehen haben, wo es noch nötig gewesen ist. Auch für die Angehörigen ist es wichtig, sich ausgesprochen und versöhnt zu haben.

Die Biografiearbeit, mit der wir unser Leben ordnen, seinen Sinn besser verstehen, unsere Lebensmotive herausarbeiten, stellt eine wichtige Möglichkeit dar, uns auf die Reise nach dem Tod vorzubereiten.

Fragen im Rückblick auf das ganze Leben

1. »Wo lag der rote Lebensfaden?«
2. »Was waren meine Lebensthemen?«
3. »Was mag der Sinn von allem gewesen sein?«
4. »Wo stehe ich jetzt?«
5. »Was habe ich begonnen, das in der Zukunft fortgeführt werden kann?«

Malaufgabe

Wie sieht Ihr Lebenspanorama aus? Was sind die Stationen Ihres Lebensflusses von der Quelle der Geburt bis zum Eintritt ins große Meer?

Was erzählen Menschen mit Nahtoderfahrung?

Der niederländische Kardiologe Dr. Pim van Lommel kam durch seine Arbeit mit dem Phänomen der Nahtoderfahrung in Berührung. Von 344 Patienten, die einen Herzstillstand erlitten hatten, erfuhren 18 Prozent eine Nahtoderfahrung. Bis dahin hatte van Lommel geglaubt, was er im Studium gelernt hatte: Nach einem Herzstillstand sollte es unmöglich sein, Bewusstseinserfahrungen zu haben. Aber zu viele Patienten erzählten ihm von ihren Erlebnissen. In den wenigen Minuten zwischen Herzstillstand und erfolgreicher Wiederbelebung trat bei ihnen ein umfassend erweitertes Bewusstsein auf. Pim van Lommel: Die Menschen mit einer Nahtoderfahrung »haben das Gefühl tot zu sein, sie spüren ihren Körper nicht mehr, sie haben eine außerkörperliche Erfahrung, sodass sie an der eigenen Wiederbelebung wie von oben beobachtend teilnehmen. Dann erzählen sie, in einen dunklen Raum zu kommen, oder sie haben eine Tunnelerfahrung. Damit gelangen sie in eine andere Welt, die Menschen sprechen von wesenvollem Licht, bedingungsloser Liebe und Akzeptanz. Hier wartet ein Lebensrückblick oder manchmal sogar ein Lebensvorblick auf sie. Und es gibt Begegnungen mit verstorbenen Verwandten. Dann kommen sie an eine Grenze und hören meist die Stimme eines Lichtwesens: Dass es noch nicht an der Zeit sei, dass sie noch einmal zurück in den Körper müssten. So findet eine bewusste Rückkehr in den Körper statt.«[28] Van Lommel ist sich bewusst, dass es mehr Fragen gibt als Antworten. Man müsse aber in Betracht ziehen, dass Tod und Geburt wohl nur Übergänge von einer Bewusstseinsstufe zur nächsten sind. Die Erkenntnis, dass eine Kontinuität des Bewusstseins unabhängig von der Hirnfunktion möglich ist, könnte zu einem Paradigmenwechsel in der Wissenschaft führen.

Was sagt die Geisteswissenschaft über das nachtodliche Sein

Immer mehr Menschen sehnen sich nach einer Vorbereitung auf die letzte große Reise. Rudolf Steiner, der Begründer der Anthroposophie, gibt folgendes Konzept über das Leben nach dem Tod: Wie durch einen dunklen Tunnel – wohl ähnlich dem Geburtserlebnis – treten wir am Ende des Sterbeprozesses in ein wunderbares Licht. Die Hierarchien der Engelwesen geleiten uns weiter. Zuerst »sehen« wir ein großes Erinnerungspanorama – ähnlich einem Mindmap – unseres ganzen Lebens. Darauf folgt – ähnlich dem Fegefeuer im katholischen Glauben – die Zeit des sogenannten Kamalokas. Wir können uns dies wie ein großes Empathieerleben vorstellen: Alles, was wir im Guten wie im Schlechten, im Positiven wie im Negativen anderen Menschen zugefügt haben, fühlen und erleben wir nun am eigenen Leib. Den Schmerz der Ohrfeige, die wir ausgeteilt haben, spüren wir nun selbst auf der Wange brennen. Nach dem Kamaloka soll ein Moment kommen, in dem wir uns in einen höheren Bezug zu unseren Taten, unserem Leben stellen. Was waren unsere Motive im Leben? Mit diesem inneren Urbild unseres ewigen Ich gelangen wir zum Punkt der Weltenmitternacht, um uns dort zu einer neuen Reise auf die Erde zu entscheiden.

Angekommen an der Schwelle zum Himmel

Am Ende des Lebens haben wir weniger Angst vor dem Tod als vielmehr vor dem Sterben. Doch auch unser Sterben wird einer inneren Choreografie folgen, deren Gang wir mit unseren Lebensgewohnheiten zwar eine bestimmte Richtung geben können, den wir aber letztlich nicht bestimmen können. Haben wir im Leben geübt loszulassen, um die Hände frei für das unbekannte Neue zu bekommen, haben wir die Verbindung zu unserem Schutzengel gepflegt, dann werden wir im Vertrauen auf den großen Sinn in allem auch an der Schwelle des Todes loslassen. Wir dürfen hoffen, dass uns die Klarheit, die wir uns mit der

Biografiearbeit über unseren Lebensweg erworben haben, hilft, auf der anderen Seite des Lebens unseren Weg zu finden.

Wann sich ein alter Mensch nah an der Schwelle zum Himmel sieht, ist sehr individuell. Die einen erleben ab 80 jedes weitere Jahr wie 10 Jahre und verlangsamen ihren Schritt. Ein anderer plant mit 92 seine nächste Reise und geht, zwar langsam, weiter. Er sagt: »Ich gehe dem Horizont des Lebens entgegen und weiß, ich bin ihm nah, doch noch weicht er im selben Tempo zurück. Gleichzeitig fühle ich, dass ich schon eingetreten bin in die Aura meines Höheren Selbst. Oder ist es mein Engel, den ich spüre?«

Die Schwelle des Horizonts rückt näher: Die Ewigkeit refft die Segel. Je nach unserem Lebenskonzept erfüllt uns der unausweichlich bevorstehende Tod mit Angst oder aber mit Hoffnung und vielleicht sogar Erwartung auf die weite Reise, die dann beginnt. Das Bewusstsein, dass die letzte Zeit anbricht, gibt ihr einen besonderen Wert.

Und dann schließlich sind wir angekommen am Gipfelkreuz, wo uns unser Engel erwartet, uns die Hand reicht und uns mitnimmt in das helle Licht eines neuen Sonnenaufgangs. Anneliese Rath sagt dazu: »Sterben, heißt das nicht, Geborenwerden in einer anderen Welt?«[29]

Danke!

Mein großer Dank gilt allen, die auf ihre Weise zum Gelingen dieses Buches beigetragen haben.

Danken möchte ich Diane Zilliges für ihr kluges und einfühlsames Lektorat. Mein besonderer Dank gilt Usha Swamy, damals Programmleiterin beim Kösel-Verlag, die zu mir nach Heidelberg kam. Wir waren uns sofort sympathisch und haben gleich im ersten Gespräch die Idee zu diesem Buch entwickelt. Vor allem möchte ich Sonia Gembus vom Kösel-Verlag von Herzen danken! Vom ersten Telefonat an fühlte ich mich aufgehoben und verstanden. Mit ihrem klugen Sachverstand und dem offenen und herzlichen Austausch hat sie mir immer die richtige Anregung gegeben.

Ich stehe auf der Hochebene meines Lebens. Blicke ich zurück auf meinen Weg, möchte ich vielen lieben Menschen Danke sagen: Zuallererst dir, mein liebster Jan, du hast Ja gesagt zum Abenteuer eines gemeinsamen Weges mit mir, du unterstützt mich und schenkst mir mit deiner Liebe den Mut, an mich und meine Visionen zu glauben – dafür danke ich dir!

Theo, du bist der Sonnenschein in meinem Leben, danke, dass es dich gibt! Lima, du zeigst mir, wie liebevolles Mutter- und kluges, erfolgreiches Frausein heute gehen kann, danke. Felix, mit deiner Klugheit und deinem liebevollen, klaren Blick hast du mir manchen Impuls gegeben, danke.

Moritz, die Gespräche mit dir regen mich immer zum Blick über den Tellerrand an, danke dafür. Oliver, deine liebevolle und empathische Haltung lässt mich vieles mit neuen Augen sehen, danke. Adam, du lässt die Menschen deiner Umgebung wachsen und veränderst dich mit ihnen, danke dafür.

Ina, wie schön ist es zu erleben, eine Schwester zu haben. Danke für deine Geduld mit mir. Liebe Eltern – immer noch erstaunt ihr mich in eurer unternehmerischen, positiven Haltung dem Leben gegenüber. Dafür und für das unaufzählbare Alles, was ihr für mich und die Jungs getan habt und tut, danke ich euch. Liebe Erika und lieber Volker, für euren gespitzten Bleistift, vor allem aber euer offenes, gespanntes, warmes Dabeisein beim Entstehen dieses Buches danke ich euch von Herzen.

Liebe Helena, danke für deinen geistesgegenwärtigen Herzensraum auf der Zielgerade!

Michael (Dr. med. Michael Bohne), du hast mich mit PEP® und deiner entwicklungsoffenen, warmherzigen Persönlichkeit sofort erreicht – danke für die wertschätzende Zusammenarbeit. PEP® und Biografiearbeit sind für mich zu einer eigenen Methode zusammengewachsen.

Schaue ich nach vorn, dann bist du es, lieber Hans (Dr. med. Hans Werner), der mir die Zuversicht geschenkt hat, die meinen Blick offen und weit sein lässt, der mir lächelnd vermittelt: Es geht immer weiter der Zukunft entgegen.

Vor allem bin ich Ihnen und euch, liebe Klientinnen und Klienten, liebe Seminarteilnehmerinnen und -teilnehmer, für Ihre/eure Offenheit und Ihr/euer Vertrauen von Herzen dankbar! Nur im anregenden Sprechen und Arbeiten mit Ihnen/euch, nur mit Ihren/euren Geschichten ist dieses Buch möglich geworden.

Danken möchte ich an dieser Stelle all den Menschen, die mich mit ihren Impulsen inspirieren, mit ihrem Vertrauen tragen, mir in vielen Gesprächen Mut machen, mich mit ihrer Herzlichkeit wärmen, mit denen ich singen und lachen kann – danke euch allen, die ihr mir Freunde, Kollegen und Wegbegleiter seid!

Literaturempfehlungen

Beredene, Jocelyn: Citizens of the Cosmos, Steinerbooks Great Barrington 2009

Bohne, Michael: Feng Shui gegen das Gerümpel im Kopf. Blockaden lösen mit Energetischer Psychologie, Rowohlt 2007

Bohne, Michael: Bitte klopfen! Anleitung zur emotionalen Selbsthilfe, Carl-Auer Verlag 2016

Bohne, Michael: Klopfen gegen Lampenfieber, Rowohlt Verlag 2013

Bohne, Michael: Klopfen mit PEP, Carl-Auer Verlag 2010

Brizendine, Dr. Louann: The Male Brain. A Breakthrough Understanding of How Men and Boys Think, Transworld Publishers Ltd., January 25, 2011

Brizendine, Dr. Louann: The Female Brain, Harmony Verlag 2007

Burkhard, Gudrun: Das Leben in die Hand nehmen, Verlag Freies Geistesleben, Stuttgart 2012

Burkhard, Gudrun: Schlüsselfragen zur Biografie, Verlag Freies Geistesleben, Stuttgart 2013

Chopich, Erika J., und Paul, Margaret: Aussöhnung mit dem inneren Kind, Ullstein 1993

Domin, Hilde: Gesammelte Werke, S. Fischer Verlag 1987

Emoto, Masaru: Die Botschaft des Wassers, Koha Verlag 2010

Glöckler, Michaela: Was ist Anthroposophische Medizin?, Verlag am Goetheanum, Dornach 2017

Hammarskjöld, Dag: Zeichen am Weg. Das spirituelle Tagebuch des UN-Generalsekretärs. Droemer/Knaur, München 1965

Hofmeister, Susanne: Wo stehe ich und wo geht's jetzt hin, Gräfe und Unzer Verlag, München 2014

Hüther, Gerald: Bedienungsanleitung für das menschliche Gehirn, Vadenhoeck und Ruprecht, Göttingen 2010

Kast, Verena: Der schöpferische Sprung. Vom therapeutischen Umgang mit Krisen, Patmos Verlag 1994

Köhler, Henning: Vom Ursprung der Sehnsucht. Die Heilkräfte von Kreativität und Zärtlichkeit, Verlag Freies Geistesleben 2007

Lievegoed, Bernard: Lebenskrisen Lebenschancen. Die Entwicklung des Menschen zwischen Kindheit und Alter, Kösel-Verlag 1991

Lommel, Pim van: Endloses Bewusstsein. Neue medizinische Fakten zur Nahtoderfahrung, Patmos Verlag 2009

Lommel, Pim van, und Mehne, Sabine beim 1. Münchner Nahtodkongress an der Hochschule für Philosophie in München, 2017: https://www.youtube.com/watch?v=1QTvK3fT3sM

Meijs, Jeanne: Der schmale Weg zur inneren Freiheit, Urachhaus Verlag 1998

O'Neil, Georg und Gisela: Der Lebenslauf, Verlag Freies Geistesleben, Stuttgart 1995

Reckwitz, Andreas: Die Gesellschaft der Singularitäten, Suhrkamp 2017

Romero, Lisa: Developing the Self, Steiner Books, Great Barrington 2015

Schmidt, Loki: Auf dem roten Teppich und fest auf der Erde, Hoffmann und Campe 2010

Schulz von Thun, Friedemann: Miteinander reden, Rowohlt Verlag 1981

Seyffer, Waller: Helden für ein Leben, Info 3 Verlag, Frankfurt 2011

Steiner, Rudolf: Vom Lebenslauf des Menschen, Verlag Freies Geistesleben, Stuttgart 2006

Steiner, Rudolf: Esoterische Betrachtungen karmischer Zusammenhänge, Rudolf Steiner Verlag, Dornach 1994

Van der Brug, Jos, und Locher, Kees: Unternehmen Lebenslauf, Urachhaus 2003

Via WALA Ausgabe Nr. 15, September 2012, Gesund alt werden, Ein Magazin der WALA Heilmittel GmbH

Wahl, Hans-Werner: Die neue Psychologie des Alterns, Kösel-Verlag 2017

Wais, Mathias: Biografiearbeit und Lebensberatung; Urachhaus Verlag 2010

Links

www.susannehofmeister.de

Auf meiner Website finden Sie aktuelle Informationen zu Vorträgen, Seminaren und meiner Fortbildung in Biografiearbeit. Daneben können Sie sich über meine Praxis, meine Arbeitsweise und weitere Veröffentlichungen von mir informieren. Unter »Veröffentlichungen« finden Sie die Ausführung zu den Lebenskräften, zu den Wechseljahren und zu der Frage: Wie können wir konkret mit den uns lieben Verstorbenen in eine Beziehung kommen?

Einen Download zum Lebenshaus finden Sie auf

http://www.susannehofmeister.de/biographiearbeit

Berufsvereinigung Biografiearbeit: *www.Biographiearbeit.de*

Hier finden Sie Adressen von Therapeuten, die mit Biografiearbeit arbeiten.

Auf der Website von Dr. med. Michael Bohne, *www.dr-michael-bohne.de*, können Sie sich ausführlich über PEP informieren. Hier finden Sie auch die Therapeutenanwenderliste (*www.dr-michael-bohne.de/pep-anwenderliste-aerzte-coaches-und-therapeuten/deutschland.html*).

Noch eine Empfehlung: In dem sehenswerten Film »Dallas Buyers Club«, der auf einer wahren Begebenheit beruht, wird gezeigt, wie eine lebensbedrohliche Krise zu einer ganz neuen Sinngebung und Lebensausrichtung führen kann. Der Hauptdarsteller Matthew McConaughey gewinnt den Oscar und spricht in seiner absolut hörenswerten Rede zur Preisverleihung 2014 von seinem Zukunfts-Ich (Sie finden die Rede auf YouTube, geben Sie einfach seinen Namen und »Oscar« ein).

Anmerkungen

1 Bernard Lievegoed: Lebenskrisen Lebenschancen, Kösel-Verlag, 8. Auflage 1991, Seite 49.

2 A. J. Welman: Verwandlungen im Lebenslauf, Novalis Verlag 1992, Seite 24.

3 So schrieb ich es in meinem Buch: Wo stehe ich und wo geht's jetzt hin?, Gräfe und Unzer 2014, München, Seite 44.

4 In Henning Köhler: Vom Ursprung der Sehnsucht. Die Heilkraft von Kreativität und Zärtlichkeit, Verlag Freies Geistesleben, Stuttgart, 1998.

5 Vergleiche zum Beispiel Thomas Fuchs: Das Gehirn – ein Beziehungsorgan, Kohlhammer 2016.

6 Michael Bohne: Bitte klopfen!, Carl-Auer-Systeme Verlag 2016, Seite 21.

7 Michael Bohne: Bitte klopfen!, Carl-Auer Verlag, Sonderausgabe 2016, Seite 30.

8 Der Überbegriff zur Selbstbeziehung heißt bei Bohne Selbstbestätigung. Er umfasst die drei Grundbedürfnisse nach Sicherheit, Autonomie und Beziehung. Da im Zusammenhang mit der Biografiearbeit das Grundbedürfnis nach Beziehung im Vordergrund steht, spreche ich statt von Selbstbestätigung von Selbstakzeptanz oder Selbstannahme.

9 Sie finden sie unter https://www.dr-michael-bohne.de/pep-anwenderliste-aerzte-coaches-und-therapeuten/deutschland.html.

10 Carl-Auer-Systeme Verlag, Seite 42. Weitere Infos bietet auch seine DVD: Sprache, positive Imagination und Klopfen. Einführung in die Prozess- und Embodimentfokussierte Psychologie.

11 Jos van der Brug/Kees Locher: Unternehmen Lebenslauf, Urachhaus 2003, Seite 227.

12 Siehe www.fritzundfraenzi.ch/medien/medienerziehung/smartphones-haben-auf-der-familieninsel-nichts-zu-suchen (zuletzt aufgerufen im März 2019).

13 Der strahlende Held, der Prinz kann im Märchen oder Film als Bild für die mutige Kraft unseres werdenden Ich aufgefasst werden. Die Cinderella, die Prinzessin steht in diesem Sinn für unsere Seele, die sich in der Verbindung mit unserem Zukunfts-Ich lebenslang seelisch-geistig verjüngen und verschönern kann.

14 Michelle Obama: Becoming, Goldmann Verlag, 2018, Seite 268 ff.

15 Michael Bohne: Klopfen mit PEP, Carl-Auer Verlag, 2010, Seite 43.
16 Bernard Lievegoed: Lebenskrisen Lebenschancen, Kösel-Verlag, 8. Auflage 1991, Seite 77.
17 Michael Bohne: Klopfen gegen Lampenfieber, Rowohlt Verlag, 4. Auflage 2013, Seite 73.
18 Tilman Jens: Abschied von meinem Vater, Goldman Verlag, 2010.
19 Bernard Lievegoed: Lebenskrisen Lebenschancen, Kösel-Verlag, 8. Auflage 1991, Seite 89.
20 Rudolf Steiner: Vom Lebenslauf des Menschen, Jüngerwerden – Älterwerden, Vortrag in Dornach, 11.1.1918.
21 Nach O'Neil, Georg und Gisela: Der Lebenslauf, Verlag Freies Geistesleben, Stuttgart 1995, Seite 344.
22 O'Neil, Georg und Gisela: Der Lebenslauf, Verlag Freies Geistesleben, Stuttgart 1995, Seite 347.
23 O'Neil, Georg und Gisela: Der Lebenslauf, Verlag Freies Geistesleben, Stuttgart 1995, Seite 347.
24 Rudolf Steiner: Esoterische Betrachtungen karmischer Zusammenhänge, 1. Band, GA 237, Seite 76.
25 Bernard Lievegoed, Lebenskrisen Lebenschancen, Kösel-Verlag, 8. Aufl. 1991, Seite 94.
26 Rudolf Steiner: Sprüche Dichtungen Mantren, Rudolf Steiner Verlag 2002.
27 Jos van der Brug/Kees Locher: Unternehmen Lebenslauf, Urachhaus Verlag, 2. Aufl. 2003, Seite 234.
28 Pim van Lommel, Zeitschrift: Info 3, November 2018, Seite 28 ff.
29 Anneliese Rath: Aphorismen, unveröffentlicht, persönlich weitergegeben.

Über die Autorin

© Jan Papenhagen

Dr. med. Susanne Hofmeister, geboren 1962, ist Ärztin und Entwicklerin der Methode »Biografiearbeit im Lebenshaus®«. Bis 2020 arbeitete sie als Anthroposophische Ärztin in eigener Praxis und entwickelte parallel dazu ihre eigene Methode, die sie in Coaching und Lebensberatung mit Klient:innen anwendet. Ab 2011 nahm sie noch PEP® von Dr. med. Michael Bohne als Methode mit in ihr Repertoire auf. Inzwischen hat sie über 2300 Coachees dabei begleitet, ihre Lebensbiografie zu verstehen und positiv ihrem Zukunfts-ICH entgegenzugehen. Ihr Motto heißt: »Krisen gehören nicht nur zum modernen Leben dazu, sie sind das Startkapital zur persönlichen Entwicklung und Erfüllung!«

Die Biografiearbeit im Lebenshaus® vermittelt sie auch als professionelle Fortbildung für Coaches, Ärzte, Therapeuten, Psychologen und all diejenigen, die mit Menschen und deren Biografien zu tun haben und diese besser verstehen und positiv gestalten möchten. Um immer mehr Menschen positiv zu begleiten, veröffentlicht sie seit 2021 regelmäßig YouTube-Videos und trägt die Biografiearbeit so auch in die digitale Welt.

Als Mutter von 4 erwachsenen Söhnen und Großmutter von 2 Enkeln hat sie bei allen Auf und Abs gelernt, Vertrauen und Zuversicht auszustrahlen und eine unternehmerische Lebenshaltung mit positivem Zukunfts-ICH zu vermitteln.

www.susannehofmeister.de
YouTube: Biografiearbeit mit Dr. med. Susanne Hofmeister
Instagram: @drsusannehofmeister